KB119928

마법의 재건축 투자

마법의 재건축 투자

6개월 만에 수익률 367%

김선철 지음

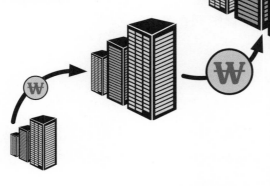

재건축의 새로운 투자 방식으로
미래의 부를 축적하라!

원앤원북스

미래에 구현될 가치에 투자할 수 있는
안목을 키워야 한다

존 홉슨의 『제국주의론』에 의하면 "소득의 분배가 모든 계층으로 하여금 그들의 욕망을 효과적인 상품 수요로 치환할 수 있도록 하는 경우에는 과잉생산도 없고, 자본과 노동력의 불완전 고용도 없다"라고 했다. 이는 인간의 욕망은 제어될 가능성이 낮다는 것을 반어적으로 강조한 말이다. "자본주의는 공급과잉의 태생적 한계로 인간의 욕망을 부추기고 있다"는 본문의 내용에서도 이를 설명하고 있다.

이 책은 '부동산이 인간의 욕망에 따라 수요와 공급의 변화를 이끌고 있다'는 본질에 관심을 갖는다. 이 책의 핵심 개념은 '다른 관점'이다. 동전에 앞면이 있다면 뒷면도 있다는 것을 알아야 한다. 동전의 앞면과 뒷면은 '동전'이라는 본질에 포함된다는 사실을 이해해야 한다. 저자는 이를 '본질적인 다른 관점'이라고 설명한다.

변화와 혁신이 일상이 된 현장에서 살아남기 위해서는 실시간으로 제공되는 수많은 정보를 정리하고 분석하며 대응해야 한다. 여기까지는 B급 전문가다. 분석된 정보에서 시사점을 도출해 리스크를 최소화하고, 미래를 계획하는 사람이 A급 전문가이다.

그런데 '1'에서 '2'를 만드는 일은 어렵지 않다. 우리는 '0'에서 '1'을 만들어야 한다. 같은 1의 증가이지만 '무'에서 '유'를 창조하는 것은 차원이 다르다. 분석된 정보에서 도출된 시사점을 엮어 새로운 가치를 창출하는 사람이 바로 저자다. 이때 저자는 S급 전문가다.

저자는 누구나 볼 수 있는 가치는 가치가 아니라고 한다. 심리적 요인이 가격에 영향을 미치는데, 이때 끊임없는 협상력을 통해서 가치를 창출하라고 한다. 상대방의 입장에서 가치를 창출하는 관점으로 재건축을 바라보라고 한다. 그래야 가치창출을 극대화할 수 있고, 모두가 성공하는 재건축 투자가 가능하다고 한다.

나는 저자의 주장에 동의한다. 그 이유는 명확하다. 이론적 주장만이 아닌 실전 재건축 투자를 통해 가치 창출의 결과를 증명했기 때문이다. 사람들은 재건축 투자를 하려면 많은 돈이 있어야 한다고 생각한다. 평범한 샐러리맨이라면 5천만 원 정도의 여윳돈을 모으기도 어렵다. 결국 재건축 투자는 '남의 일'로 치부되기 십상이다. 그런데 저자는 우리도 할 수 있다고 말한다. 3천만 원으로 재건축 투자에 성공한 사례는 우리에게 희망을 주는 이야기다.

이 책은 저자의 『앞으로 3년, 재건축에 돈을 묻어라』의 후속편이자 완결편이다. 지난 책에서는 재건축 투자의 성공과 실패라는 사례 분석을 통해 재건축 성공투자의 공식을 이해했다면, 이 책은 재건축 실전 투자 단계를 통해 직접 재건축 아파트를 탐색하고 선별한 뒤 투자를 실행했다. 6개월의 투자수익률도 분석해서 투자의 적정성을 판단해볼 수 있다. 저자가 제시하는 투자 과정과 방향을 잘 따라만 간다면 어렵지 않게 재건축 투자를 할 수 있다.

자본이익 상승률이 근로소득 상승률을 월등히 앞서는 상황에서 재테크와 투자는 선택이 아닌 필수다. 부동산의 가치를 단편적으로 바라보지 말아야 한다. 현재 보이는 것에만 가치를 부여하지 않아야 한다. "상대방이 바라보는 가치, 미래에 구현될 가치에 투자할 수 있는 안목을 키워야 한다"는 저자의 생각을 많은 독자들과 공유하고 싶어 이 책을 추천한다.

2021.11
무궁화금융그룹 회장 오창석

경제적 자유를 얻으려면, 본질을 이해하고 엮어서 투자하라!

    이 책은 재건축 투자를 통해 경제적 자유를 누릴 수 있도록 하는 것을 목표로 한다. 경제적 자유를 누리기 위해서는 핵심 이론을 단기간에 학습한 뒤, 실전에서 투자할 수 있어야 한다. 책을 읽고 나서 실전 투자를 할 수 없다면 의미가 없다. 실전 투자를 위한 필수 내용을 주제별로 묶어서 설명했다. 대학의 한 학기 강의 내용이지만, 독자의 의지에 따라 집중해서 공부하면 하루 만에도 재건축 실전 투자의 핵심 이론과 절차, 방법을 파악할 수 있다.

    2014년부터 대학에서 학생들을 가르치면서 아쉬움이 있었다. 대학의 과목이 학생들이 사회에 나가서 필요한 기본 지식을 학습하는 데는 부족해서다. 이를 보완하고자 강의 시간 중 약 10분간 '부동산특강'을 진행했고, 이는 이 책을 쓰게 된 아이디어가 되었다. 이 부동산특강은 현재의 부동산시장에서 학생들이 꼭 학습해야 할 내용을 위주로 설명함으로써 실무에서 활용이 가능하도록 했다. 학생들의 학습효과는 매우 만족스러웠다. 이론적인 강의로 끝나지 않고, 실제 현장에서 학습한 이론을 적용했을 때 무릎을 '탁' 칠 만큼 효과를 느낄 수 있었기 때문이다. 이 책의 목표도 같다. 독자들이 재건축 투자를 할 때 꼭 알아야 할 내용으로 정리했다. 한 권의 책을 읽고 나면 누구나 재건축 투자를 실천할 수 있다.

이 책을 통해 독자들이 부동산시장을 객관적이면서도 본인만의 차별화된 관점으로 바라보기를 바란다. 부동산을 전혀 몰랐던 독자들도 책 속의 내용을 따라가다 보면 경제적·법률적·기술적 관점으로 부동산시장을 바라볼 안목이 생길 것이라고 자신한다. 그 결과 부동산으로 가치를 창출하고 부를 극대화하는 것이 가능해질 것이다.

책의 구성은 교수와 학생의 대화 방식을 따랐다. 어렵지 않고 간단하다. 그저 따라 가면 된다. 매우 효율적일 것이다. 1부에서는 1억 원의 투자금으로 35억 원을 만든 사례를 통해 재건축 투자의 방향을 알아보고, 최근 재건축 투자 트렌드를 살펴본다. 2부에서는 3천만 원으로 재건축 투자를 해서 6개월 만에 367%의 수익률을 얻은 사례를 보여준다. 재건축 투자 7단계를 따라가다 보면, 독자들도 실전 투자를 할 수 있을 것이다. 3부에서는 재건축 투자 시 꼭 알아야 할 기본 지식을 제공한다. 최근 핫이슈인 소규모주택 정비사업을 알아보고 투자 체크포인트를 살펴본다. 3부를 학습한 후, 부록 '서울시 소규모주택 정비사업 대상 리스트'를 분석하면 실제 투자에 효과적이다. 4부에서는 부의 축적을 위한 생산수단으로서의 부동산을 이해한다. 특히 가격 결정에 심리적 요인이 매우 큰 영향을 미친다는 사실을 사례를 통해 살펴본다.

또한 심리와 더불어 협상능력에 따라 부동산가격이 변화하므로, 따라만 하면 성공할 수 있는 실전 협상방법에 대해서도 알아본다.

부록으로 '서울시 소규모주택 정비사업 대상지 리스트'를 첨부했다. 실제 서울시 25개 행정구역 중에서 소규모주택 정비사업이 가능한 대상지들을 전문가들과 함께 분석하고 정리했다. 실무에서는 대외비 자료이나 독자들의 실전 투자를 돕고자 공개했다.

재건축을 포함한 부동산 개발사업에서 부를 축적하는 방법은 특정한 법칙이나 전략에 의한 것이 아니다. 본질적인 기본기에 충실해야 성공한다는 것을 약 30년 가까이 현장에 있으면서 알 수 있었다. 다만 본질적인 기본기를 엮어서 의미 있는 가치로 창출하는 것은 쉽지 않았다. 오랜 기간을 연구하고 고민하며, 실제 강의에 활용하고 피드백을 받으면서 정리할 수 있었다.

이 책이 여러분의 차별화된 가치 창출의 도구가 되어줄 것이라고 확신한다. 이 확신이 나만의 착각인지 아닌지를 알고 싶다. 궁금증을 해소해줄 마음이 있는 독자라면 네이버 블로그 '김선철의 다른 생각'에 글을 남겨주기를 바란다. 끝으로 부디 이 책을 통해 독자들이 경제적 자유를 누리는 계기가 되었으면 한다. 우리 모두에게 건투를 빈다.

2021.11
김선철

일러두기

* 이 책에 제시한 투자 사례는 저자의 실제 사례를 가상의 인물로 대체하여 투자과정
  을 자세히 설명한 것입니다. 실제 매매계약서를 첨부할지 고민했으나 수록하지 않
  았습니다.

* 다양한 자료를 인용하면서 최초의 출처를 밝히려고 노력했습니다. 다만 확인하지
  못했거나 실수로 누락되어 표시하지 못한 부분이 있을 수 있습니다. 언제든지 알려
  주시면 수정하겠습니다.

* 부록 '서울시 소규모주택 정비사업 대상 리스트'는 지음건축사사무소의 도움을 받
  았습니다. 개인적인 투자리스트로 활용해도 상관없으나 사업적 활용 및 세부적인
  설계개요에 대해서는 지음건축사사무소에 문의하시길 바랍니다.

* 저자와 직접적인 소통을 원하는 독자들께서는 이메일(sksckim7708@nate.com)과
  네이버 블로그 '김선철의 다른 생각(blog.naver.com/skrlaqkrtk)' 게시판에 글을 남
  겨주시길 바랍니다.

CONTENTS

 투자금 1억 원이 35억 원이 되다

2부 3천만 원으로 재건축 실전 투자!

 1장_ 실전 재건축 투자 7단계

2장_ 실전에서 바로 써먹는 재건축 투자 원 포인트 레슨

3부 재건축 투자를 위해 꼭 알아둬야 할 지식

1장_ 재건축 투자자라면 꼭 알아야 할 기본 지식

4부 부의 축적을 위한 도구, 부동산

1부

투자금 1억 원이
35억 원이 되다

재건축 투자수익률 3,250%의 신화

▔ 1억 원을 투자해서 35억 원으로 만들다

"교수님의 책 『앞으로 3년, 재건축에 돈을 묻어라』에서 투자 사례로 설명한 재건축 투자수익률 3,250%가 정말 사실인가요?"

박 과장은 궁금하면서도 미심쩍었다. 명지대학교 부동산대학원 김 선철 교수는 2시간 동안 '재건축 투자 특강'을 진행했다. 그의 열정에 수강생들은 숨소리조차 쉽게 내지 못할 정도로 강의에 집중했다. 소액 자본으로 재건축에 투자하는 방법을 설명할 때는 수강생들의 눈빛이 반짝거렸다. 박 과장도 그들 중 하나였다. 그런데 박 과장의 머릿속이 복잡했다. 재건축 투자를 하려면 어디서부터 시작해야 할지 도무지 감

구분	2007년 매입	2021년 시세	차이
투자대상	제주도 이도주동아파트 3단지 15평형		-
매매가	5천만 원	7억 원	6억 5천만 원 상승
전세가	3천만 원	5천만 원	2천만 원 상승
매입세대수	다섯 채		-
실투입금액	1억 원 (2천만 원×다섯 채)	0원	전세금 상승으로 실투입금액 1억 원 반환
자산가치	2억 5천만 원	35억 원	수익금 32억 5천만 원
투자수익률	1억 원 투자	32억 5천만 원 (전세보증금 제외)	투자수익률 3,250%

이 잡히지 않아서였다.

"박 과장님, 제 책에서 설명한 제주도 이도주공아파트의 사례는 투자금 대비 3,250%의 투자수익률을 달성한 것이 사실입니다. 당시 회사원이던 송영택 씨는 2007년에 제주 이도주공아파트 3단지 15평형(공급면적 49.91m², 전용면적 39.69m²)을 1억 원에 다섯 채 구입•했습니다. 8년이 지난 2015년에 9억 5천만 원의 이익을 얻었고, 이후 재건축 조합설립 등 인허가가 진행되면서 2021년 10월 기준으로 한 채당 7억 원에 거래되고 있습니다. 총 다섯 채의 자산가치를 따져보면 35억 원 정도입니다. 투자수익률을 계산해보면, 자산가치 35억 원에서 전세보증금 2억 5천만 원••을 빼면 32억 5천만 원이지요. 1억 원을 투자해서 32억 5천만 원이 되었으니 투자수익률이 3,250%입니다.

● 매매가 5천만 원(세금 포함)-전세보증금 3천만 원=실투입금 2천만 원×다섯 채=1억 원

●● 세대당 전세보증금 5천만 원×다섯 채=2억 5천만 원

제주도 이도주공아파트 3단지 15평형의 재건축 투자 결과는 국내 최고의 투자수익률 달성이었습니다. 아파트 시세 변화 도표를 확인해 보면 금방 이해될 겁니다."

"재건축에 투자해서 수익률이 3,250%나 된다니, 정말 상상이 안 되네요. 저도 재건축 투자를 해서 내 집 마련을 해보고 싶습니다. 재건축 투자를 하려면 어떻게, 그리고 무엇을 먼저 시작해야 할까요?"

"어떻게, 무엇을 먼저 시작이라…. 단편적인 사례 분석이 아닌 현실적인 투자 방법이 궁금하다는 말이군요. 그렇다면 기초부터 차근차근 알아볼까요?"

박 과장은 올해 36세로 부동산 신탁사 과장이다. 그는 S건설회사에서 시공 경력이 7년 차였을 때, 계열사 합병으로 구조조정과 명예퇴직이 이루어지는 시점에서 이직을 하겠다고 결심했다. 그는 건설업이 앞으로는 경쟁력이 없을 거라고 판단했다. 4차산업시대에서는 금융이 부동산 개발사업의 중심이 될 수밖에 없다는 생각이 들어서 부동산 신탁사로 이직을 한 것이다.

그는 얼마 전 결혼을 하고 전셋집에서 신혼살림을 시작했다. 결혼을 하고 이직도 한 그에게 남은 인생의 숙제는 바로 '내 집 마련'이었다. 그런데 모은 돈은 대부분 전세보증금으로 사용했고, 통장 잔고는 4천만 원 남짓이었다.

박 과장은 생각했다. '4천만 원으로 재건축 투자를 할 수 있을까?' 지방의 주공아파트 가격이 저렴했던 과거에는 가능한 일이었다. 그런데 2021년에 4천만 원으로 투자를 할 수 있는 재건축 아파트가 과연 있을까?

"박 과장님처럼 실질적인 재건축 투자 방법을 궁금해하는 사람들이 많습니다. 그래서 '재건축 실전 투자 및 부의 축적과 필요성' 강의를 한 학기 동안 진행하고자 합니다. 이 강의에 참여해서 부동산 투자의 기본과 실질적인 재건축 투자방법론을 배워보세요."

"네, 열심히 배워서 내 집 마련의 꿈을 꼭 이루고 싶습니다."

"지금부터 왜 재건축 투자에 관심을 가져야 하는지, 현실 가능한 재건축 투자는 무엇인지, 그리고 최근 부동한 개발사업 시장의 패러다임이 어떻게 변하고 있는지에 대해 살펴보겠습니다."

▬ 우리가 재건축 투자에 관심을 갖는 이유

"최근 신문기사를 보면, '강남 아파트 평당 1억 원은 이제 흔한 일, 토지거래허가제도 무색' '평당 1억 원에도 대기 넘쳐' '강남 기본 매매가 평당 1억 원 시대?' 등의 기사 제목을 쉽게 볼 수 있습니다. 우리나라 부동산 기사는 모두 강남 아파트 관련 기사뿐인 것 같습니다. 여러분은 이런 기사를 보면 어떤 생각이 드나요?"

"허탈합니다. 다른 세상 얘기 같고요. 집값이 평당 1억 원이 넘다니…. '이게 말이 되나' 하면서도 '나도 어떻게든 영끌이라도 해서 강남 아파트에 투자해야 하지 않을까' 하는 급한 마음이 들기도 합니다."

"다들 비슷한 생각일 겁니다. 그런데 여기서 본질적인 가치에 주목해야 합니다. 강남 아파트는 모두 평당 1억 원이 넘는다는 것이 사실일까요?"

"무슨 말씀인가요? 강남의 아파트는 평균적으로 평당가격이 1억 원이 넘을 정도로 비싸다는 의미 말고 다른 의미가 있나요?"

"강남 아파트라고 해서 모두 평당 1억 원이 넘는 것은 아닙니다. 신문기사를 자세히 읽어보면 한 가지 공통점이 있습니다."

"어떤 공통점이 있나요?"

"바로 '재건축'입니다. 기사에 나오는 아파트들은 모두 재건축 대상인 아파트들입니다."

"아, 그렇군요. 다들 노후한 아파트인데 평당 1억 원이 넘는 이유는 바로 재건축 대상 아파트이기 때문이네요."

"재건축이 되면 가치가 올라간다는 것은 부동산시장에서 누구나 알고 있는 사실이죠. 투자자들이 너도나도 강남 아파트에 몰리다 보니 가격이 치솟는 것입니다.

부동산 투자상품은 종류가 많습니다. 가장 기본적인 투자의 대상은 토지와 건물이고, 개발과 임대 과정에서 어느 시점에 어떤 역할을 할 것인가에 따라 투자수익률이 달라집니다. 다양한 부동산 투자상품 중에서 우리는 왜 재건축 투자에 관심을 가져야 할까요?"

"글쎄요, 재건축에 투자할 곳이 많아서 아닌가요?"

"틀린 대답은 아닙니다만, 아파트는 누구나 쉽게 가격 정보를 확인할 수 있어서 가치 비교가 쉽고, 우리가 살고 있으면서 장단점을 가장 잘 알고 있기 때문입니다. 또한 가치를 현금화할 수 있는 환금성이 뛰어나기 때문입니다."

"특정 지역의 토지나 건물의 가치를 알기는 어려워도 그 지역의 아파트가격을 알아보는 것은 어렵지 않죠. 대부분의 사람들이 아파트에 대해서 잘 모르는 사람이 없을 거라고 해도 과언은 아니네요. 그리고 거래도 어렵지 않고요."

"그렇죠. 오래된 아파트, 노후한 아파트를 철거하고 새로운 아파트로 개발하는 것이 바로 '재건축'입니다. 그래서 재건축 투자가 어렵지 않은 것입니다."

"그런데 왜 대부분의 사람들은 재건축 투자를 어렵게 생각할까요?"

"그 이유는, 가치 있는 정보가 없기 때문입니다."

"가치 있는 정보가 무엇인가요?"

"가치 있는 정보는 누구나 다 알고 있는 정보가 아닌 기존의 정보를 더하고, 빼고, 곱하고, 나누어서 새롭게 재창조한 정보입니다. 그 정보를 분석해서 차별화되고 경제적 가치가 있는 정보로 가공해서 도출해야 실패하지 않는 재건축 투자를 할 수 있습니다."

"점점 더 어려워지는 것 같습니다, 교수님."

"하하, 걱정할 필요 없습니다. 이번 학기 강의에서 일반적인 정보를 경제적 가치가 있는 정보로 가공하는 창조적 능력을 키우는 방법을 배울 것이니 어렵지 않을 겁니다. 제 강의를 잘 따라오기만 하면 됩니다."

▬ 누구나 아는 재건축과는 다른 재건축에 눈을 뜨다

"교수님, 저희도 강남 재건축에 투자해서 '대박'을 터트리고 싶습니다. 방법이 없을까요?"

"하하, 좋습니다. 강남 재건축에 투자하려면 자금이 충분해야 합니다. 여러분이 현재 재건축 투자금으로 활용할 수 있는 유휴자금은 얼마나 있나요?"

수강생들이 다들 서로의 눈치를 보고 있으니 박 과장부터 이야기했다.

"저는 4천만 원 정도 있습니다."

그러자 수강생들도 입을 열었다.

"저는 1억 원 정도는 투자가 가능합니다."

"다들 부자네요. 저는 5천만 원뿐입니다."

이 말을 들은 김 교수는 이렇게 말했다.

"네, 여러분들이 우리나라 일반 샐러리맨들의 표본일 수 있다는 생각이 듭니다. 부동산 투자를 생각하는 사람들이 운용 가능한 유휴자금은 대략 5천만 원에서 1억 원 사이일 것이라 생각됩니다. 자, 지금부터 약 1억 원의 자금으로 강남 재건축에 가상 투자를 해봅시다. 여러분이 알고 있는 대표적인 재건축 아파트는 어느 아파트인가요?"

수강생들은 '대치동 은마아파트요, 압구정 현대아파트요, 반포 주공이요'라고 말했다.

"네, 다들 유명한 아파트를 알고 계시네요. 여러분들이 말한 대치 은마, 압구정 현대, 반포 주공은 언론에 하루도 빠지지 않을 정도로 보도되는 대표적인 재건축 아파트들입니다. 이 중에서 한 아파트를 대상으로 가상 재건축 투자를 해봅시다. 먼저 압구정 현대아파트를 대상으로 가상 투자를 해보겠습니다.

먼저 압구정동의 재건축 기본계획이 어떻게 수립되어 있는지 알아봅시다. 2016년 서울시는 약 115만m²에 걸친 압구정동 아파트 24개 단

강남구 압구정동 특별계획구역 지정 현황						
압구정 특별계획구역	1구역	2구역	3구역	4구역	5구역	6구역
대상 아파트	미성1·2차	현대 9·11·12차	현대1~7차, 현대 10·13·14차, 대림빌라트	현대8차, 한양3·4·6차	한양1·2차	한양5·7·8차
기존 세대수	1,233세대	1,924세대	4,065세대	1,340세대	1,232세대	672세대

지를 6개 구역으로 나눈 뒤, 통합개발하는 지구단위 계획안을 발표했습니다.

압구정동 특별계획구역 중 4,065세대로 기존 세대수가 가장 많은 3구역에 재건축 투자를 한다고 가정해봅시다. 우선 현재 시세를 살펴보죠. 네이버 부동산 시세를 확인해보니, 압구정 현대아파트10단지 115㎡는 2021년 10월 기준, 평균 31억 원의 시세를 형성하고 있습니다. 평당 1억 원에 가까운 시세입니다. 전세는 약 10억 원이네요.

전세를 끼고 사려면 전세금 10억 원을 제외한 21억 원이 있어야 합니다. 최대한 레버리지 효과를 활용하기 위해서 대출을 받는다고 가정해봅시다. 현재는 재개발·재건축 조합원이 1주택 세대로서 사업추진 (조합설립인가) 전까지 1년 이상 실거주한 경우 등 불가피한 사유가 인정될 때만 시가 9억 원이 넘는 주택에 대해 LTV 인정 비율이 차등 적용됩니다.

가령 투기지역·투기과열지구에서 시가 14억 원짜리 주택을 매입할 때 주택담보대출의 한도가 현재는 40%를 적용받아 5억 6천만 원인데, 향후에는 9억 원의 40%인 3억 6천만 원, 9억 원 초과분인 5억 원의 20%인 1억 원을 합쳐 총 4억 6천만 원이 됩니다.* 그리고 투기지역·투기과열지구에서 시가 15억 원을 초과하는 아파트를 담보로 주택구입용 주택담보대출을 받을 수 없습니다."

"그렇다면 압구정 현대아파트를 구입할 때 담보대출이 불가능하다는 말씀인가요?"

"그렇죠. 압구정 현대아파트는 모두 시세가 15억 원이 넘으므로 담보대출이 불가능합니다. 그럼 대치 은마나 반포 주공으로 투자 대상을 변경하면 어떨까요?"

"요즘 강남에 15억 미만의 아파트는 없습니다. 결국 강남 아파트 재건축 투자 시에 담보대출은 불가능하다는 결론이네요."

"맞습니다. 강남 재건축 투자를 하려면 수십억 원의 현금이 있어야 가능한 것입니다. 수십억 원의 현금이 있다면, 저는 강남 재건축에 투자하지 않을 겁니다. 그 유휴자금으로 현금 흐름이 원활한 수익형 부동산에 투자하겠습니다."

"교수님, 그렇다면 재건축 투자는 불가능하다는 것인가요?"

"왜 여러분들은 강남만 재건축 투자 지역으로 바라봅니까? 관점을 바꿔보세요."

"관점을 바꾸라고요?"

"'나는 반드시 강남에 입주하겠다'라는 생각 때문에 강남 재건축 투자를 생각한다면 다른 문제이지만, 이 또한 충분한 투자자금이 있을 때 생각하면 되는 것입니다. 지금은 투자수익률이 높은 재건축에 투자

● 최근 부동산 금융정책의 잦은 변화로 주택담보대출 시점의 대출규제를 잘 살펴보고 자금조달계획을
  수립해야 한다.

하는 것이 재건축 투자의 목표입니다."

"투자수익률이 높은 재건축에 투자한다고 관점을 바꿔서 생각한다면, 다른 지역의 재건축 투자를 말씀하는 것인가요?"

"네, 바로 그겁니다. 동전의 앞면만 보지 말고, 뒷면이 있다는 것을 잊지 않아야 합니다. 강남 재건축 투자가 어렵다면 비강남 지역에 재건축 투자를 하고, 서울 재건축 투자가 어렵다면 서울이 아닌 지역에 투자하면 됩니다. 여러분, 사고의 벽을 깨보세요. 수도권이나 5대 광역시에 1억 원 미만의 투자금으로 재건축 투자가 가능한 아파트는 아직 많습니다. '재건축 투자란 아파트를 구입하는 것이 아닌 부동산 금융 상품에 투자하는 것'이라는 생각의 전환이 중요합니다."

"1억 원 미만의 자금으로 재건축 투자가 가능하다고요?"

"네, 그렇습니다."

수강생들은 눈빛을 반짝거리며 김 교수의 다음 설명을 기다리고 있었다.

"뉴스나 언론 보도를 통해 잘 알려진 강남 대치동의 은마아파트 같은 특정한 아파트만을 생각하며 재건축 투자를 생각하니, 현실성이 없고 투자를 실행하기가 어려운 것입니다. 만약 여러분들이 언론에 의해 만들어진 특정 지역에 대한 선호를 배제하고 아파트를 부동산 금융상품의 투자 대상으로만 생각하고 찾는다면, 매우 넓은 지역에서 투자 대상 아파트를 선택할 수 있습니다.

게다가 객관적으로 투자수익성 위주로 고려할 수 있습니다. 여러분이 주식에 투자할 때 투자하려는 기업의 본사가 서울인지 부산인지, 제주도인지는 중요하게 여기지 않습니다. 그저 그 회사의 성장 가능성에 투자하는 것과 같은 이치이지요."

박 과장은 김 교수의 설명에 자연스럽게 고개가 끄덕여졌다. 박 과장은 4천만 원 정도의 자금으로 재건축 투자가 가능하다면, 서울이 아닌 지방이라도 상관없었다.

"하지만 지방의 재건축 대상 아파트에 투자하려면 그 지역을 잘 알아야 하는데, 너무 복잡하고 어려울 것 같습니다. 시간을 내서 지방까지 다녀오기도 쉽지 않고…."

"세상에 공짜 점심은 없습니다. 아무 노력 없이 적은 유휴자금으로 재건축에 투자해서 투자수익률을 올릴 생각을 한다는 것은 말도 안 되는 욕심이죠. 물론 현실적으로 많은 시간을 투자해서 지방의 재건축 대상 아파트를 탐색하고 선별하는 과정을 거칠 수는 없습니다. 다만 최소의 시간을 투자해서 재건축 투자 대상 아파트를 선별해 분석하고 투자하는 과정을 공부하면 됩니다. IT 강국인 우리나라는 인터넷으로도 대부분의 정보를 수집할 수 있기 때문에 훨씬 효율적으로 투자 대상 아파트를 분석할 수 있습니다."

"재건축 투자를 내가 살 집에 투자하는 것이 아닌 금융상품으로 생각하고 온라인 정보를 최대한 수집·분석하여, 투자수익률을 우선적으로 고려해 투자 대상 물건을 선별하라는 말씀이군요."

"네, 지금부터는 '재건축 투자는 부동산 금융상품에 투자하는 것이다'라는 생각으로 투자할 아파트를 탐색해야 합니다. 재건축 투자 대상으로, 가장 안정적인 구조를 가진 아파트가 있습니다. 바로 저층 주공아파트 재건축에 투자하는 것입니다."

— 저층 주공아파트는 재건축 투자의 보물지도다

"앞서 설명한 제주도 이도주공아파트 15평형에 투자해서 3,250%라는 엄청난 투자수익률을 달성한 것을 보면, 특별한 공식이 있습니다. 바로 저층 주공아파트는 재건축 투자의 안정적인 구조를 가지고 있다는 것이지요."

"저층 주공아파트에 재건축 투자의 안정적인 구조가 있다는 것은 무슨 의미인가요?"

"먼저 '저층'이라 함은 건축용어 사전에서는 일반적으로 1~3층 정도의 건물 높이를 말합니다. 제가 설명하는 저층은 5층 이하의 아파트로 이해하면 됩니다. 저층 아파트는 기본적으로 기존의 대지지분이 넓고, 재건축 용적률 적용에 따라 개발이익이 높습니다. 저층이란 의미에 넓은 대지지분과 높은 개발이익이란 의미가 함축되어 있는 것이지요. 넓은 대지지분과 높은 개발이익, 이 2가지 조건만으로도 재건축 투자의 가치는 매우 높습니다.

그런데 여기서 '주공아파트'의 의미도 매우 중요합니다. 1970년대 도심 주거난을 해결하기 위해 정부가 아파트지구를 지정했고, 공기업과 민관기업이 아파트 개발사업을 적극적으로 실시했습니다. 그 중에서 공기업인 대한주택공사(현 한국토지주택공사)에서 지은 아파트 단지를 '주공아파트'라고 합니다.

최초의 주공아파트는 1972년에 지어진 반포동 주공아파트입니다. 이후 1974년 잠실동에 잠실주공아파트가 지어지면서 대한민국에 아파트 시대가 열렸다고 해도 과언이 아닙니다. 정부가 당시 대한주택공

| '저층'과 '주공아파트' 의미 분석 |

구분	저층	주공아파트
기준	5층 이하 아파트	과거 대한주택공사가 공급한 아파트 단지
의미 분석	넓은 대지지분, 높은 개발이익	도시계획에 의한 교육, 교통, 공원, 생활 편익시설 등이 우수한 주거입지

사를 통해서 주공아파트를 공급할 때 교육, 교통, 공원, 생활 편익시설 등을 도시계획적 차원에서 체계적으로 건설하고 공급했습니다. 따라서 전국의 주공아파트는 생활환경이 매우 우수한 입지에 위치하고 있습니다. 서초구 반포 주공아파트, 강남구의 개포 주공아파트 등 국내 최고 가격을 형성하는 아파트들이 주공아파트라는 것이 이 설명을 증명하고 있습니다."

"교수님, 저층 주공아파트의 의미를 확실히 이해했습니다. 그럼 저층 주공아파트에만 투자하면 재건축 투자에 성공할 수 있나요?"

"서초동 반포주공아파트와 같은 단지는 현재 가격이 너무 올라서 실거주가 목적이라면 몰라도 목표 투자수익률을 달성하기는 어렵습니다. 또한 초기 투자금이 막대하기 때문에 재건축 투자 대상 아파트로는 현실적이지 않습니다."

"그럼 어떻게 하면 되나요?"

"네이버 검색창에서 '주공아파트'를 검색해보세요. 전국의 주공아파트 리스트가 나올 것입니다. 인터넷만 검색해도 최근 매매, 전세 시세까지 바로 확인할 수 있습니다. 아직도 투자 검토가 가능한 서울과 지방광역시의 대표적인 주공아파트만 살펴보면, 서울은 구로주공, 상계주공, 부산은 망미주공, 해운대주공 등이 있습니다. 대구에는 안심

주공, 인천에는 연수주공. 광주에는 우산주공, 대전에는 판암주공, 울산에는 달동주공 등이 있습니다. 이외에도 전국에 수백 단지의 주공아파트들이 있습니다. 이렇게 많은 주공아파트 중에서 우선 저층아파트를 선별합니다. 그다음 대지지분의 평당가격이 낮은 순으로 분석해보세요. 여러분의 유휴자금 수준으로 투자가 가능한 저층 주공아파트 중에 재건축 투자 대상 아파트를 찾을 수 있을 겁니다.

만약 저층 주공아파트 재건축 투자가 쉽지 않다면, 민간기업이 건설한 저층아파트나 주공아파트 같은 도시계획적인 입지적 장점이 있는 민간기업의 아파트 재건축에 투자하는 것도 좋습니다. 투자수익률을 높일 수 있기 때문이지요. 결국 높은 개발이익을 담보하는 '저층'과 도시계획적으로 우수한 입지를 의미하는 '주공아파트'라는 각각의 의미가 중요합니다. 어때요? 재건축 투자, 이제 어렵지 않겠죠?"

"교수님 강의를 듣다 보니 재건축 투자가 어렵지 않겠다는 생각이 듭니다. 재건축 투자에서 저층 주공아파트 투자가 가장 좋고, 그다음은 저층 민간아파트, 저층이 아닌 중층 이상이더라도 주공아파트라면 입지적으로 우수하기 때문에 재건축 투자를 실행하면 실패하지 않는다는 것이군요. 그런데 이렇게 쉽게 재건축 투자 대상 아파트를 찾을 수 있다니, 오히려 '우리가 모르는 다른 문제는 없을까' 하는 걱정이 앞서네요."

"맞습니다. 재건축 투자가 어렵지 않은 만큼 많은 사람들이 재건축 투자에 참여합니다. 아마도 주공아파트를 검색해서 적정한 아파트를 찾더라도 가격이 많이 올랐거나 매물이 없거나 하는 현실적인 문제가 있을 겁니다. 해당 지역의 공인중개사들이 주공아파트의 재건축 가치를 알고 주변에 많은 홍보를 했을 것이고요. 그렇다면 가격은 이미 올랐겠죠. 그래서 단편적인 정보만으로 높은 투자수익률을 달성하기는 어렵습니다."

"교수님, 그렇다면 높은 투자수익률을 달성하는 성공적인 재건축 투자를 하려면 어떻게 해야 하나요?"

"하하, 그 부분이 바로 이번 학기 강의를 통해서 여러분이 배워야 할 내용입니다. 차근차근 강의 내용을 잘 따라온다면 여러분도 충분히 재건축 투자의 고수가 될 수 있습니다."

"네, 교수님의 강의가 정말로 기대됩니다."

"먼저 최근 재건축 투자 트렌드가 어떻게 변화하고 있는지부터 알아봅시다."

2장

최근 재건축 투자 트렌드

━ 인구감소가 부동산시장에 미치는 영향

행정안전부는 2020년 12월 31일 기준 주민등록 인구통계분석 결과를 발표했다. 우리나라 인구는 5,182만 9,023명으로 전년도 5,184만 9,861명에 비해 2만 838명이 줄어서 사상 처음으로 인구가 감소했다. 이외에도 1인 가구의 급격한 증가, 60대 이상 인구의 비중 증가, 출생자 수 역대 최저, 경기·세종·제주·강원·충북을 제외한 나머지 자치단체의 인구감소 등을 발표했다. 특히 서울·부산·대구는 최근 10년간 인구가 지속적으로 감소한 것으로 나타났다.

"교수님, 우리나라도 인구감소의 시대가 시작된 것인가요?"

"그렇습니다. 인구감소율은 0.04%에 불과하지만 내포한 의미는 큽니다. 지난해 출생아는 27만 5,815명으로 1년 전보다 10.65% 줄어들었고, 사망자는 3.1% 늘어난 30만 7,764명으로, 사망이 출생보다 3만 1,949명 많았습니다. 통계를 작성한 이후 처음으로 사망자 수가 출생아 수보다 많아지면서 인구가 자연 감소하는 현상, 이른바 '데드 크로스(Dead Cross)'가 발생한 것입니다. 이는 사상 초유의 인구감소 시대가 시작된 것으로, 중위 추계 기준으로 보았을 때 2029년부터 인구감소를 전망했던 일이 9년이나 앞당겨져서 나타난 결과입니다."

"인구수는 감소했지만 주택 수요가 증가하는 이유는 무엇일까요? 세대 분화로 인해 세대수가 증가해서 그런 걸까요?"

"네, 맞습니다. 2020년 기준 주민등록 세대수는 2,309만 3,108세대로 전년 대비 2.72% 증가했습니다. 평균 세대원 수는 2.24명이고, 1인 세대가 906만 3,362세대를 돌파했습니다. 1~2인 세대의 합계가 전체의 62.6%를 차지하고 있습니다. 과거 평균 세대원 수가 4명인 때도 있었으나 이제는 옛날이야기가 되었습니다."

"교수님, 일본의 사례를 봤을 때 생산가능인구가 감소하면서 주택 가격이 하락한다고 알고 있습니다. 그런데 우리나라는 2018년부터 생산가능인구가 감소했는데, 주택가격은 왜 계속 오르는 것인가요?"

"생산가능인구는 15~64세까지 경제활동이 가능한 연령대를 말합니다. 생산가능인구가 감소하면 경제활동인구가 줄어드니 주택매수 능력이 부족할 것이고, 주택매수 능력이 부족하니 수요가 감소할 것이며, 수요가 감소하니 가격이 하락한다는 것은 기존의 경제학적 관점입니다. 그러나 우리나라를 보면 생산가능인구가 감소하기 시작했는데도 주택가격은 하락하지 않고 있습니다. 그 이유는 무엇일까요?

첫째, 인구가 정점에 이르렀다가 감소하는 초기 단계에는 인구감소보다 세대 분할의 속도가 더 빠르므로 주택수요가 아직도 공급을 초과하기 때문입니다. 그래서 주요 도시의 주택가격이 지속해서 상승하는 것이지요. 둘째, 세계에서 유일한 임대방식이라고 해도 무방한 우리나라의 전세제도● 때문입니다. 전세제도를 이용한 '갭투자'로 다주택을 소유하는 부동산 투자자가 많습니다. 셋째, 코로나19 팬데믹의 영향 때문입니다. 침체된 경제를 활성화하고자 양적완화 정책으로 저금리 기조가 유지되면서 주택담보대출, 즉 레버리지를 이용한 주택매수 수요가 주택가격 상승에 영향을 미치고 있습니다."

▬ 입지적 가치는 인구감소의 영향을 적게 받는다

"교수님, 요즘 재개발·재건축이 이슈입니다. 아마도 재개발·재건축을 앞둔 주택을 사면 가격이 오를 것이라는 기대심리 때문인 것 같습니다. 가격이 오른다는 것은 결국 주택에 가치가 있다는 것이고, 가치가 있다는 것은 생활환경이 좋다는 의미겠지요. 이를테면 직주근접과 교육 및 편의시설이 많다는 거죠. 다시 말해 입지적 가치가 높은 곳은 인구가 감소해도 가격이 떨어지지 않고 오히려 오를 수 있다고 생각

●볼리비아에 우리나라의 전세와 유사한 '안티크레티코(anticrético)'라는 계약이 있긴 하나 볼리비아 전체 주택 거래의 약 5% 정도만 차지한다.

해도 틀린 것이 아니겠죠?"

"네, 맞습니다. 통계청 인구추계에 따르면 100년 후 인구추계는 지금 인구의 50% 미만인 2천만 명대라고 추정합니다. 최악의 경우에는 1,100만 명대가 될 수 있다고도 합니다. 근본적으로 인구가 감소하면 주택수요가 줄어들기 때문에 수요와 공급의 원칙에 따라 주택가격이 하락합니다. 다만 모든 부동산의 가격이 하락하는 것은 아닙니다. 이것이 핵심입니다.

'인구가 감소한다고 해서 부동산가격이 떨어진다'라는 공식은 성립되지 않습니다. 인구가 감소해도 수요가 몰리는 부동산이 있기 때문이지요. 즉 많은 사람이 원하는 입지의 부동산이 있습니다. 입지가 좋은 부동산에는 수요가 몰리고, 수요가 몰리면 가격이 상승할 수밖에 없습니다. 인구가 감소하는데 주택공급물량이 계속 많아진다면 어떻게 될까요? 사람들은 공급된 주택물량 중에서 본인의 관점에서 입지적 가치가 높은 주택을 확보하는 일에 더욱 집중할 것입니다. 본인의 관점에서 입지적 가치가 높다는 것은 직주근접의 주택이나 교육과 생활편익시설이 좋은 지역을 뜻합니다. 이러한 지역의 주택매수 경쟁률은 더욱 높아질 것입니다. 강남의 집값이 상승하는 이유 중의 하나가 바로 이것입니다."

"교수님, '개인적인 입지적 가치'라는 설명이 가슴에 와닿습니다. 저는 강서구 화곡동에 살고 있으며, 회사는 강남에 있습니다. 회사와의 거리만 제외하면 강서구에서 생활하는 데 불편함은 없습니다. 집 주변에 큰 규모의 보타닉공원이 있고, 대형 쇼핑몰과 마트, 전통시장 등 생활 편익시설이 충분하기 때문이죠. 게다가 공항도 가까워서 여행을 갈 때도 편리합니다. 다만 회사가 강남구 역삼동에 있다 보니 출퇴근이 힘듭니다. 출퇴근의 어려움이 생활에 가장 문제가 되는 부분이라 '강남으로 이사를 가야 하나'라는 생각을 한 적도 있었습니다."

"강남으로 이사를 고려했다는 말이 이해가 됩니다. 대부분의 사람들이 처음에는 직장문제 때문에 강남 지역을 주거지로 선호합니다. 자녀들이 있다면 교육문제 때문에 대치동 학원가 등 교육의 특수성이 강한 강남 지역을 더 선호하지요. 그러다가 자녀들이 대학을 졸업하고 독립을 하면 강남 지역의 아파트를 처분해 자녀들에게 금전적으로 도움을 주기도 하고, 은퇴한 부부가 생활하기에 적당한 강남의 외곽으로 옮기는 경우도 많습니다."

▬ 포스트 코로나 시대, 가치 극대화와 공간 변화

포스트 코로나 키워드: 언컨택트

"교수님, 이제는 시대의 구분을 코로나바이러스 발생 전과 발생 후로 나누어서 이야기할 정도로 코로나바이러스가 시장에 미치는 영향이 큽니다. 코로나바이러스가 세계적으로 유행하면서 사람들은 외출을 자제하고 집에서 머물고 있습니다. 그러다 보니 주택시장에도 그 영향이 자연스레 미쳤습니다. 구체적으로 어떠한 변화가 일어났나요?"

"강의를 하는 이 순간에도 팬데믹은 아직 종식되지 않았습니다. 코로나19 팬데믹 기간이 2년이 되어가면서 코로나바이러스가 경제 전반에 미친 영향을 연구한 데이터들도 많이 쌓였습니다. 수많은 학자들이

고민하고 연구한 결과들을 바탕으로 종합해보면 다음과 같습니다.

현재는 전 세계적으로 백신이 공급되면서 최악의 상황은 넘긴 것으로 보입니다. 그러나 변이 바이러스가 계속 나타나면서 '코로나바이러스가 우리 삶에서 완전히 분리되지 않을 수도 있겠구나' 하는 암울한 전망도 무게가 실리는 상황입니다. 코로나바이러스를 완전하게 제거할 수 없다는 것을 인정한 세계 대부분의 나라들은 코로나바이러스와 공존하는 '위드 코로나'로 방역체계를 전환하고 있습니다.

코로나바이러스가 세계적으로 유행하면서 한국 경제에 미친 영향은 2008년 세계 금융위기와 맞먹을 만큼 큰 충격이었습니다. 한국은행과 통계청이 제시한 데이터를 살펴보겠습니다. GDP성장률 하락폭을 보면 2008년 세계 금융위기 때 -3.9%이고, 2020년 코로나19 팬데믹 때 -3.7%입니다. 민간소비 성장률 하락폭으로 비교하면 코로나19 팬데믹 시기에 -7.41%로, 세계 금융위기 때인 -3.2%보다 2배 이상 하락했습니다.

부동산시장에도 악영향을 미쳤습니다. 코로나바이러스의 직접적인 영향을 받은 대면형 서비스업은 전례 없는 수준의 침체를 겪었습니다. 예술, 스포츠, 숙박업, 요식업이 대표적으로 피해를 입은 업종입니다.

한국은행 통계자료에 따르면 예술·스포츠는 2015년 이후 연평균 성장률이 1.8%였으나 2020년 성장률은 무려 -27.7%로 하락했습니다. 코로나19 팬데믹 전후로 -29.5%의 차이를 보이는 것입니다. 숙박업과 요식업은 2015년 이후 연평균 성장률이 2.1%였으나 2020년 성장률은 -16.6%였습니다. 코로나19 팬데믹으로 -18.7%의 차이를 나타내고 있습니다. 이러한 시장 충격이 부동산시장에 그대로 영향을 미쳤고, 서울 주요 상권의 공실률은 급등했습니다. 2020년 3분기 서울 이태원의 소규모 상가 공실률은 30.3%였습니다. 직전 분기 15.2%에 비해 2배나 급등한 것이지요. 명동의 상가 공실률도 같은 기간 0%에서 28.5%로 급등[1]했습니다. 상가의 1/3이 임차인을 찾고 있는 셈입니다. 코로나19 팬데믹이 장기화되면서 업주들은 임대료, 인건비 등의 부담을 버티지 못하고 줄줄이 문을 닫고 있습니다.

세종시도 중대형 상가의 공실률이 18.6%입니다. 전년 대비 4.4%나 증가[2]했습니다. 해외도 다를 바 없습니다. 미국 맨해튼 공실률을 보면 14년 만에 최고치인 5.1%[3]를 기록했습니다. 일본 도쿄의 주요 5개구(지요다·주오·미나토·신주쿠·시부야) 오피스 공실률은 코로나19 팬데믹 이후 1.64%로 3개월 연속 상승[4]했습니다. 이처럼 코로나19 팬데믹이 부동산시장에 미치는 영향은 한마디로 '충격' 그 자체였습니다."

"데이터를 통해 코로나19 팬데믹이 미친 영향을 살펴보니 세계 금융위기 때보다 더 어려운 상황임이 와닿습니다. 코로나19 팬데믹 시대를 한마디로 표현하면 '비대면'이라고 할 수 있나요?"

"맞습니다. 포스트 코로나 시대의 키워드는 '언컨택트'입니다. 언컨택트란 사람과 직접적으로 연결되거나 접촉하지 않는 비대면·비접촉을 의미합니다. 이 언컨택트라는 키워드가 주택시장에 적용되면서 기존의 주거공간을 바라보는 관점에서 벗어나 공간 변화의 도화선이 될 것이라 예상합니다."

"주거공간의 근본적인 변화가 있다는 뜻이군요?"

"주거공간의 근본적인 변화가 있다기보다는 오랜 시간 우리 사회가 발전시켜온 비대면·비접촉의 전방위적 욕망이 코로나19 팬데믹으로 인해 더욱 빠르게 촉발된 것으로 보는 것이 합리적입니다. 오히려 4차산업혁명과 더불어 더 많은 연결을 위한 초연결시대의 시작이고, 일상과 정치, 비즈니스 등 사회 전반을 바꿀, 거스를 수 없는 메가트렌드라고 할 수 있습니다.

1928년 작품인 르네 마그리트의 〈연인들〉•이라는 유화 그림이 있습니다. 천으로 얼굴을 가린 채 키스하는 모습인데, 이는 현재의 팬데믹 상황을 100여 년 전에 예견한 것 같아서 화제가 되었습니다."

"코로나바이러스로 언컨택트가 기본이 된다는 것을 요즘 피부로 느끼고 있습니다. 처음에는 불편해서 잘 하지 않던 마스크가 이제는 자연스러울 정도니까요. 포스트 코로나 시대에는 언컨택트를 기본으로, 어떠한 변화들이 있을까요?"

"대표적으로 사람 간의 관계가 '접촉'을 기준으로 했던 것이 비대면 온라인을 통한 '접속'으로 변화하고, 온라인상의 접속을 통한 관계 형성이다 보니 더 평등하고, 더 투명한 것을 요구할 것입니다. 그러다 보니 이제는 개개인의 인성이 더욱 중요할 것이고, 환경이나 배경으로 평가받던 시대에서 실력으로 평가받는 시대로 변모하고 있습니다. 대표적으로 대학이 그렇습니다.

최근 대학 강의가 비대면으로 진행되다 보니 젊고 유능한 교수들

• 르네 마그리트는 1898년에 태어난 벨기에의 화가다. 서로 상관없는 물체를 같은 공간에 그리는 데페이즈망 기법을 사용해 신비로운 작품들을 남겼다. 초현실주의를 대표하는 화가이나 정작 자신은 화가 대신 '생각하는 사람'으로 불리기를 원했다. 유화 〈연인들〉은 천으로 얼굴을 가린 채 키스하는 남녀의 모습을 묘사함으로써 결합을 꿈꾸는 사랑의 불가능성을 표현했다.

의 차별화된 강의가 더욱 돋보이고 있습니다. 오랜 기간 온라인 강의를 진행해온 사이버 대학들은 온라인 강의 시스템을 급하게 구축한 기존 대학들보다 더 다양한 콘텐츠와 교육 시스템을 활용함으로써 경쟁력 있는 강의를 제공하고 있습니다. 기업들도 수십 년간 내려온 수직적인 문화에서 벗어나 수평적인 문화로 빠르게 변화하고 있습니다. 상사가 회의실 가운데 앉아서 업무를 지시하고 직원들의 답변을 듣던 회의 방식이 바뀌고 있습니다. 언컨택트 시대에서는 회의 자체가 화상회의로 바뀌면서 공평한 화면 분할에 따른 공평한 발언 기회가 주어지는 현상이 당연하게 여겨지고 있습니다. 그리고 이미 이 시대의 주된 흐름이 되고 있는 4차산업혁명의 핵심인 인공지능*은 팬데믹의 영향으로 가속화되면서 실생활에 빠르게 적용되고 있습니다."

▬ 코로나19 이후 부동산시장의 변화: 스프롤시티

"교수님, 부동산시장의 변화는 어떤가요?"

"부동산시장으로 관점을 좁혀서 본다면, 시장을 바라보는 기준이 언컨택트인 것은 기본이고, 도시의 개발이 '콤팩트시티(압축도시)'로 발전하는 방향에서 '스프롤시티(분산도시)'의 필요성을 다시 살피는 상황이 되었습니다."

● 인공지능(Artificial Intelligence)은 인간처럼 사고하고 생각하고 학습하고 판단하는 논리적인 방식을 사용하는 인간지능을 본뜬 고급 컴퓨터프로그램을 말한다.

"콤팩트시티의 개념이 무엇인가요?"

"콤팩트시티란 도시 내부 고밀 개발을 통해 현대 도시의 여러 가지 문제해결을 도모함과 동시에 경제적 효율성 및 자연환경의 보전까지 추구하는 도시개발 형태입니다. 도시 내부의 복합적인 토지 이용, 대중교통의 효율적 구축을 통한 대중교통 수단의 이용 촉진, 도시 외곽 및 녹지지역의 개발 억제, 도시 정체성을 유지하기 위한 역사적인 문화재 보존 등을 포함하는 개념이지요.

유럽연합(EU)에서는 도시문제와 더불어 환경정책의 일환으로서 콤팩트시티를 지향하고 있습니다. 20세기 중반 자동차 보급의 증가로 도시의 외형적 팽창이 진행되었고, 이런 흐름 속에서 도시문제가 발생했습니다. 도시 중산층이 대규모로 교외로 이동했고, 도심 공동화 현상●●과 이너시티●●●의 문제, 도시 외곽의 무분별한 환경 파괴 등 복합적인 문제가 고착화되었지요. 이런 상황에서 유럽의 여러 나라는 지속 가능한 개발●●●●을 지향하는 콤팩트시티의 실현을 도시정책 목표로 설정했습니다. 이러한 콤팩트시티 개념은 미국의 뉴어바니즘과 영국의 어반빌리지 사례에서 구체화되었고, 현재 세계 각국의 국가정책에

●● 도심의 지가 급등, 각종 공해 등이 원인이 되어서 도시 외곽으로 인구가 이동하면서 도심이 공동화(空洞化)되고 외곽 지역이 밀집되는 현상이다. 인구증감의 분포도가 도넛과 같은 형상을 나타내기 때문에 '도넛현상'이라고도 한다.

●●● 주택 환경이 악화되어 대도시의 도심 지역에 야간 인구가 급격히 줄고, 근린 관계 따위가 붕괴되어 행정구가 존립하기 어려워진 도시

●●●● 지속 가능한 개발(Environmentally Sound and Sustained Development)은 경제발전과 환경보전의 양립을 위해 새롭게 등장한 개념으로, 1987년 환경과 개발에 관한 세계위원회가 발표한 '우리의 공통된 미래(Our Common Future)'에서 제시되었다. 미래 세대가 이용할 환경과 자연을 손상시키지 않고 현재 세대의 필요를 충족시켜야 한다는 '세대 간의 형평성'과 자연환경과 자원을 이용할 때는 자연의 정화 능력 안에서 오염물질을 배출해야 한다는 '환경 용량 내에서의 개발'을 의미한다.

영향을 미치고 있습니다."

"그럼 스프롤시티는 콤팩트시티의 반대되는 개념인가요?"

"반대되는 개념이라기보다는 '콤팩트시티의 분산' 정도로 생각하는 것이 타당해 보입니다. 원래 '스프롤'이란 도시계획과 관리 등이 불량해서 발생하는 현상입니다. 즉 도시 시설이나 설비가 부족한 채로, 도시가 무질서하게 교외로 확산되는 것을 뜻하지요. 스프롤은 모든 방향에서 개발 확대를 가능하게 하는 간선도로와 자동차의 부산물이며, 후진국의 도시에서 발생하고, 행정력이 미치지 못하는 틈에 도시로 유입된 가난한 사람들이 만들어내어 나타나는 현상을 설명하는 단어입니다. 매우 부정적인 의미로 해석되는 경우도 있습니다.

다만 제가 말하는 스프롤시티는 코로나19 팬데믹으로 인해 사람들이 과도하게 밀집된 도시보다는 일정한 거리를 두고 개별적인 공간 확보를 위한 분산된 도시를 의미하는 것입니다. 유럽과 미국에서는 코로나19를 피해 도시를 떠나는 사람들이 늘고 있습니다. 그로 인해 도심의 집값은 하락하고 외곽의 집값이 급등하는 현상까지 나타났습니다. 이는 재택근무가 확산되면서 끼친 영향이었습니다.

2020년 이후 이탈리아의 경제 수도인 밀라노는 인구가 1만 3천 명이나 줄었습니다. 코로나19가 확산되고 재택근무가 시행되면서 '굳이 복잡한 도시에서 살지 않아도 된다'는 생각들이 널리 퍼졌고, 그 결과 '도시 탈출'이 현실화된 것이지요.

한양대 이창무 교수는 '중심에서 꼭 모여 살지 않아도 되는, 거리가 떨어진 쾌적한 주거지역 주택에 대한 수요가 증가했다'라고 인터뷰했습니다. 재택근무의 확대와 생활의 변화로 집의 가치가 재조명되면서 팬데믹이 진정되더라도 일부 국가에서는 도시에서 도시 외곽으로의 이동 현상이 지속될 것이고, 스프롤시티가 점진적으로 확산될 것입니다."

━ 주거 형태의 변화: 자연친화적 공간의 확장

"코로나바이러스로 인해 주거 형태에도 변화가 있겠군요."

"네, 맞습니다. 최근에 강조되는 콘셉트는 바로 단지 내와 세대 내의 '클린존'입니다. 단지 내 클린존은 에어워셔(Air Washer)와 안개 분사 시스템을 결합한 제품으로, 코로나19 팬데믹 상황에 특화된 오염물질 저감 상품을 말합니다. 외부 활동 후 실내로 들어가기 전에 클린존을 통과하면, 에어샤워로 신체에 남아 있는 오염물질을 제거하고 살균이 이뤄집니다. 마치 공항의 검색대 게이트처럼 생겼습니다. 세대 내 클린존은 외부 활동 후에 세대 내로 들어갈 때 현관에 클린존을 설치하는 콘셉트입니다. 따라서 현관과 거실 사이의 중문이 필수 요소가 되었습니다. 이미 최근에 준공되는 아파트에는 클린존이 설치되고 있습니다."

"요즘같이 코로나19 팬데믹 상황에서 아파트 주민들이 무척 좋아하겠네요."

"그렇죠. 그리고 주거 형태는 개별적인 공간이 확보되는 단독주택의 가치가 높게 평가될 것으로 예상됩니다. 이는 확장을 기본으로 여기던 아파트 발코니 공간을 자연친화적인 공간으로 재발견하면서 부동산 디벨로퍼(Developer)들이 테라스 확장의 필요성을 검토하고 있습니다. 집에 있는 시간이 늘어나면서 발코니, 테라스, 정원 등의 가치가 높아지고 있습니다.

게다가 층간소음 분쟁이 더욱 늘고 있습니다. 그러다 보니 아파트 1층이 주목을 받고 있지요. 1층에 살면 프라이버시 침해 등의 단점이 있지만, 층간소음에 다소 자유롭고 독립적인 정원을 제공받는 경우도 있기 때문에 1층이 주는 가치를 충분히 느낄 수 있습니다."

차별화된 설계로 1층의 가치를 평가받는 사례를 언론 보도[6]를 통해 살펴보면, 경남 양산시 물금읍 양산대방노블랜드8차 로얄카운티 전용면적 84m² 1층이 5억 8,500만 원에 거래되었다. 1층은 보통 10~15% 저렴하다는 일반적인 인식과는 달리 1층이 다른 매물보다 7,500만 원 더 비싸게 팔린 것이다. 그 이유는 무엇일까? 바로 이 아파트 1층에 거실 발코니 전면부에 조성된 10평 남짓한 정원(테라스)을 1층 입주자가 전용으로 쓸 수 있게끔 설계했기 때문이다. 외부에서 정원으로 출입할 수 없도록 모서리를 따라 허리 높이쯤 되는 나무들을 빙 둘러서 심었다. 1층의 단점인 프라이버시 침해와 방범 문제를 해소하기 위한 설계였다.

서울 동작구 e편한세상 상도노빌리티 전용면적 84m²도 1층 매물이 16억 원에 거래되면서 신고가를 기록했다. 몇 달 전만 해도 로열층이 14억~15억 원에 거래되었음에도 1층 매물이 1억~2억 원가량 더 높은 가격을 형성하고 있다. 이 단지 역시 1층 일부에 10평 남짓한 전용 정원이 마련되어 있어서다.

대전 유성구 도룡SK뷰 전용면적 84m²도 1층이 13억 원에 거래되면서 로열층보다 1억 원 이상 높은 가격에 거래되었다. 이 아파트 역시 전용 정원을 쓸 수 있다.

"건설사들은 1층을 특화한 설계를 내놓고 있습니다. 필로티 구조로 설계해 1층을 사실상 2층으로 짓거나 1층 입주민을 배려해서 출입구를 따로 설치하는 경우도 많습니다. 일반적인 복층 구조에서 벗어나 지하층을 세대 분리 가능한 수익형 평면으로 설계하면서 수요자들에게 높은 호응도 얻고 있습니다."

"교수님, 자연친화적인 공간의 가치가 중요해지면서 아파트 공간의 구분 등 주거평면의 변화도 커지겠네요."

"가장 변화가 클 것으로 예상되는 것이 바로 주거평면입니다. 코로나19로 인해 재택근무를 실시하는 기업들이 늘어났고, 재택근무의 결과가 걱정했던 것보다 나쁘지 않다는 판단을 하고 있습니다. 오히려 효율성 측면에서는 재택근무가 훨씬 더 좋다고 분석하는 기업들도 있습니다. 언론 보도에 따르면 '재택근무 생산성 현황'을 조사한 결과, 재택근무를 하는 109개 기업의 55%가 '생산성의 차이가 없다'[7]라고 했습니다. 재택근무를 안 하던 기업도 재택근무를 적극 검토하겠다고 합니다. 이렇게 재택근무자가 늘어나면서 그들을 위한 공간 배치의 필요성이 대두되고 있습니다.

신규평면 구성 시 방해받지 않고 업무 수행이 가능한 개인 사무공간을 주거평면 배치에 반영할 것을 검토하고 있습니다. 얼마 전까지만 해도 인구감소와 1~2인 가구의 증가로 중소형 평형 위주로 주거면적을 배치했다면, 지금은 주거공간에서 머무는 시간이 늘어나면서 답답함을 최소화하고 장시간 머물러도 불편하지 않은 생활공간 확보의 요구가 늘어나 중대형 평형의 선호도가 높아질 것으로 전문가들이 예상하고 있습니다. 포스트 코로나 시대에 주거공간에서의 재택근무와 재택수업은 늘어날 것이기에, 공간의 다양한 활용이 가능한 가변형구조가 각광받을 것입니다."

"당장 모든 기업들이 재택근무를 시행하지는 않겠지만 점진적으로 확대된다면, 교수님이 강조한 입지의 가치, 즉 직주근접의 원칙이 깨질 수도 있나요?"

"네, 그럴 수 있습니다. 코로나19 팬데믹이 아니더라도 직주근접의 원칙은 이미 조금씩 깨지고 있습니다. 4차산업혁명으로 네트워크를 활용한 사업들은 굳이 접근성을 고려해 도심에 위치하지 않아도 되기 때문입니다. 그런 데다 코로나19 팬데믹으로 인해 재택근무가 급속도로 확산되었고, 그 결과 부동산의 직주근접 원칙이 허물어지는 시기가 더욱 가속화되었다고 볼 수 있습니다."

"실제 코로나19로 인해 최근 건설회사들이 시공하는 아파트에 설계 변화가 있나요?"

"우리나라 대기업 건설사들은 빅데이터 조사와 분석을 통해 소비자들의 거주 행태를 파악해 설계부터 구조, 인테리어 스타일까지 감안해서 공간 배치에 차별화를 두고 있습니다. 특히 내력 벽체를 최소화해서 개인의 성향과 개성에 맞추어 다양한 평면 구성이 가능하도록 가변형벽체로 평면을 설계하고 있지요.

언론 보도에 따르면, D건설은 거주자들이 유연하게 이용할 수 있도록 재택근무를 위한 '홈 오피스', 벽을 허물어 2개의 방을 넓게 쓸 수 있도록 하는 '가변형 구조', 실내 공기의 질을 개선하는 '바이러스 차단 공간' 등을 설계하고 있습니다. 이는 입주자들이 코로나19가 종식되더라도 변화된 생활방식에 맞게 집을 꾸밀 수 있도록 하기 위함입니다.

L건설은 재택근무, 재택수업을 위해 업무 공간을 위한 방을 따로 만드는 것이 아니라, 용도에 따라 효율적으로 공간을 사용할 수 있도록 설계했습니다. 안방과 연계된 대형 드레스룸에 슬라이딩 도어를 설치해 서재 및 업무 공간으로 분리할 수 있게 하고, 자녀 방에는 온라인 재택수업을 위해 측면 발코니 부분에 서재형 가구를 넣을 수 있는 공간을 마련했습니다. D건설은 팬트리와 다용도실을 사무용으로 꾸밀 수 있게끔 해 공간을 맞춤형으로 사용[8]하게 했습니다."

"정말 다양한 변화가 있네요. 기존 주택은 재택근무를 위한 공간 배치가 되어 있지 않고, 특히 아파트의 경우 벽체가 내력벽으로 기둥 역할을 하기 때문에 가변형 공간 활용도 쉽지 않았습니다. 이러한 것들은 부동산시장에 어떤 영향을 미칠까요?"

"네, 중요한 지적입니다. 포스트 코로나 시대에는 공간 배치의 다양성을 충족시키기 위해 구조적인 변화와 이로 인한 기존 재고 주택과 신규 주택의 가격 차이가 더욱 커질 것으로 예상됩니다. 가변형 벽체로 공간을 다양하게 구성하려면 지금의 아파트 구조인 벽식 구조를 라멘조로 바꿔나가야 합니다."

벽식 구조란 기둥, 들보 등 골조를 넣지 않고 벽이나 마루로 구성한 건물 구조를 말한다. 주택은 하중을 지지하는 원리에 따라서 크게 기둥-보 구조와 벽식 구조로 구분한다.

기둥-보 구조는 큰 치수의 기둥과 보로 구성되고, 수평 및 수직 부재들이 하중을 지지하거나 전달시키며 기둥과 보 사이의 결합부가 측방 하중에 의해 발생하는 휨 모멘트에 대한 저항능력을 제공한다. 반면에 벽식 구조는 특별히 굵은 치수의 기둥이나 보가 없이 바닥, 지붕 및 벽 등의 면이 하중을 지지 또는 전달하는 기능을 한다.

벽식 구조는 아파트 등을 건축할 때 쓰이는 가장 보편적인 구조로, 벽이 하중을 받는 기둥과 보의 역할을 한다. 1970년대 경제성장과 함께 대규모의 주택 공급이 필요해짐에 따라 1980년대에 등장한 구조다. 벽식 구조는 일체형으로 지진에 강하고, 내력벽의 두께가 두꺼워서 세대 간 방음이 우수하다. 또한 라멘조와 비교하면 공사비가 상대적으로 저렴해서 대다수의 아파트 건축에 적용되었다.

그런데 이제는 벽식 구조가 장점으로 부각될 수 없는 시대적 상황에 놓였다. 건물 노후화에 따른 건축 설비의 개·보수 및 친환경 패러다임과 함께 사회적 변화에 따른 다양한 주거공간에 대한 거주자 욕구가 공동주택의 가변성과 다양성을 필요로 하기 때문이다. 그 필요성에 비해 벽식 구조는 내력벽으로 지어진 구조라서 가변성의 제약으로 거주자 욕구에 부응하는 데 한계가 있다. 이러한 한계를 뛰어넘기 위해 라멘조 아파트 건축의 필요성이 부상하고 있다.

라멘조란 기둥-보 구조라고도 한다. 하중을 받는 내력벽이 천장(바닥)을 받치는 것이 아닌, 기둥과 보만으로 천장(바닥)을 받치게끔 설계된 구조다. 라멘조는 각 부재 간 강한 접합으로 횡력에 저항하도록 설계되었다. 즉 바닥 슬래브의 적재하중과 고정하중이 보를 통해 모아져서 기둥으로 전달되고, 하중이 기둥을 타고 내려가 기초로 전달되어 최종적으로 지반으로 전달되는 구조다.

"라멘조는 내력벽이 없고 칸막이를 대신하는 얇은 벽으로 되어 있습니다. 때문에 인테리어를 할 때 쉽게 허물고 재시공할 수 있어서 자유롭게 공간을 구성할 수 있습니다. 다만 벽식 구조에 비해 공사비가 5~10% 정도 비싸다는 단점이 있습니다."

"교수님, 아파트를 건축할 때 공간 구성이 자유로운 구조인 라멘조를 적용하지 않고 벽식 구조를 적용한 이유가 아마도 공사비 문제인 것 같습니다. 그런데 시대의 변화에 따라 라멘조를 적용할 수밖에 없었다면 부작용이 있지 않을까요? 결국 시공사들이 이를 보상받고자 공사비가 상승하고 분양가가 올라갈 수밖에 없는 부작용 말이지요."

"바로 그 부분 때문에 기존 주택과 신축 주택의 가격 차이가 더욱 벌어질 것으로 예상합니다. 지금은 고인이 되신 서울대 최막중 교수께서 지도한 제자의 박사논문 연구주제가 '신규 분양아파트와 재고아파트의 가격 차이 연구[9]입니다. 이 논문을 살펴보면, 재고아파트의 평균 경과 연수는 8.6년으로, 신규 분양아파트가 재고아파트 가격보다 전국 평균 1.52배 높은 것으로 나타났습니다.

서울이 평균 1.14배 높았고, 경기도는 평균 1.33배 높았으며 충북은 평균 2.21배로 가장 차이가 나는 것으로 분석되었습니다. 코로나19 시대 이전에 신규 분양아파트와 재고아파트의 전국적인 평균 가격 차이가 1.52배라면, 포스트 코로나 시대에서는 기존 재고아파트에는 없는 다양한 기능, 구조적으로 공간의 다양성을 연출할 수 있는 라멘조의 적용 등으로 재고아파트와 신규 분양아파트와의 가격 차이가 더욱더 벌어질 것으로 예상됩니다."

━ 가치평가의 변화: 체적분양

"교수님께서 설명해주신 강의 내용 이외에 코로나19 팬데믹으로 인한 주거 형태의 또 다른 가치변화가 있다면 무엇일까요?"

"부동산의 가치를 창출할 수 있는 개발을 생각하는 디벨로퍼라면 생각해야 할 이슈가 있습니다. 바로 '체적분양'입니다."

"체적분양이 무엇인가요?"

"우리가 알고 있는 주거공간의 거래 기준은 주택을 분양한 최초부터 지금까지 '평면분양'이었습니다. 가로와 세로의 길이를 곱해서 면적을 구하고, 면적당 가치를 계산해서 거래해왔지요. 그러나 포스트 코로나19 팬데믹 시대에서는 사람들이 공간에 머무르는 시간이 많아지면서 높이의 가치가 높아질 것으로 예상합니다."

"아, 교수님, 이해가 됩니다. 주거공간의 높이가 높으면 집 안에 오래 머물러도 덜 답답할 것 같습니다. 최근 경기도권의 단독주택 콘셉트가 거실 천장을 약 5m 정도로 2층 높이까지 시공해서 개방감을 높이고 있다는 뉴스를 본 적이 있습니다. 그런 의미에서 높이의 가치를 말씀하시는 거군요."

"네, 그렇습니다. 이제는 높이의 가치가 필요한 시대입니다. 그러니 높이를 가치로 평가해서 분양가에 반영할 수 있어야 높이의 가치를 인정받는 개발이 이루어질 것입니다. 부동산 디벨로퍼들은 가치를 인정받지 않는 것에 투자하지는 않을 테니까요."

"그렇다면 앞으로 아파트 분양이 가로 곱하기 세로의 면적이 아니라, 가로, 세로, 높이를 곱해서 체적을 구하고 체적당 가치를 평가해서 분양할 가능성이 있겠네요."

"맞습니다. 그것이 바로 체적분양의 의미입니다. 체적분양과 더불어서 기존의 주방 면적보다 더 큰 주방으로 확대 설계안이 표준으로 될 가능성이 높습니다. 그 이유는 코로나바이러스와 평생 함께할 수밖에 없다는 감염병 전문가들의 의견을 반영해, 집에 머무르는 시간이 늘어나면서 주방에서 요리하는 시간도 자연스레 늘어날 테니까요."

"교수님의 강의를 듣다 보니, 커뮤니티 공간의 변화도 있을 것 같습니다. 어떤가요?"

"날카로운 질문입니다. 맞습니다. 부동산의 공간 구분의 관계가 '우리'에서 '나'로 변화하고 있습니다. 아파트 단지 내 커뮤니티의 변화도 예상됩니다. 커뮤니티 공간이 '공유하고 함께하는 공간'이었다면, 지금은 '개인적인 공간'으로 한정되어서 운영될 가능성이 큽니다. 최근 대단지 아파트 커뮤니티에서는 컨시어지 서비스 및 매 끼니 식사를 제공하는 식사 서비스도 제공하고 있습니다. 그런데 앞으로는 정반대의 현상이 발생할 수도 있습니다. 이 모든 예측은 코로나바이러스가 그 원인입니다."

"교수님, 신규 분양아파트의 공간 기능의 배치 때문에라도 노후화된 아파트의 재건축 추진이 더욱 빨라질 수 있겠군요."

"지금도 재건축 대상 아파트에서 생활하는 주민들의 불편이 매우 큽니다. 냉난방 시설의 불편, 배관 노후화에 따른 녹물 발생, 매일 벌어지는 주차 전쟁 등이 그렇습니다. 더욱이 코로나바이러스 유행으로 인한 방역 조치에도 노후된 아파트는 바이러스에 매우 취약합니다. 그 결과 주민들은 더욱더 신속한 재건축을 원할 수밖에 없습니다."

━ 비주거 시설의 변화: 온라인 몰과 공유오피스의 활성화

"교수님 강의를 경청하다 보니 코로나19로 인해 주거시설의 변화가 가장 크게 느껴집니다. 상업 시설과 오피스 시설 또한 변화가 있을 것 같습니다. 어떻게 변화될 것으로 예상하나요?"

"상업 시설은 과거에는 접근성이 좋다는 이유로 1층 상가의 분양가가 높았습니다. 그런데 앞으로 비대면 배달업이 확대될 추세를 감안하면, 1층 상가(접근성의 가치를 제외한 경우)의 분양가가 높을 이유는 없을 듯합니다. 그 결과 지금까지 비공식적으로 형성된 권리금 또한 인정받기가 어려워질 것입니다. 그리고 바이러스 감염에 취약한 대형 백화점 및 쇼핑몰은 쇠퇴하는 반면에 쿠팡, 티몬, 옥션, G마켓, 11번가 등 대형 온라인 몰이 이를 대체할 것으로 예상됩니다."

"오피스 시설도 코로나19 팬데믹의 영향을 많이 받겠지요?"

"그렇습니다. 비대면 재택근무가 확산될수록 오피스 수요는 줄어들 것이고, 필요에 의한 공유오피스*는 활성화[10]할 것입니다. 실제로 KT의 '거점오피스'는 신종 코로나19 상황이 장기화되면서 '사회적 거리두기'로 인한 원격근무 등 비대면 산업 활성화를 위한 것입니다. 그리고 서울 내 7개 거점과 고양 1개 거점을 포함해 총 8개 거점에서 사설 공유오피스를 시범적으로 운영하겠다고 발표했습니다.

SK그룹은 서린동 빌딩을 공유오피스(자율좌석제)로 리모델링하고,

● 공유오피스(Coworking Space)는 업무 공간을 구분 지어서 사용하되 회의실, 화장실, 휴게 공간 등은 공용으로 두어서 관리비, 통신비 등 부대비용을 절약하고자 고안된 공간 임대 시스템이다.

사옥 20~22층에 일종의 '공유 인프라'로 활용할 수 있는 공간을 마련했습니다. 롯데물산도 2019년부터 입주사에 최상의 서비스를 제공하는 워크플렉스 월드타워점과 역삼점을 운영[11]하고 있습니다. 이러한 공유오피스는 앞으로 더욱 확대될 것으로 예상합니다."

3장

재건축 투자의 새로운 패러다임, 신탁방식 재건축

부동산신탁의 이해

신탁방식 도입 배경

"교수님, 수십 년간 재개발과 재건축사업은 거의 같은 방식으로 추진되어 왔습니다. 그런데 최근 신탁사가 참여해서 추진하는 신탁방식 재개발·재건축사업이 늘어나고 있습니다. 그 이유가 무엇이라고 생각하시나요?"

"이유는 간단합니다. 최근 뉴스를 보면 서울시는 서초구 신반포2차 재건축 등 재개발·재건축 조합 20곳에 대해 정비사업의 바른 조합운영 기반 조성을 위해 실태점검을 실시했습니다. 재개발·재건축 비리

척결에 따른 특별점검[12]이라고 합니다. 기존의 조합방식 재개발·재건축사업들이 각종 비리로 얼룩지고, 조합장들은 각종 이권에 개입하고, 조합장의 업무상 배임, 횡령 등의 불법적인 사례가 끊이지 않고 있습니다. 이러한 문제를 해결하기 위해서 정부는 공정하고 투명하게 업무를 추진하기 위해, 도시 및 주거환경 정비법 제118조에서 신탁사에게 공공지원의 역할을 부여하여 정비사업을 시행할 수 있도록 법을 개정했습니다."

"신탁사가 참여하는 도시정비사업의 근거 법은 무엇인가요?"

"우리나라의 주택재개발사업은 1976년 12월 31일에 제정된 '도시재개발법'으로 시작되었고, 주택재건축사업은 1년 뒤인 1977년 12월 31일에 제정된 '주택건설촉진법'을 기반으로 추진되었습니다. 그리고 1989년 4월 1일에 제정된 '도시 저소득주민의 주거환경 개선을 위한 임시조치법'을 통해 도시의 저소득주민 밀집 주거지역의 주거환경 개선을 추진해왔습니다. 주거환경을 개선하기 위한 관련 법들의 통합적인 개발과 관리가 필요하다고 판단한 정부는 이 3가지 법을 모두 통합해 2002년 12월 30일 '도시 및 주거환경 정비법'을 제정했습니다. 그래서 재건축사업, 재개발사업, 도시환경정비사업, 주거환경개선사업 등을 통합적으로 추진하고 관리해왔습니다. 그 결과 사업추진 및 관리가 효율적으로 이루어졌습니다.

그러나 사업의 모든 협력업체를 일차적으로 참여시키고, 선별할 힘이 있거나 막강한 권한이 있는 정비사업조합의 비리가 끊이지 않았습니다. 정부는 이러한 불공정하고 불법적인 조합의 행태를 막아야 했습니다. 따라서 정부는 소유자들의 재산을 공정하고 투명하게 운영하며 신속하게 사업을 추진하기 위해 정비사업에서 공공지원의 역할*로 규정되어 있는 신탁사가 사업시행자** 또는 사업대행자***로 참여할 수 있도록, 2015년 9월 1일 도시정비법을 개정했습니다. 이후 2016년 3월 2일부터 개정된 법을 본격적으로 시행했습니다."

"부동산신탁이라는 의미 자체가 무엇인지 궁금합니다. '신탁하면 내 재산 빼앗긴다'라는 루머도 들어봤습니다. 부동산신탁이 무엇인지도 이해가 안 되는데, 부동산신탁사가 재개발·재건축사업을 시행한다는 것이 이해가 안 됩니다."

"네, 아주 현실적인 질문입니다. 부동산신탁이 무엇인지 모르는 상태에서 '신탁하면 소유자 재산을 담보로 신탁사가 대출을 받아 사업비로 사용하고, 신탁하면 매매·전세 등 재산권 행사를 할 수가 없으며, 시공사 선정을 신탁사가 마음대로 결정한다'는 등의 각종 루머들을 들으니 신탁사에 정비사업추진을 맡길 수 없을 것입니다. 신탁사가 정비사업을 시행하거나 대행하는 법률적인 내용을 이해하기 전에 기본적으로 부동산신탁이 무엇인지 알아보는 일이 선행되어야 합니다."

- 도시 및 주거환경 정비법 제118조(정비사업의 공공지원) ①시장·군수 등은 정비사업의 투명성 강화 및 효율성 제고를 위하여 시·도 조례로 정하는 정비사업에 대해 사업시행 과정을 지원(이하 '공공지원'이라 한다)하거나 토지주택공사 등 신탁업자, 「주택도시기금법」에 따른 주택도시보증공사 또는 이 법 제102조 제1항 각 호 외의 부분 단서에 따라 대통령령으로 정하는 기관에 공공지원을 위탁할 수 있다.

- 도시 및 주거환경 정비법 제27조(재개발사업·재건축사업의 지정개발자) ①시장·군수 등은 재개발사업 및 재건축사업이 다음 각 호의 어느 하나에 해당하는 때에는 토지 등 소유자, 사회기반시설에 대한 민간투자법 제2조 제12호에 따른 민관합동법인 또는 신탁업자로서 대통령령으로 정하는 요건을 갖춘 자(이하 '지정개발자'라 한다)를 사업시행자로 지정하여 정비사업을 시행하게 할 수 있다.

- 도시 및 주거환경 정비법 제28조(재개발사업·재건축사업의 사업대행자) ①시장·군수 등은 다음 각 호의 어느 하나에 해당하는 경우에는 해당 조합 또는 토지 등 소유자를 대신하여 직접 정비사업을 시행하거나 토지주택공사 등 또는 지정개발자에게 해당 조합 또는 토지 등 소유자를 대신하여 정비사업을 시행하게 할 수 있다.

신탁제도의 이해

"교수님, 가장 기본적인 것부터 질문하겠습니다. '신탁'이라는 것이 무엇인가요?"

"우선 신탁 자료가 필요한 사람들은 금융투자협회●●●● 홈페이지에서 '알기 쉬운 신탁상품 이야기'[13]라는 교재를 다운받아서 참고하면 됩니다. 신탁에 대한 이해를 돕고자 이 교재의 일부를 발췌해서 설명하겠습니다.

'알기 쉬운 신탁상품 이야기'에 제시된 한 가지 일화를 보면서 신탁에 대한 개념을 알아보겠습니다. 일본 대학에서 신탁법을 강의하고 있는 저명한 신탁학자는 매 학기 초에 신탁법을 강의하기에 앞서 학생들을 대상으로 다음과 같이 질문을 합니다. 그런데 학생들은 늘 같은 답을 합니다. 은행업이 무엇인지 아는 사람은 손을 들라고 하면, 대부분의 학생들이 손을 듭니다. 다음으로 증권업이 무엇인지 아는 사람은 손을 들라고 하면 2/3 정도의 학생들이 손을 듭니다. 그러면 보험업이 무엇인지 아는 사람은 손을 들라고 하면 1/3 정도의 학생들이 손을 듭니다. 마지막으로 신탁업이 무엇인지 아는 사람은 손을 들라고 하면 대부분 손을 들지 않습니다. 우리나라에서 같은 질문을 해도 아마 유사한 결과가 나오지 않을까 생각합니다. 그런데 내용을 알고 보면 신탁은 어려운 개념이 아닙니다. 우리 실생활에서 관심을 가지고 찾아보면 신탁을 적용한 금융상품을 많이 볼 수 있습니다."

●●●● 금융투자협회(www.kofia.or.kr)는 2009년 자본시장통합법의 시행에 맞추어 한국증권업협회, 자산운용협회, 한국선물협회가 통합되어 정식 출범한 대한민국 최대 금융단체다.

"실제로 우리가 알 만한 금융상품에는 어떤 것이 있나요?"

"네, 우리가 재테크 수단으로 많이 활용하고 있는 '펀드'라는 금융 상품을 다들 알고 있을 겁니다. 이 펀드라는 금융상품도 신탁을 활용해 펀드의 자산을 관리하고 있습니다. 한국은 2017년에 고령사회*로 진입했습니다. 이로 인해 시중은행에서는 퇴직연금 역시 신탁을 통해 개인형 퇴직연금(IRP)** 자산관리신탁 운용을 활성화하고 있습니다.

신탁상품은 펀드처럼 투자자들의 자금을 모아서 운영하지 않고, 고객 개개인의 투자 성향 및 특성에 맞추어 투자 및 자산관리가 이루어지는 일대일 자산관리수단으로 널리 활용되고 있습니다.

그리고 생명보험신탁***이 있습니다. 피보험자의 사망으로 인한 보험급부****가 배우자 또는 자녀에게 즉시 지급되기보다는 그 보험급부가 적절하게 투자관리될 수 있는 수탁자에게 일정 기간 귀속되었다가 신탁수익자에게 지급되기를 희망하는 경우에 이용되는 신탁금융 상품입니다.

생명보험신탁은 투자관리의 경험이나 능력이 부족한 배우자나 자녀가 일시 지급받은 보험급부를 탕진할 위험에 대비하는 데 효과적인 상품입니다. 본인이 사망한 후에도 복잡한 유언 집행 및 상속 절차 없

● 전체 인구에서 고령인구(만 65세 이상)의 비율이 14%를 넘긴 사회. UN은 고령인구 비율이 7%를 넘으면 고령화사회, 14%를 넘으면 고령사회, 20% 이상이면 초고령사회로 분류한다. 한국은 2000년 고령화사회에 진입한 지 17년 만인 2017년에 고령사회로 들어섰다.

●● 개인형 퇴직연금(IRP; Individual Retirement Pension)은 근로자가 이직하거나 퇴직할 때 받은 퇴직급여를 본인 명의의 계좌에 적립하여 향후 연금화할 수 있도록 한 퇴직연금제도다.

●●● 신탁재산으로서 생명보험 채권을 받아들이는 신탁

●●●● 보험 사고가 난 경우, 보험 계약에 근거하여 보험 계약자에게 지급하는 금전적 급부나 현물 서비스를 말한다.

이 본인이 생존했을 때와 동일하게 상속인들을 위해 자산관리가 계속될 수 있고, 민법에 의한 유언으로는 불가능했던 상속 설계도 '유언대용신탁●●●●●' 등 새로운 신탁상품으로 가능해지면서 신탁의 활용도를 높여가고 있습니다."

"펀드나 보험에 신탁이 적극적으로 활용되는 것은 충분히 이해가 되는데, 상속과 유언에도 신탁이 활용된다는 점이 놀랍습니다. 재산이 많은 부자들은 유언대용신탁에 관심이 많을 것 같네요. 이외에도 어떤 신탁상품이 있나요?"

"펀드나 보험 상품 외에 자선사업이나 장학사업 등의 공익사업을 운영하고 싶지만 본인의 능력이나 시간이 부족할 때 또는 신뢰할 만한 자선사업단체 등을 찾기가 어려울 때 '공익신탁●●●●●●'을 활용하면 목적을 쉽게 달성할 수 있습니다."

▬ 부동산신탁 상품의 종류

"신탁이 공익적으로도 활용되고 있다는 것을 잘 알았습니다. 우리가 공부하고 있는 부동산 관련 신탁상품도 궁금합니다."

"네, 지금부터 부동산신탁에 대해서 알아봅시다. 부동산신탁이란

●●●●● 유언대용신탁 금융회사와 생전에 자산신탁계약을 맺고, 계약자 사후 지정한 수익자에게 원금과 이익을 지급해주는 상품

●●●●●● 공익신탁은 개인이나 법인이 재산을 공익 목적으로 사용하기 위해 신탁하는 것이다. 이에 반해 개인의 재산을 늘리기 위한 신탁은 사익신탁이다.

부동산을 신탁재산으로 하는 신탁, 즉 소유자(고객, 위탁자)와 신탁사(수탁자) 간의 신임 관계로 소유자가 신탁사에게 부동산을 이전하거나 담보권의 설정 또는 그 밖의 처분을 하고, 신탁사로 하여금 수익자(소유자 또는 소유자가 지정한 제3자)의 이익 또는 특정의 목적을 위해 그 재산의 관리, 처분, 운용, 개발, 그 밖에 신탁 목적의 달성을 위해 필요한 행위를 하게 만든 법률 관계[14]입니다."

"고객의 부동산을 신탁사가 위탁받아서 그 부동산을 관리·처분·운용·개발하는 법률 관계가 신탁이라는 말씀이죠?"

"네, 맞습니다. 일반 금융기관이 금전을 신탁받아 이를 운용한 뒤 수익을 배당하는 금전신탁과 동일한 개념입니다. 다만 부동산신탁은 신탁 대상이 금전이 아닌 부동산이라는 점에서 금전신탁과 차이가 있습니다."

"교수님, 부동산신탁을 통한 금융상품이 다양하다고 알고 있습니다. 어떤 상품들이 있나요?"

"네, 부동산신탁은 부동산의 개발 및 관리를 위해 현재 다양한 상품이 활용되고 있습니다. 분양관리신탁*은 과거 사회문제로 이슈가 되었던 상가 사기 분양[15]을 방지하기 위해 상가 등을 선분양할 때는 신탁을 통해 부동산의 소유권 및 분양 자금을 안전하게 관리하도록 합니다.

재건축사업을 진행할 때도 조합원들은 관리처분 이후 이주 시 자신들의 토지를 조합에 신탁하는 부동산신탁 방법으로 사업을 진행하

● 분양관리신탁은 상가, 오피스텔 등 상업용 부동산을 선분양하기 위해 사업시행자인 분양사업자가 부동산의 소유권을 부동산신탁회사에 신탁하고 부동산신탁회사에서는 분양 및 공정관리 등을 수행하는 제도. 피분양자를 보호하는 한편 성공적인 분양을 지원하기 위한 제도다.

고 있습니다.

또한 아파트나 빌딩 등을 신축하는 부동산개발사업에서도 안정적인 사업 진행을 위해 토지신탁** 방식을 많이 활용하고 있습니다. 토지신탁은 개발사업 후 수익을 올리는 방법에 따라서 크게 임대형 토지신탁, 분양형(처분형) 토지신탁, 혼합형 토지신탁으로 구분[16]됩니다.

일반적으로는 사업비의 조달 의무를 누가 부담하느냐에 따라, 사업비의 조달 의무를 위탁자가 부담하는 '관리형 토지신탁'과 사업비의 조달 의무를 수탁자가 부담하는 '차입형 토지신탁'으로 나뉩니다. 부동산을 담보로 대출받을 때도 저당권을 설정하는 대신 담보 부동산을 담보신탁***을 통해 관리하는 방법을 활용합니다. 부동산의 소유자가 직접 임대차를 관리하기 어려울 때 신탁회사에 관리신탁****을 통해 부동산의 임대차 관리를 맡기고, 처분이 어려운 부동산을 처분하고자 처분신탁*****을 활용합니다.

신탁은 기업들의 자금조달을 위해서도 많이 이용됩니다. 기업들이 사채를 발행하면서 사채권자들을 위해 담보를 제공할 때 신탁을 통해

●● 토지신탁은 신탁회사가 토지 소유자로부터 토지를 신탁받아 개발계획의 수립, 건설자금의 조달, 공사관리, 건축물의 분양 및 임대 등 개발사업의 전 과정을 수행하고 발생한 수익을 토지소유자(위탁자 또는 수익자)에게 돌려주는 제도다.

●●● 담보신탁은 부동산신탁회사가 제공하는 상품의 하나로, 기존의 저당권을 대체할 수 있는 방법이다. 즉 대출을 받기 원하는 자는 부동산신탁회사에게 담보 제공을 목적으로 소유권을 이전하고 이에 대한 담보신탁 증서(deed of trust)를 발급받아 금융기관에 이를 담보로 제공할 수 있다.

●●●● 관리신탁은 부동산을 소유하고 있으나 전문 지식과 경험이 부족해 직접 관리하는 데 어려움을 겪는 경우 이용할 수 있는 제도다. 관리신탁에는 갑종과 을종이 있는데, 갑종은 소유자가 맡긴 부동산을 소유권뿐만 아니라 유지, 보수, 임대차 관리, 세제 관리 등 모든 사항을 관리해 수익을 되돌려주는 제도다.

●●●●● 처분신탁은 부동산 소유자가 물건의 처분 시에 발생할 수 있는 각종 상거래나 법률적인 문제, 적정한 가격 산정 등의 어려움을 대신 맡아서 처리해주는 서비스를 상품화한 것이다.

담보물을 관리하기도 하고, 기업들이 소유하고 있는 자산을 유동화해 자금을 조달할 때도 신탁이 많이 활용됩니다.

이처럼 신탁은 개인은 물론 일반 법인 및 기업들에 의해 재산 증식을 위한 투자 및 저축의 목적으로, 상속을 목적으로, 복잡한 사무 관리의 대행을 목적으로, 부동산의 관리 및 개발을 위해, 자금조달의 수단으로서 등 다양하고 폭넓게 활용되는 생활 속의 금융상품입니다. 신탁을 조금만 이해하면 더욱 나은 투자와 노후 설계, 상속 설계는 물론 사업자금의 조달과 관리가 가능해지므로 우리의 생활이 손쉽고 편리해질 수 있습니다."

▬ 조합방식과 신탁방식의 비교

"신탁방식 정비사업도 교수님이 말씀한 신탁제도의 내용과 유사한 것이라 이해하면 되나요?"

"그렇습니다. 지금까지 설명한 신탁제도를 이해했다면 신탁방식 정비사업을 이해하는 일도 아주 쉽습니다. 큰 차이가 없으니까요. 기존의 재개발·재건축은 도시 및 주거환경 정비법에 따라 추진되었습니다. 이 도시정비법에 따른 정비사업에 신탁사가 참여해 사업시행자 또는 사업대행자의 법률적 지위로 사업을 추진할 수 있게 법이 개정되었다는 설명은 이미 알려드렸습니다. 사실 신탁방식 정비사업의 법률적 설명은 이 부분이 전부입니다. 왜냐하면 신탁사가 재건축사업에 사업시행자 또는 사업대행자로 참여할 수 있도록 도시정비법에 관련 조

| 조합방식과 신탁방식의 비교 |

구분	재개발·재건축 정비사업	
	조합방식	신탁방식(사업시행자)
관련법령	- 도시 및 주거환경 정비법 제25조 제2항	- 도시 및 주거환경 정비법 제27조
의사 결정기구	- 총회	- 전체회의
운영기구	- 이사회·대의원회	- 정비사업위원회
내부규정	- 정관	- 시행규정
동의요건	• 추진위원회 승인 - 정비구역 지정·고시 후 토지 등 소유자 과반수 동의(가로주택 및 소규모재건축 제외) • 조합 설립 [재개발] - 토지 등 소유자의 3/4 이상 및 토지면적 1/2 이상의 토지소유자 동의 [재건축] - 각 동별 구분소유자의 과반수 동의 - 전체 구분소유자의 3/4 이상 및 토지면적 3/4 이상의 토지소유자 동의	• 지정개발자(시행자) [재개발] - 토지 등 소유자의 3/4 이상 및 토지면적 1/2 이상의 토지소유자 동의 - 전체 토지면적 1/3 이상의 신탁등기 [재건축] - 각 동별 구분소유자의 과반수 동의 - 전체 구분소유자의 3/4 이상 및 토지면적 3/4 이상의 토지소유자 동의 - 전체 토지면적 1/3 이상의 신탁등기 • 사업대행자 - 토지 등 소유자(조합을 설립한 경우 조합원)의 과반수 동의로 요청하는 경우 - 전체 토지면적 1/3 이상의 신탁등기
시공사 선정	- 사업시행계획인가 후 경쟁입찰의 방법으로 선정(서울 기준)	- 사업시행자 지정·고시 후 경쟁입찰의 방법으로 시공사 선정
시공조건	- 분양불 조건 - 공사비 부족 시 시공사 자체 조달	- 기성불 조건 - 신탁사가 공사비 조달
장점	- 단계별로 소유자 의사 확인을 위한 총회 의결로 사업 진행 - 조합집행부 견제받으므로 항상 소유주민을 의식하는 사업추진 - 거의 모든 사업지에서 추진하는 친숙한 방식	- 추진위원회 및 조합설립 절차 생략에 따른 사업기간 단축 - 신탁사가 초기 사업비를 조달하여 사업을 신속하게 추진 가능 - 금융기관으로서 투명한 사업관리 가능 - 단순도급 공사 발주를 통한 사업비 절감 가능 - 신탁사의 신속한 사업추진 및 안전한 자금관리로 공정하고 투명한 사업

구분	재개발·재건축 정비사업	
	조합방식	신탁방식(사업시행자)
단점	- 조합집행부의 비전문성으로 시행 착오 발생 - 시공사 및 협력업체와 결탁 등의 가능성 - 이권 개입 등의 비리 발생 가능성 - 초기 사업비 조달의 어려움으로 사업 지연 가능성 - 조합의 전문성 결여에 따른 시공사와의 교섭력 부족 및 용역업체에 대한 의존도 심화	- 신탁등기에 대한 거부감 - 신탁에 대한 이해 부족으로 신탁사 지정에 오랜 시간 소요할 가능성 - 공사비 절감, 신탁수수료에 대한 이해 부족

항이 신설된 것을 제외하고는 모든 사항은 기존의 도시정비법에 따라서 동일하게 진행하기 때문입니다.”

"신탁사가 사업시행자가 되면 기존의 재건축사업과는 어떤 차이가 있나요?"

"대표적인 차이는 재건축조합의 설립 유무입니다. 기존의 재건축사업은 법인 격인 조합을 설립해서 절차에 따라 사업을 추진해야 하지만, 신탁방식 재건축은 비리 등의 문제가 많았던 조합을 설립하지 않고 신탁사가 조합을 대신해서 사업을 추진하는 것입니다. 조합을 설립하지 않으니 당연히 사업추진 기간이 단축되고, 그만큼 사업 기간의 사업비와 조합운영비가 절감될 수 있습니다.”

"그렇다면 신탁방식 재건축은 조합설립을 하지 않고 신탁사가 모든 결정을 하며 사업을 추진하는 것인가요?"

"아닙니다. 항상 이 부분을 아파트 소유자와 투자자가 궁금해합니다. 신탁방식 재건축은 사업시행자방식과 사업대행자방식이 있습니다. 사업시행자방식은 조합을 설립하지 않고 신탁사가 사업시행자가 되어 사업을 추진하는 방식이고, 사업대행자방식은 조합이 설립된 상태에서 신탁사가 조합을 대신해 사업을 시행하는 방식으로, 조합설립을 하고도 신탁방식 재건축을 추진할 수 있습니다. 또한 사업추진을 위한 모든 의사결정은 도시정비법에 따라서 소유자들이 주민총회(전체회의)를 통해서 결정하는 것이기 때문에, 신탁사가 사업추진의 모든 의사결정을 한다는 소문은 사실이 아닙니다."

돈과 권력의 문제

"이제야 확실히 이해했습니다. 신탁방식 재건축이라고 해서 무조건 조합설립을 안 하는 것은 아니군요. 조합을 설립하지 않고 신탁사가 사업을 추진하면 사업시행자방식이고, 조합을 설립하고 난 후에 신탁사가 사업을 추진하면 사업대행자방식이라는 설명을 정확히 이해했습니다. 그리고 사업추진의 의사결정을 신탁사가 마음대로 하지 않고, 주민총회를 통해서 결정된다는 것도 확실히 알게 되었습니다.

그런데 한 가지 의문이 듭니다. 교수님이 설명하시기를 재개발·재건축에 신탁사가 참여하도록 법을 개정한 이유가 조합의 각종 비리를 차단하고, 공정하고 투명하게 사업을 추진하기 위함이라고 말씀하셨습니다. 그런데 조합 설립 이후에 신탁사가 참여하면, 신탁사가 재건축사업에 참여하는 취지가 퇴색되는 것이 아닌가요?"

"좋은 질문입니다. 재개발·재건축사업은 비전문적인 소유자들이 조합을 결성해 사업을 추진하는 과정에서 불법과 비리가 발생할 수 있습니다. 따라서 이를 방지하고자 막강한 권력을 행사하는 조합을 아예 설립하지 말고, 자금 동원 능력이 뛰어난 신탁사가 사업을 추진하기 위한 것이 기본 취지에 맞습니다. 그래서 조합설립을 하지 않고, 정비구역지정 이후 추진위원회조차 설립되지 않은 시점에서 신탁사가 참여하는 방식이 사업시행자방식입니다.

그러나 이미 조합이 설립된 재개발·재건축사업도 진행이 원활하지 않는 여러 가지 이유가 있습니다. 대부분이 조합의 부도덕한 업무 수행, 각종 업체 선정 과정이 부조리, 조합사업비의 불법적 운영 등의 사유로 조합장이 구속되는[17] 등의 부정적인 언론 보도를 보면 알 수 있지요. 수십 년간 반복되는 조합 비리의 근본적인 문제가 무엇일까요?"

"아마도 모든 문제의 핵심은 돈이라고 생각합니다."

"맞습니다. 조금은 철학적인 이야기일 수도 있지만, 사회에서 발생하는 모든 문제는 본질적인 관점으로 해석하면 경제적인 이익, 즉 돈과 연결되어 있습니다. 더군다나 비즈니스는 경제적인 인과관계가 없이는 이루어지지 않습니다.

재건축사업을 추진하기 위해서는 먼저 재건축 추진의 기본인 안전진단 절차를 통과*해야 합니다. 안전진단 절차를 통과하려면 전문기관에서 조건부 재건축인 안전진단 평가 D등급 이하를 받아야 합니다. 이 과정에서 막대한 안전진단 비용이 필요합니다.

지역과 상황에 따라 차이가 있지만 일반적으로 재건축 대상 아파트의 기존 세대수가 약 600세대라면, 거의 1억 원에 가까운 안전진단 비용이 발생됩니다. 1억 원이라는 안전진단 비용을 600세대가 나누어

● 도시 및 주거환경 정비법 제12조(재건축사업 정비계획 입안을 위한 안전진단) ①정비계획의 입안권자는 재건축사업 정비계획의 입안을 위하여 제5조 제1항 제10호에 따른 정비예정구역별 정비계획의 수립 시기가 도래한 때 안전진단을 실시해야 한다.

낸다면, 세대당 17만 원 정도의 비용을 납부해야 하지요."

"세대당 17만 원이라면, 재건축을 위해서 납부할 수도 있을 것 같습니다. 그런데 실제는 어려운가요?"

"비용이 커 보이지 않을 수 있습니다. 그런데 문제는 소유자의 참여율이 적극적이지 않고, 참여를 독려해도 자금이 신속하게 모이지 않는 것이지요. 또한 안전진단비가 다 모이기까지 매우 오랜 시간이 걸리는 것도 현실적인 문제입니다. 그럼에도 불구하고 안전진단 절차를 통과해야 재건축을 추진할 수 있으므로 시간이 걸리더라도 주민들에게 자금을 걷어 안전진단 절차를 진행해야 합니다.

아주 드물게 해당 인허가청의 예산으로 안전진단 절차를 진행해주는 경우도 있지만 예산의 한계 때문에 쉽지 않습니다. 그리고 주민 투표를 통해 선출되는 구청장이 예산을 책정해준다고 해도, 구청에서 예산이 언제 배정되어서 안전진단 절차가 진행될지는 기약할 수가 없습니다. 때문에 소유자들이 안전진단 비용을 걷어서 집행하는 경우가 일반적입니다. 이렇게 짧지 않은 시간과 쉽지 않은 설득 과정을 거쳐 안전진단을 통과해야 본격적인 재건축사업이 추진되는 것입니다."

"재건축사업추진이라는 것이 참으로 어렵고도 험난한 고난의 길이네요."

"하하, 아직 시작도 안 했습니다. '안전진단 절차 통과'는 '재건축사업을 시작할 수 있다'라는 의미일 뿐입니다. 안전진단 절차를 통과하면 본격적인 사업추진을 위해 주민대표인 재건축 추진위원회를 소유자의 과반수 동의로 구성할 수 있습니다. 이 추진위원회는 시장, 군수가 승인을 해주는 법적 효력이 있는 단체입니다.

추진위원회를 구성하기 위해 소유자의 과반수 동의서를 받아야 하는데 과정이 쉽지 않습니다. 누군가는 소유자들을 찾아가서 재건축동의서를 받아야 합니다. 여러분이라면 개인적인 시간을 투자하면서 무료로 봉사할 수 있겠습니까?"

"불가능할 것이라 생각합니다. 다들 바쁜 세상에⋯."

"그렇지요, 현실적으로 동의서를 받는 활동을 하겠다고 나서는 소유자는 거의 없을 것입니다. 물론 봉사를 하겠다는 소유자도 있겠지만, 일반적으로는 많지 않은 사례입니다.

재건축을 시작하는 최초의 순간부터 각종 비용이 투입됩니다. 이때 최초의 사업비 투입, 바로 첫 단추를 잘 채워야 합니다. 사업비를 투입하려면 먼저 사업비 조달부터 해야겠지요. 소유자 개개인에게 사업비를 조달해 집행할 수 있는 법적 근거*가 있습니다. 그런데 개개인의 동창회비도 잘 걷히지 않는 것이 현실인데, 소유자들에게 일정 금액의 사업비를 납부하라고 고지한다면 어떨까요? 아마 비용 조달은 거의 불가능할 것입니다. 그래서 과거에는 각종 브로커가 자금 지원을 불법적으로 제안하는 경우가 많았습니다.

추진위원회 입장에서는 재건축 브로커들의 불법적인 제안이 매우 달콤했습니다. 그런데 이 불법적 제안을 받아들이는 순간, 첫 단추를 잘못 채우는 일이 됩니다. 그래도 추진위원회 단계에서는 큰 비용이 지출되지 않기 때문에 추진위원들이 비용을 모아 추진위원회 사무실

● 도시 및 주거환경 정비법 제93조(비용의 조달) ①사업시행자는 토지 등 소유자로부터 제92조 제1항에 따른 비용과 정비사업의 시행 과정에서 발생한 수입의 차액을 부과금으로 부과·징수할 수 있다.

을 운영하는 재건축사업장도 많았습니다. 문제는 십시일반으로 어렵게 돈을 모아 안전진단을 통과했어도 안전진단 통과 이후 조합을 설립하려면 해당 인허가청에서 정비구역 지정을 받아야 한다는 것이지요. 정비구역 지정을 받으려면 정비계획을 수립해야 하고, 이는 전문업체인 도시계획 업체가 진행해야 합니다. 그런데 이 용역비가 꽤 많이 든다는 것입니다. 이러한 사업추진비의 조달문제가 원활하지 않다 보니, 결국 불법적인 자금 대여 등의 문제로 발생하는 악순환이 반복되는 것입니다."

▬ 신탁방식 재건축의 경쟁력

"이번에는 신탁방식 정비사업의 장단점을 살펴보겠습니다. 그리고 실제 사례를 통해 신탁방식을 이해하고, 투자 방법을 알아보겠습니다. 지난 시간에 과제를 냈습니다. 신탁방식이 어떤 것인지 언론에 보도된 사례를 알아보는 과제였지요. 인터넷에 신탁방식이 어떻게 소개되어 있던가요?"

"네이버에서 '신탁방식 재건축'을 검색해보았습니다. 한경 경제용어사전에서는 '조합 대신 신탁사가 시행을 맡아 추진하는 재건축사업 방식. 추진위 및 조합설립 과정을 건너뛰어 재건축사업 기간을 1~2년가량 단축할 수 있다'라고 되어 있었습니다.

신문기사에서는 '신탁방식으로 정비사업을 진행할 경우 사업시행인가 이전에 시공사를 조기 선정할 수 있기 때문에, 추후 설계변경을 최소화해 사업 기간을 최소 18개월에서 최대 40개월까지 단축할 수 있다'[18]라고 했습니다. 정말 이렇게 사업 기간이 단축되나요?"

"신탁방식의 사업 기간 단축을 다룬 언론 보도는 많습니다. 그런데 실제로 경험해보지 않으면 믿기 어려운 사람들도 있을 겁니다. 왜냐하면 재건축사업은 신속한 사업추진이 핵심인데, 만약 2~3년의 사업 기간이 단축된다는 확신이 있다면 신탁방식 재건축의 관심도는 지금보다 훨씬 더 높아질 것이기 때문이지요. 신탁방식이 사업 기간을 단축하는 근거는 크게 3가지로 설명할 수 있습니다.

첫째, 재건축사업 절차 간소화로 사업 기간이 단축됩니다. 정부는 신탁사가 재건축·재개발사업에 조합 대신 사업을 시행할 수 있도록 2015년 9월 도시정비법을 개정하면서 사업추진 절차를 간소화했습니다. 구역지정 이후 소유자의 과반수 동의를 받아서 추진위원회를 구성하고, 추진위원회 구성 이후 전체 소유자의 3/4 동의를 받아서 조합을 설립하던 절차를 생략했습니다. 구역지정 이후 바로 신탁사를 사업시행자로 지정 고시할 수 있도록 해서 사업 기간을 단축시킨 것입니다.

실제 국토교통부의 보도자료를 살펴보면, '통상 정비사업은 추진위원회에서 조합을 설립하는 데 4년의 시간이 걸리며, 추진위원회 승인에서 관리처분까지 평균 9~10년이 소요'[19]된다고 분석합니다. 추진위원회에서 조합 설립까지 평균 4년이 걸린다면, 구역지정에서 추진위원회 설립까지의 시간을 포함하지 않고서도 4년 이상이 걸릴 수도 있다는 것입니다. 신탁방식 재건축을 추진하면 사업장의 특성에 따라 차이는 있지만, 국토교통부의 분석 자료를 기준으로 평균 3~4년 이상의 시간이 절감될 수 있습니다.

둘째, 원활한 자금 지원으로 사업추진의 속도가 빠릅니다. 재건축 사업이 원활히 추진되려면 사업추진에 필요한 운영비, 용역비 등 각종 사업비의 조달이 원활해야 합니다. 기존의 조합방식은 시공사를 선정하기 전까지는 용역비는 외상으로 하고, 추진위원회 등 주민대표기구의 운영비는 주민들에게 고지서를 발급하여 징수하려고 해도 쉽지 않아서 불법적으로 용역업체의 자금을 지원받은 경우도 많았습니다. 때문에 사업은 더욱 지연되고 추진위원장 및 조합장 구속 등 사회적 이슈도 발생했지요. 그러나 신탁방식은 신탁사를 사업시행자로 지정·고시하면 신탁사로부터 합법적으로 자금을 조달받아 신속하게 사업추진을 할 수 있기 때문에 결과적으로 사업 기간이 단축되고 비용도 절감될 수 있는 것입니다.

셋째, 신탁방식은 시공사를 사업 초기에 선정하므로 사업추진이 신속해질 수 있습니다. 조합방식은 서울시 조례•에 따라 시공사를 사업시행계획인가 이후에 선정하지만, 신탁방식은 사업 초기인 구역지정 이후 신탁사가 사업시행자 지정·고시만 되면 바로 시공사를 선정할 수 있습니다.

시공사를 신탁사의 사업시행자 지정·고시 이후 선정하면 사업추진 속도가 빨라지는 이유는 다음과 같습니다. 첫째, 시공사 선정절차 기간을 단축시킬 수 있습니다. 조합방식은 사업시행계획인가 이후 정비사업계약업무처리 기준에 따라 시공사를 선정해야 하는데, 기본적으

• 서울특별시 도시 및 주거환경정비 조례 제77조(시공자 등의 선정 기준) ①법 제118조 제6항에 따라 조합은 사업시행계획인가를 받은 후 총회에서 시공자를 선정해야 한다.

로 준비부터 최종 선정까지 4개월이 소요될 수 있습니다. 그러나 신탁방식은 인허가를 준비하면서 시공사 선정절차를 병행하기 때문에 사업 기간을 소요하지 않습니다.

둘째, 사업 초기에 시공사를 선정하기 때문에 설계 검토부터 시공사와 협의해서 사업을 추진합니다. 때문에 설계 변경 등에 따른 사업지연이 없습니다. 그리고 건축심의 등 사업시행계획인가까지의 인허가 절차를 진행할 때 신탁사와 시공사, 조합이 협력하여 인허가를 준비하기 때문에 사업지연을 사전에 방지할 수 있습니다."

"신탁방식의 사업 기간 단축의 근거를 들어보니, 같은 재건축인데도 조합방식보다 신탁방식이 왜 사업 기간이 단축되는지 이해되었습니다. 신탁방식 재건축이 공사비를 절감시킨다는 신문기사도 봤습니다. '무궁화신탁이 5,050세대의 인천 청천2구역 재개발사업에서 인근 조합방식 재개발사업보다 17% 이상 공사비를 절감시켰다'[20]라고 합니다. 같은 재개발 아파트 공사인데, 왜 신탁방식 재개발만 공사비가 절감되는 것인가요?"

"무궁화신탁이 사업대행자로 참여하고 있는 인천 청천2구역은 인접한 청천1구역 재개발사업보다 17% 이상 공사비가 절감되었습니다. 이를 사업비로 환산하면 약 1,500억 원 이상의 공사비 절감[21] 효과입니다. 신탁방식 정비사업이 왜 공사비를 포함해 사업비가 절감되는지 그 이유를 살펴보겠습니다.

신탁사는 사업을 시행하거나 대행하면서 해당 사업에 필요한 모든 자금을 조달하고 지원할 책임이 있습니다. 여기서 말하는 '모든 자금'이란 사업을 추진하기 위한 각종 운영비, 용역비 등을 포함하고, 사업비의 60% 이상을 차지하는 공사비 또한 포함합니다. 공사비를 포함한 사업비를 신탁사가 책임지고 조달·지원한다는 것은 시공사로서는 사업을 진행하기 위해서 사업비를 대여하지 않아도 된다는 의미입니다. 그리고 아파트 분양률과 상관없이 시공사의 공사비는 소위 기성불 방식[•]으로 지급되기 때문에 시공사는 분양을 위한 마케팅에는 신경 쓰지 않고, 오로지 품질 좋은 아파트 시공에만 집중할 수 있습니다.

기존의 조합방식은 분양불 방식으로, 기성불 방식과는 달리 일반 분양아파트를 판매한 금액 내에서 공사비를 받을 수 있습니다. 따라서 미분양이 발생하면 시공사는 공사비를 못 받을 수도 있습니다. 그래서 신탁방식의 기성불 방식은 시공사 입장에서는 공사비를 확실하게 받을 수 있습니다. 때문에 조합방식인 분양불 방식으로 공사비를 받는 것보다 신탁방식인 기성불 방식으로 공사비를 받는 것이 시공사는 매우 안정적입니다. 그래서 시공사는 분양불 방식의 조합방식보다 기성불 방식의 신탁방식에 더 낮은 공사비를 제시할 수 있고, 평균 15% 전후의 공사비를 절감할 수 있습니다.

신탁방식으로 추진된 청천2구역은 조합방식으로 추진된 청천1구역보다 공사비가 17% 저렴했음에도 마감재는 더 우수했습니다. 이를 포함해서 비교하면 신탁방식이 조합방식보다 20%에 육박하는 사업비를 절감시켰다고 봐도 과언이 아닙니다."

"교수님, 청천2구역 외에 공사비가 절감된 사례는 또 없나요?"

"신탁방식 적용으로 공사비를 절감한 사례는 많습니다. 신탁방식의

[•] 공사의 진척에 따라 기성 산출내역서를 작성해 시행자에게 제출한 후 공사비를 받는 방식

| 청천2구역 공사비·마감재 비교 |

신탁방식과 조합방식 공사비 비교			
구분	신탁방식	조합방식	
	청천2구역	청천1구역	부개4구역
공사비	389.5만 원/평	469만 원/평	444만 원/평
분양시점	2020년 12월	2021년 1월	2022년 예정
시공사	대림산업	롯데건설, 포스코건설	대림산업

신탁방식과 조합방식 마감재 비교		
구분	신탁방식 청천2구역	조합방식 청천1구역
도급공사비(평당)	389.5만 원/평	469만 원/평
현관 도어록	지문인식형 push&pull	디지털 도어록
도어록(침실, 욕실)	push&pull	×
발코니창호	LG하우시스 S7	PVC이중창(22T 로이복층유리)
현관/복도 벽체	시트판넬	도배
중문	양개 여닫이형	×
주방기구	수입 주방가구	PET
주방가구 상판	수입 상판	엔지니어드스톤
주방벽	수입 상판 벽체	×
주방수전	터치형 센서 수전	싱크수전 설치
세면대 턱	강화석재	×
천장	PVC천장재	×
부부욕실 스피커폰	○	×
휴지걸이	매립형(휴지걸이+휴대폰 거치대)	매입 휴지걸이
부부욕실 샤워수전, 코너 선반	해바라기 샤워기 (2단 수납형+면도경 추가)	수납형 욕조 샤워수전 설치 (욕조 적용 시)
공용욕실 내 코너 선반	○	×
화장대 상판	강화석재	×
침실 도어	PP시트	×
빌트인 전기오븐	광파오븐	전기오븐
김치냉장고	○	×
빌트인 김치냉장고	○	×

구조상 공사비가 절감될 수밖에 없기 때문에 모든 신탁방식은 조합방식보다 공사비가 절감됩니다. 조합방식과 신탁방식(공공방식)의 공사비 절감 사례는 2017년 성남의 대규모 재개발사업 시공사 선정 사례에서도 알 수 있습니다. 성남시에서 도시재생사업을 적극적으로 추진할 때 LH와 같은 공공이 추진하는 사업●과 민간 건설사가 참여한 사업의 공사비 차이가 무려 15%에 달했습니다.

실제로 조합방식으로 추진한 성남의 산성1구역(3,571세대) 재개발사업의 경우 시공사는 SK, GS, 대우 등 3개사로 컨소시엄을 구성해 참여했고, 평당 공사비는 420만 원이었습니다. 그러나 공공방식(신탁방식과 동일한 방식)으로 추진한 신흥2구역(4,774세대, 시공사 GS·대우 컨소시엄)과 금광1구역(5,087세대, 시공사 대림산업)은 평당 공사비가 360만 원이었습니다. 유사한 지역에서 10위권 내의 시공사들이 참여했을 때 평당 공사비가 조합방식은 420만 원, 공공방식(신탁방식)은 360만 원●●이었습니다. 신탁방식의 공사비가 조합방식보다 평균 15% 절감된 것이지요."

"조합방식 정비사업에 비해 신탁방식이 약 3년 이상 사업 기간이 단축되고, 공사비가 평균 15% 절감된다는 것은 정말 매력적인 사업방식이네요. 이 조건이라면 우리나라 모든 재개발·재건축이 신탁방식을 적용해야 할 것 같습니다."

● 신탁방식도 LH가 추진하는 사업과 같은 공공지원의 역할을 하는 방식이다.

●● 성남지역 금광1구역, 신흥2구역, 산성구역 재개발사업의 2017년 시공사 제시 공사비 기준으로 보면 2021년 일반적인 조합방식 재개발 공사비는 470만~500만 원 수준이고, 신탁방식 재개발 공사비는 조합방식 대비 약 15% 절감된 400만~430만 원 수준이다. 강남의 재건축 조합방식 공사비는 2020년 반포 1·2·4주구 입찰에 참여한 현대, GS 공사비가 550만 원 수준이었고, 2021년 강남의 재건축 평당 공사비는 600만 원을 돌파할 것으로 예상된다.

"대규모 주상복합아파트 사례를 하나 더 살펴보겠습니다. 서울 동대문구 청량리4재정비촉진구역은 유명한 재개발사업이었습니다. 이곳은 오랜 기간 운영된 청량리 집창촌을 포함한 구역으로, 재개발이 시급했습니다. 청량리4재정비촉진구역은 아파트 1,425세대, 오피스텔 528실로 전체 1,953세대, 지하 7층, 지상 65층 주상복합으로 재정비촉진계획●이 수립되었습니다. 시공사는 롯데건설로 결정되었고, 평당 공사비는 약 680만 원이었습니다.

이와 유사한 규모의 재개발사업이 대전 유성구에서도 진행되었습니다. 무궁화신탁이 사업대행자인 대전 장대B구역 재정비촉진구역은 아파트 약 2,800세대, 오피스텔 약 200실로 전체 3천 세대, 지하 7층, 지상 49층 주상복합으로 재정비촉진계획이 수립되었습니다. 시공사는 현대건설 컨소시엄(현대건설·대림산업·포스코건설·계룡건설)과 단독으로 참여한 GS건설이 치열하게 경쟁했고, 최종적으로 GS건설이 선정되었습니다. 그렇다면 GS건설의 평당 공사비는 얼마였을까요?"

수강생들은 청량리4재정비촉진구역의 공사비 680만 원을 기준으로, 김 교수가 설명한 조합방식 대비 신탁방식 공사비 절감율 15%를 감안해 대전 장대B구역 공사비를 산정해보았다.

● 재정비촉진계획이란, 재정비촉진지구의 재정비촉진사업을 계획적이고 체계적으로 추진하기 위한 재정비촉진지구의 토지이용, 기반시설의 설치 등에 관한 계획을 말한다. 여기서 재정비촉진지구란 도시의 낙후된 지역에 대한 주거환경의 개선, 기반시설의 확충 및 도시기능의 회복을 광역적으로 계획하고 체계적·효율적으로 추진하기 위해 지정하는 지구를 말한다. 재정비촉진지구는 지역 특성에 따라 3가지 유형으로 구분된다. ①주거지형: 노후·불량 주택과 건축물이 밀집한 지역으로서 주로 주거환경의 개선과 기반시설의 정비가 필요한 지구, ②중심지형: 상업지역, 공업지역 등으로서 토지의 효율적 이용과 도심 또는 부도심 등의 도시기능 회복이 필요한 지구, ③고밀·복합형: 주요 역세권, 간선도로의 교차지 등 양호한 기반시설을 갖추고 있어 대중교통 이용이 용이한 지역으로서 도심 내 소형주택의 공급 확대, 토지의 고도이용과 건축물의 복합개발이 필요한 지구

"조합방식 재개발 공사비가 평당 680만 원이었으니 유사한 규모의 신탁방식 재개발 공사비는 15% 절감된 578만 원으로 산정됩니다. 그리고 마감재 차이, 층수에 따른 소방법이 다르므로 이로 인한 공사비 차이 등을 고려해서 550만 원 정도 예상합니다."

"훌륭합니다. 매우 합리적인 추론입니다. 대전 장대B구역에 입찰 참여를 검토한 시공사들은 신탁방식을 고려해 평당 공사비가 550만 원 수준으로 가능하다는 의견을 신탁사에 피력했습니다. 그러나 무궁화신탁은 시공사의 공사비를 신탁사가 기성불로 지급하는 방식임을 강조하며, 평당 450만 원의 공사비로 사업 제안을 해줄 것을 지속적으로 요청했습니다."

"조합방식 공사비 대비 신탁방식을 적용하더라도 평당 550만 원인 공사비를 450만 원까지 낮추어서 입찰에 참여하라고 했을 때, 시공사들은 이 참여 조건을 수용했나요?"

"시공사들은 입찰공고 전까지 회사의 심의 기준과 입장을 주장하며 입찰참여 공사비 제안 조건을 상향 조정해달라고 강력하게 요청했습니다. 그러면서 공사비 제안 조건을 상향해주지 않으면 입찰하지 않겠다는 심리적 압박도 가했습니다. 그럼에도 불구하고 장대B구역 재개발사업의 사업대행자인 무궁화신탁은 재개발사업추진에 따른 소유자들의 이익 극대화와 부담금 최소화를 달성하겠다는 소유자들과의 약속을 지키기 위해, 입찰참여 조건에서 시공사의 공사비 제안 상한금액(평당 450만 원)을 변경하지 않고 입찰공고를 했습니다.

만약 시공사들이 공사비 제안 상환금액이 낮아서 입찰에 참여하지 않는다면, 시공사 선정 시점을 설계도서 및 사업 인허가 조건이 확정되는 사업시행계획인가 이후에 시공사를 선정[*]하는 것으로 장대B구역 조합과 협의하고 시공사 선정절차를 진행한 것입니다.

서울을 제외한 대부분의 조합이 시공사를 설계도서 및 사업조건이 확정된 사업시행계획인가 이후에 선정하지 않고 조합설립 시점에 선정했던 것은 시공사를 통해서 사업비를 조달하기 위해서였습니다. 그러나 신탁사가 사업대행자로 참여한 장대B구역 재개발사업은 신탁사가 자금조달의 책임을 지기 때문에 시공사가 없어도 아무런 문제가 없었고, 조합원의 이익만을 고려해서 공사비 제안 상한금액을 상향하지 않고 입찰공고를 진행한 것입니다."

"입찰결과가 궁금하네요. 현대건설 컨소시엄과 단독 입찰한 GS건설의 경쟁에서 GS건설이 이겼다고 하셨는데, 공사비가 얼마였나요?"

"네, 현대건설 컨소시엄은 평당 450만 원으로 입찰을 했고, GS건설은 평당 445만 원으로 현대건설 컨소시엄보다 5만 원 더 낮게 제시했습니다."

"와, 정말 대단하네요. 이와 유사한 주상복합 방식의 청량리4재정비촉진구역에서는 평당 680만 원인 공사비를 장대B구역은 아무리 신탁방식이라 해도 550만 원 이하로는 입찰하기가 어려웠을 텐데 말이지요. 그러니까 도급 순위 4위 시공사인 GS건설이 평당 445만 원에 입찰했다는 것은 신탁방식 정비사업이 시공사로서는 분양의 성공 여부와 상관없이 공사비 확보에 매우 유리하다는 근거라고 할 수 있겠군요."

---

[*] 서울시는 조례에 따라 시공사 선정을 사업시행계획인가 이후에 진행하지만, 서울을 제외한 모든 지역은 도시정비법 제29조(계약의 방법 및 시공자 선정 등)에 따라 조합이 설립된 이후에 선정할 수 있다.

"네, 장대B구역을 조합방식으로 추진한다는 가정하에 평당 공사비를 청량리4재정비촉진구역 롯데의 공사비인 680만 원으로 적용했을 때, 실제 공사비는 445만 원으로 평당 235만 원의 차이가 발생하고 이를 절감된 공사비로 볼 수 있습니다. 절감된 공사비를 장대B구역 연면적으로 계산하면 대략적으로도 수천억 원의 공사비가 절감된 것으로 추정할 수 있습니다."

"정말 어마어마한 공사비를 절감했네요."

"실제 건축 규모와 층수, 마감재의 수준, 사업 인허가 조건 등에 따라서 적용 공사비에는 차이가 있습니다. 다만 신탁방식 정비사업이 수천억 원의 공사비 절감 효과가 있다는 것은 확실하게 증명된 사례라고 할 수 있습니다."

▬ 신탁방식 재건축의 오해와 진실

"교수님, 신탁방식 정비사업은 최대 4년 정도의 사업 기간을 단축시킬 수 있다고 하셨습니다. 게다가 장대B구역과 같은 대규모 재개발 사업의 경우 수천억 원의 공사비 절감까지도 가능하다고 설명해주셨습니다. 그런데 왜 아직도 신탁방식이 일부 정비사업에서만 추진되는 것인가요?"

"재개발·재건축을 추진하는 소유자들이나 주민대표기구에서 신탁방식 정비사업을 명확하게 이해한다면, 신탁방식 정비사업을 반대하는 소유자는 없을 것입니다. 사업 기간이 단축되고 사업비도 절감할 수 있는, 말 그대로 소유자의 이익이 극대화되는데 누가 반대하겠습니까? 그런데도 반대하는 소유자들이 있는데, 그 이유가 무엇일까요?"

"글쎄요. 저도 그 부분이 잘 이해가 되지 않습니다. 교수님 강의를 들어보면 무조건 신탁방식을 추진해야 맞는데 그렇지 않은 이유가 무엇인가요?"

"그 이유는 바로 신탁방식에 대한 오해와 편견 때문입니다!"

"오해와 편견이요? 어떤 오해와 편견을 말씀하는 건가요?"

"지금부터 신탁방식 정비사업이 활성화되는 데 걸림돌이 되는 오해와 편견을 알아보겠습니다. 신탁방식에 대한 오해 첫 번째는 '신탁을 생각하면 미국과 소련의 신탁통치가 생각나고, 신탁하면 내 재산을 모두 신탁사에게 빼앗긴다'라는 것입니다. 신탁방식을 반대하는 소유자들의 대부분이 '신탁하면 내 재산 빼앗긴다'라고 잘못 생각합니다. 이를 믿는 사람들의 연령대를 보면 어르신들이 많습니다. 베이비부머 이후의 세대들이 6·25전쟁을 겪어보지는 않았지만, 그들의 부모 세대는 온몸으로 경험했습니다. 때문에 아무래도 영향이 있었을 겁니다.

그리고 신탁이란 제도가 소유자에서 신탁사로 소유권을 이전하는 부동산등기ᐧ과정을 거쳐야 법률적 효력이 발생하기 때문에, 이 '소유권이전등기'라는 것에 거부감이 큰 것 같습니다. 이 때문에 '내 재산을 빼앗긴다'라고 생각하는 것 같습니다. 이 오해를 해소하려면 '신탁에 의한 소유권이전등기' 의미를 이해해야 합니다.

ᐧ부동산등기란 부동산의 귀속과 그 귀속의 형태를 외부에서 인식할 수 있도록 공시하는 방법을 말한다. 부동산등기는 가등기, 본등기[소유권에 관한 등기, 소유권 외의 권리(지상권, 지역권, 전세권, 임차권, 저당권·근저당권, 권리질권)에 관한 등기], 예고등기로 구분할 수 있다.

대법원 판례를 보면 '신탁의 효력으로서 신탁재산의 소유권이 수탁자(신탁사)에게 이전되는 결과, 수탁자(신탁사)는 대내외적으로 신탁재산에 대한 관리권을 갖는 것이고, 다만 수탁자(신탁사)는 신탁의 목적 범위 내에서 신탁계약에 정해진 바에 따라 신탁재산을 관리해야 하는 제한을 부담함에 불과하다'라고 판결문[22]에 명시되어 있습니다."

"대법원 판결문의 핵심은 '신탁사에게 내 부동산이 소유권이전등기가 되어도 신탁계약에 정한 내용에 한해서 내 부동산을 관리하는 것이다'라는 말씀이죠?"

"네, 맞습니다. 신탁을 했더라도 본인의 재산권 행사에 아무런 문제가 없다는 것이 신탁법에 명시[••]되어 있습니다. 오히려 부동산을 신탁하면 신탁재산의 안정성이 보장되기 때문에 소유자의 개인적인 채권, 채무 관계에 영향을 받지 않고 재건축사업을 원활하게 추진할 수 있습니다."

"신탁하면 오히려 신탁재산의 안정성이 보장된다고요?"

"네, 그렇습니다. 신탁방식의 안전성을 확보할 수 있는 신탁법 관련 조항을 살펴보면, 신탁재산은 독립성이 유지되면서 신탁재산에 대한 강제집행이 금지[•••]되어 재산을 보호할 수 있습니다. 그리고 신탁재산을 다른 채무 관계에 의해서 상계할 수 없기 때문[••••]에 독립적인 안

•• 신탁법 제10조(위탁자 지위의 이전) ①위탁자의 지위는 신탁행위로 정한 방법에 따라 제3자에게 이전할 수 있다.

••• 신탁법 제22조(강제집행 등의 금지) ①신탁재산에 대하여는 강제집행, 담보권 실행 등을 위한 경매, 보전처분(이하 '강제집행 등'이라 한다) 또는 국세 등 체납처분을 할 수 없다. 다만 신탁 전의 원인으로 발생한 권리 또는 신탁사무의 처리상 발생한 권리에 기한 경우에는 그러하지 아니하다.

•••• 신탁법 제25조(상계 금지) ①신탁재산에 속하는 채권과 신탁재산에 속하지 아니하는 채무는 상계하지 못한다.

전성이 확보되는 것입니다. 이제 '신탁하면 내 재산 빼앗긴다'라는 오해가 풀렸겠지요?"

"네, 교수님, 오히려 '신탁하는 것이 내 재산을 지키는 일'임을 확실하게 이해했습니다."

"신탁방식의 근본적인 오해가 풀렸다면, 신탁방식 추진의 가장 핵심적인 문제가 해결된 것입니다. 그런데도 신탁방식에 대한 몇 가지 오해가 남아 있으니 살펴봅시다. 신탁방식에 대한 잘못된 오해 두 번째는 '신탁하면 신탁사 마음대로 사업을 추진한다'라는 것입니다. 신탁방식은 조합을 설립하지 않으므로● 조합장과 같은 주민의 이익을 대변하는 주민대표기구가 없어서 소유자들의 의견이 반영되지 않는다는 오해이지요."

"네, 저도 그 이야기를 가장 많이 들었습니다. 신탁사에 부동산 소유권을 이전하고 나면, '신탁사가 무소불위의 권한을 가지고 신탁사 마음대로 사업을 추진할 것이고, 주민들이 가장 관심이 있는 시공사 선정 또한 신탁사와 결탁한 시공사를 선정할 것이다'라는 의문이 들기도 합니다."

"네. 그렇게 오해할 수 있습니다. 사업시행자방식의 신탁방식은 조합을 설립하지 않으니 주민대표기구가 없다고 생각하는 분들이 많습니다. 그러나 정부가 특정 기관에 과도한 권한을 주는 법을 만들 이유가 없습니다. 특히 소유자의 재산을 관리하는 신탁사에 많은 권한을

● 사업대행자방식은 조합을 설립하고 신탁사를 사업대행자로 선정하는 것이지만, 지금 설명의 기준은 사업시행자방식이므로 조합을 설립하지 않는 기준이다.

주면 문제가 될 수 있다는 생각은 당연히 했겠죠. 그래서 신탁방식 재건축사업에 신탁추진위원회[**] 등의 대표기구를 설치하고, 운영 규정에 이 주민대표기구의 운영 방법을 명시한 후 인허가청에 제출하도록 도시정비법에 규정[***]하고 있습니다.

신탁추진위원회 등 주민대표기구에서는 소유자들의 재산상에 영향을 미치는 모든 사항을 심의한 이후 전체회의(주민총회)에 상정해서 주민 투표를 통해 의사결정을 합니다. 결론적으로 말하면 신탁방식 재건축사업도 조합방식과 동일하게 주민대표기구를 설치하도록 법에서 규정하고 있다는 것이며, 사업추진을 위한 모든 의사결정은 소유자들 전체회의(주민총회)에서 결정되기 때문에 신탁사 마음대로 사업을 추진하는 일은 근본적으로 불가능하다는 것이지요.

신탁사가 시공사 선정을 마음대로 한다는 것 또한 관련법을 잘 모르는 사람들의 주장입니다. 신탁방식이든 조합방식이든 시공사를 포함한 모든 용역업체의 선정은 도시정비법과 정비사업계약업무처리기

[**] 신탁방식 정비사업의 표준운용규정에는 주민대표기구의 명칭을 '정비사업위원회'로 규정하고 있으니 이는 소유자들과 협의하고 조정할 수 있다. 필자는 일반 조합방식의 재건축사업의 용어인 '추진위원회'란 용어가 이해하기 쉽기 때문에 신탁방식의 주민대표기구를 '신탁추진위원회'로 설명했다. 최근에는 공정성과 투명성을 강조하는 '신탁준법감시위원회' 등의 명칭을 사용하는 신탁방식 주민대표기구도 있다.

[***] 도시 및 주거환경 정비법 제27조(재개발사업·재건축사업의 지정개발자) ①시장·군수 등은 재개발사업 및 재건축사업이 다음 각 호의 어느 하나에 해당하는 때에는 토지 등 소유자, 사회기반시설에 대한 민간투자법 제2조 제12호에 따른 민관합동법인 또는 신탁업자로서 대통령령으로 정하는 요건을 갖춘 자(이하 '지정개발자'라 한다)를 사업시행자로 지정하여 정비사업을 시행하게 할 수 있다. ④제1항 제3호에 따른 토지 등 소유자의 동의는 국토교통부령으로 정하는 동의서에 동의를 받는 방법으로 한다. 이 경우 동의서에는 다음 각 호의 사항이 모두 포함되어야 한다. 1.건설되는 건축물의 설계 개요, 2.건축물의 철거 및 새 건축물의 건설에 드는 공사비 등 정비사업에 드는 비용(이하 '정비사업비'라 한다), 3.정비사업비의 분담 기준(신탁업자에게 지급하는 신탁보수 등의 부담에 관한 사항을 포함한다), 4.사업 완료 후 소유권의 귀속, 5.정비사업의 시행방법 등에 필요한 시행규정, 6.신탁계약의 내용

준에 의해서 '나라장터●'라는 정부 입찰시스템을 통해 입찰을 받은 후, 전체회의에서 투표로 선정할 수 있기 때문입니다."

"지금껏 신탁방식에 대한 오해가 많았네요. 교수님의 설명을 들으면 들을수록 재건축·재개발을 투명하고 공정한 신탁방식으로 추진해야겠다는 생각이 듭니다."

"신탁방식에 대한 잘못된 오해 세 번째는 '신탁하면 개발이익을 신탁사가 모두 가져간다'라는 것입니다. 재건축사업을 추진하는 근본적인 이유가 소유자의 재산을 극대화하는 것이지요. 그런데 그 개발이익을 신탁사가 가져간다면 재건축을 할 이유도 없지요. 또한 절대 신탁방식으로 추진하면 안 되겠지요?

이 부분은 간단하게 설명할 수 있습니다. '신탁사는 누구의 명의로도 신탁을 통한 개발이익을 누리지 못한다'고 신탁법에 명시●●되어 있습니다. 신탁사는 사업에 참여할 때 계약된 조건에 따른 신탁보수만을 받기 때문입니다. 따라서 신탁사는 신탁계약에 명시된 신탁보수 외에는 사업을 추진하면서 발생하는 개발이익을 가져가지 않습니다. 모든 개발이익은 소유자의 이익으로 돌아갑니다."

"교수님, 신탁방식의 근본적인 오해는 다 풀린 것 같습니다. 그런데 마지막으로 궁금한 것이 있습니다."

"아직도 신탁방식에 대한 오해가 있나요?"

● 나라장터란 조달업무 전 과정을 온라인으로 처리하는 선진 전자조달시스템이다. 모든 공공기관의 입찰 정보가 공고되고, 1회 등록만으로 어느 기관 입찰이든 참가할 수 있는 공공조달 단일창구(Single Window) 역할을 수행한다. 세계 최고 수준의 국가종합전자조달시스템으로 공공기관과 민간기업의 시간과 비용을 획기적으로 절감한다.

●● 신탁법 제36조(수탁자의 이익향수금지) 수탁자는 누구의 명의로도 신탁의 이익을 누리지 못한다.

"신탁방식을 반대하는 소유자들이 주장하는 내용입니다. 그들은 신탁방식은 신탁보수가 수백억 원이나 되니 조합원 부담금이 늘어난다고 해서 신탁방식을 반대합니다. 정말로 신탁보수가 수백억 원에 달하면 소유자들 입장에서는 비용이 증가하니 손해가 되는 것 아닌가요?"

"네, 신탁보수에 대한 궁금증이네요. 신탁보수는 신탁사마다 내부의 정책적 의사결정에 의해서 소유자들과 체결하는 계약 행위입니다. 따라서 신탁사가 참여하는 재건축사업구역의 지역, 교통을 고려한 입지와 매출 규모, 비주거 비율, 현금청산 비율 등을 고려한 사업성, 그리고 참여시공사의 시공능력 평가순위, 시공사의 신용도 등 참여가 예상되는 시공사 및 협력업체의 신용도를 고려해 소유자들과 협의해서 적정한 신탁보수를 책정한 뒤 신탁계약을 체결합니다."

"신탁보수가 신탁계약 체결 과정에서 각종 요인에 따라 협의로 결정된다는 설명은 이해했습니다. 제가 궁금한 것은 '신탁사의 신탁보수가 많으니 소유자들 관점에서는 조합방식으로 재건축사업을 추진하는 것보다 손해가 아닌가' 하는 걱정입니다. 실제 사례를 바탕으로 설명 부탁드립니다."

"네, 아주 중요한 부분입니다. 이를 신탁보수의 책정에 따른 사업비의 구조와 사례로 설명드리겠습니다. 신탁방식 정비사업은 사업 기간이 단축되고, 신탁사의 자금력으로 기성불 방식의 공사비 지급을 통해 공사비를 평균 15% 이상 절감할 수 있다고 했습니다. 인천 청천2구역과 대전 장대B구역의 사례를 통해서 말이지요. 이렇게 사업 기간 단축과 공사비를 낮춰서 절감된 사업비 중 일부를 신탁보수로 책정해서 신탁계약을 체결하기 때문에, 조합방식의 재건축사업보다 사업비가 절감되는 구조입니다.

　기본적으로 신탁사가 기존 조합방식과 비교해 절감된 사업비보다 더 많은 신탁보수를 받는다면, 소유자들은 손해가 발생합니다. 때문에 어떠한 소유자도 손해가 나는 신탁방식 계약체결을 찬성하지 않을 것입니다. 따라서 신탁방식은 신탁방식을 통해 공사비 등 절감된 사업비 금액 이내에서 신탁보수가 결정되기 때문에 신탁보수를 사업비에 포함해 사업비를 적용하더라도 조합방식보다 사업비가 절감되기 때문에 신탁방식 추진이 가능한 것입니다."

　"네, 알겠습니다. 신탁방식을 검토할 때 가장 우려했던, '신탁하면 내 재산 빼앗긴다' '신탁하면 신탁사 마음대로 사업을 추진한다' '신탁하면 개발이익을 모두 신탁사가 가져간다'라는 내용까지 충분히 이해했습니다. 그리고 신탁보수 또한 절감된 사업비 범위 내에서 소유자들과 합리적으로 협의해 결정한다는 설명을 들으니, 신탁방식에 대한 거부감도 사라졌습니다. 사실 새로운 제도가 나오면 이 제도를 이해하고 적용하며 실제 사례가 나올 때까지 시간이 필요한 것 같습니다."

　"맞습니다. 하지만 신탁방식은 새로운 제도가 아닙니다. 신탁은 조선시대 '투탁'이라는 제도로 운영된 적이 있습니다. 해방 이후 1961년에 신탁법과 신탁업법이 제정되었고, 재건축사업에는 주택건설촉진법을 기반으로 국토교통부가 정한 표준정관●에 따라 조합원의 소유부동

● 국토교통부 주택재건축정비사업조합 표준정관 제37조(부동산의 신탁) ①조합원 상호 간의 권리 보호와 재건축사업의 원활한 추진 및 주택건설촉진법 시행령 제34조 규정에 따라 재건축사업지구 내 조합원의 소유부동산을 조합에서 정하여 통지한 기한(조합설립인가일로부터 6개월 이내)까지 조합에 신탁등기해야 한다.

산을 조합에 신탁등기하도록 했습니다. 지금의 신탁방식은 조합에 신탁등기하던 것을 신탁전문기관인 신탁사에 신탁등기하는 것일 뿐, 다르지 않습니다."

"재건축사업에서 신탁이라는 것이 예전부터 있었던 절차임을 이번에 처음 알았습니다. 그런데 신탁방식이 조합방식보다 투명하고 공정하다는데, 근거가 무엇인가요?"

"재건축사업은 법에 정해진 절차대로 진행해야 하는 절차사업입니다. 따라서 사업추진 과정에서의 법률적·절차적 문제가 없도록 감시하고 감독하는 일이 중요합니다. 기존의 조합방식은 소유자 중에서 덕망 있는 어르신을 조합의 감사로 위촉해 조합의 활동을 관리, 감독하도록 한 경우가 많았습니다. 그러나 신탁방식은 정부 기관인 금융감독원**이 관리·감독을 합니다. 때문에 더욱 철저하게 관련법에 제시된 절차를 지키며 사업을 추진합니다.

실제 신탁방식이 적용받는 관련법은 도시정비법, 신탁법, 자본시장법 등 3가지입니다. 도시정비법만 적용받는 조합방식과 비교하면 각종 규제가 당연히 더 많겠지요? 법률적 규제가 더 많다는 것은 불법행위를 할 수 있는 가능성이 더욱 낮다는 것으로 해석해도 무방합니다. 따라서 조합방식보다 신탁방식이 더욱 공정하고 투명한 사업방식이라 보는 것입니다."

** 금융감독원은 금융감독기구의 설치 등에 관한 법률(1997.12.31 제정)에 의거 전 은행감독원, 증권감독원, 보험감독원, 신용관리기금 등 4개 감독기관이 통합되어 1999년 1월 2일에 설립되었다. 그후 2008년 2월 29일에 개정된 금융위원회의 설치 등에 관한 법률에 의거하여 현재의 금융감독원으로 거듭났다. 금융기관에 대한 검사·감독 업무 등을 수행하며 건전한 신용 질서와 공정한 금융거래 관행을 확립하고, 예금자와 투자자 등 금융수요자를 보호함으로써 국민 경제의 발전에 기여하고 있다.

"지금까지 신탁방식의 개념과 장점, 그리고 각종 신탁방식의 부정적인 소문과 오해까지, 교수님의 설명을 듣고 나니 이해가 되었습니다. 근본적인 것을 한 가지 더 질문하겠습니다. 재건축·재개발사업에서 신탁사의 역할을 정의한다면 무엇인가요?"

"네, 재개발·재건축 등 정비사업에 신탁사가 참여하도록 관련법을 개정하면서 정부가 기대하는 신탁사의 역할은 신속하면서도 원활한 사업추진입니다. 이를 세분화해 총 4가지로 설명할 수 있습니다. 바로 공공지원의 역할, 자금지원의 역할, 사업총괄기획의 역할, 공사비 절감을 통한 조합원 부담금 최소화 역할입니다.

첫째, 공공지원의 역할은 도시정비법에서 규정●한 바와 같이 시장 및 군수가 신탁사에게 사업시행 과정을 위탁할 수 있도록 규정하고 있습니다. 둘째, 자금지원의 역할은 신탁사가 사업시행자로 지정·고시되면 소유자들에게 사업비 징수의 어려움 없이 신탁사에게 자금을 공식적으로 대여받아 원활하게 사업을 추진할 수 있습니다. 셋째, 사업총괄기획의 역할은 사업 초기 단계부터 이전 고시, 청산까지 정비사업의 전 과정을 신탁사가 기획, 단계별 세부계획 수립, 비용 집행, 인허가 진행 등 신탁사의 업무전문성을 기반으로 사업을 신속하게 추진하는 것입니다. 넷째, 공사비 절감의 역할은 기성불 방식의 공사비 지급으로 평당공사비를 15% 이상 절감시키고, 이후 시공사의 공사비 내역에

● 도시 및 주거환경 정비법 제118조(정비사업의 공공지원) ①시장·군수 등은 정비사업의 투명성 강화 및 효율성 제고를 위해 시·도 조례로 정하는 정비사업에 대해 사업시행 과정을 지원(이하 '공공지원'이라 한다)하거나 토지주택공사 등 신탁업자, 주택도시기금법에 따른 주택도시보증공사 또는 이 법 제102조 제1항 각호 외의 부분 단서에 따라 대통령령으로 정하는 기관에 공공지원을 위탁할 수 있다.

대한 검증과 인허가 과정에서 발생하는 설계변경에 따른 공사비 증액의 검증, 그리고 복잡한 시공사와의 계약관계를 신탁사의 법률적 지원을 통해 소유자들에게 유리하게 계약이 체결될 수 있도록 해서 궁극적으로는 소유자 부담금을 최소화하는 것입니다."

"신탁사가 정비사업의 시행자로서 전문성을 바탕으로 사업을 총괄 기획하며, 최적의 사업비만을 지출해서 궁극적으로 소유자의 부담금을 최소화하는 것이 목표라는 점을 잘 이해했습니다. 그렇다면 신탁사의 전문성을 어떻게 검증할 수 있을까요?"

"현실적인 질문이네요. 신탁사의 전문성을 판단하려면 첫째, 신탁사 구성원의 이력을 살펴봐야 합니다. 부동산시장을 분석하고 판단할 수 있는 석·박사급 부동산 전문가가 있는가? 인허가 과정에서 기술적인 검토가 가능한 건축기술사 등 기술전문가가 있는가? 지금까지의 재개발·재건축시장을 주도해온 것이 대기업 시공사들이므로 대기업 시공사에서 정비사업을 경험한 직원이 있는가? 등 신탁사 구성원의 이력을 살펴보는 것이지요.

둘째, 다양한 재건축·재개발 프로젝트 경험이 있어야 합니다. 200세대 미만의 소규모 재건축사업부터 5천 세대 이상의 대규모 재개발사업까지 신탁사가 재개발·재건축사업 경험이 풍부하면 돌발상황이 발생해도 신속하고 효율적으로 대처할 수 있습니다. 그래서 다양한 경험을 많이 한 신탁사가 전문성이 있다고 할 수 있습니다.

셋째, 사업추진 과정을 예측할 수 있는 신탁사가 전문성이 있다고 할 수 있습니다. 사업추진 과정을 예측한다면 실제로 리스크가 발생하더라도 업무 추진에 문제가 생기지 않습니다. 만약 문제가 생겨도 신속하게 대처하기 때문에 사업비를 절감시키는 효과까지 있습니다. 앞으로 벌어질 일을 미리 알고 방안을 마련해둔 신탁사라면 걱정할 것이 없겠지요?"

"결국 신탁방식 정비사업의 장점이 소유자들에게 충분히 알려지지 않아 루머와 오해가 생겼고, 이것이 점점 더 신탁방식의 시장 접근을 막았군요."

"그렇습니다. 우리는 살면서 해결되지 않는 일에 대해서 고민하고 갈등합니다. 흔히 '이 문제는 답이 없다'라고 합니다. 그런데 '답이 없다'는 틀린 말입니다. 문제가 있으면 답은 분명히 있으니까요. 다만 문제가 무엇인지 정확하게 모를 때 답이 없을 수 있습니다. 우리가 고민하고 갈등하는 시간을 줄이려면 답을 찾을 것이 아니라 문제를 명확하게 해야 합니다.

신탁방식을 부정적으로 생각했다면 신탁방식의 무엇이 문제인지, 그 문제 자체를 모르고 막연한 소문만 듣고 오해한 것입니다. 문제가 명확하면 답은 있습니다. 적어도 재개발·재건축사업에 관심만 있으면 문제가 무엇인지 명확하게 규정할 수 있지요. 그리고 답도 관련법에 근거해서 찾을 수 있습니다.

컵에 물이 반 차 있는 것을 보고, '물이 반이나 있네'와 '물이 반뿐이네'라고 생각하는 것은 긍정적이냐 부정적이냐라는 관점의 차이에서 비롯된 것입니다. 우리가 부동산으로 부를 축적하려면 긍정적 관점에서 문제를 명확하게 하는 비판적 시각이 필요합니다."

"그렇군요. '부동산을 바라보는 긍정적 관점과 문제를 명확히 하는 비판적 시각을 가져라'라는 말씀을 명심하겠습니다."

돈과 권력의 재건축 비리 대안은 신탁방식

조합방식, 자금 조달의 어려움

"재건축사업을 추진하려면 첫 번째가 안전진단이고, 두 번째가 정비구역지정이라고 말씀해주셨습니다. 그런데 안전진단뿐만 아니라 정비구역을 지정하는 데도 많은 용역비가 드네요. 어느 정도의 정비구역지정 용역비를 지불해야 하나요?"

"신축 1천 세대 정도의 정비계획을 수립하려면 약 2억~3억 원의 용역비가 발생합니다. 상황에 따라 4억 원 이상의 용역비를 요청하는 도시계획업체도 있습니다."

"안전진단 비용도 주민들과 힘들게 모았는데, 정비구역지정을 위한 도시계획용역비는 어떻게 조달할 수 있을까요?"

"원칙은 안전진단 비용과 마찬가지로 주민들이 모아서 지불해야 합니다. 다만 안전진단 과정에서 비용을 납부한 소유자들에게 정비구역지정을 위해 사업비를 또 징수하겠다면, 소유자들은 반대하겠지요. 이런 이유로 과거에는 용역비 지급 시기를 자금 대여가 가능한 시점에 지불하는 조건으로 추진했습니다.

대부분의 업체는 용역비를 외상으로 하고 업무를 수행하다 보니 적극적이지 않았습니다. 게다가 영세한 업체가 대다수라서 업무가 원활하게 진행되지 않았습니다. 그래서 요즘은 도시계획업체들이 용역비를 외상으로 지급하는 조건이라면 적극적으로 참여하지 않는 추세입니다.

정비구역지정을 위한 도시계획업체의 용역비를 외상으로 지급하는 조건으로 사업을 추진해서 정비구역이 지정·고시된다면, 조합설립을 위한 재건축동의서 징구 업무를 진행합니다. 이 과정에서 사무실 운영비부터 추진위원장 및 상주 직원들의 급여가 지급되어야 합니다. 무급으로 봉사만 하는 재개발·재건축 추진위원회는 없습니다. 만약 그렇다면 '선 투입한 운영비를 조합설립 이후 비용 정산을 한다'는 조건이 반드시 따르겠지요.

어쨌든 소유자들이 의기투합해서 조합을 설립한다고 가정했을 때, 조합설립부터는 전문적인 사업절차로 진행해야 합니다. 건축심의를 위한 설계업체를 선정하고, 행정적인 절차와 사업관리를 위한 정비업체도 선정해야 합니다. 이러한 용역업체를 선정하는 조건도 용역비 지급 조건은 일반적으로 외상입니다."

"정비계획을 수립한 도시계획업체와 설계업체, 정비업체 등 용역업체가 외상으로 일할 수밖에 없다는 것은 알겠습니다. 그러나 아무리 외상으로 일을 한다고 해도 어느 시점에는 용역비를 받을 수 있다는 일정이나 단계에 대한 계획이 있어야 그들도 용역 업무를 수행할 겁니다. 이 업체들은 용역의 대가를 언제 받을 수 있을까요?"

"과거부터 지금까지 재개발·재건축사업의 막대한 사업비를 대여하며 사업을 주도해온 주체는 바로 시공사였습니다. 그래서 사전 투입되거나 향후 투입될 용역비의 집행 시기는 시공사 선정 시기가 됩니다. 통상적으로 시공사가 재개발·재건축사업에 참여하면서 입찰보증금 형태의 대여금을 해당 조합에 납부하면, 조합은 이 대여금을 활용해 지금까지 지불하지 못한 각종 용역비를 집행합니다. 그러나 이 과정에서 여러 가지 문제가 발생합니다."

조합과 시공사의 오랜 갈등, 공사비 상향

"시공사의 대여금으로 용역비가 집행되면 사업이 잘되어야 할 텐데, 어떤 문제가 발생하는 건가요?"

"이론적으로는 다 잘되어야 하는 것이 맞습니다. 그러나 보이는 현상 외에 일반 소유자들이 알 수 없는 여러 병폐가 있습니다. 첫 번째 병폐는 시공사의 심리적 지위 변경입니다. 계약서상의 '갑'은 조합이지만 계약 이후에는 심리적 지위가 변경되면서 시공사가 '갑'이 되는 것이죠."

"왜 시공사가 '갑'이 되는 건가요?"

"조합이 시공사의 자금을 대여받기 때문입니다. 시공사가 자금을 지원해주지 않으면 조합사무실 운영부터 조합장 및 상주 임원의 급여, 지금까지 외상으로 진행한 각종 용역비를 지급할 수 없습니다. 결국 조합은 시공사의 자금을 지원받으면서 시공사의 눈치를 볼 수밖에 없는 '심리적 을'의 위치가 되는 것이지요. 시공사는 인허가 기간에는 '심리적 갑'이고, 실제 착공을 하고 나면 '실질적인 갑'이 됩니다. 실제 사례로 설명하면, 시공사는 공사를 착공하고 난 이후에도 설계변경 등의 이유로 공사비 증액을 요구하는 경우가 있습니다. 조합은 시공사의 공사비 증액 요구가 합리적이지 않다고 해서 시공사의 요구를 받아들이지 않으면, 시공사는 공사를 중단[23]하는 초강수를 둡니다. 결국 조합원들이 공사비를 올려주고 공사 재개를 요청하는 상황까지도 벌어지는 것이 현실입니다."

"교수님, 이해가 안 되는 부분이 있습니다. 시공사를 선정하는 이유는 시공사의 자금력과 기술력을 지원받아 재개발·재건축사업을 원활하게 추진하기 위해서입니다. 그런데 자금대여는 법적으로 시공사의 당연한 역할인데, 자금대여를 받으면서 조합이 시공사의 눈치를 본다는 것이 잘 이해되지 않습니다."

"시공사의 자금대여는 도시정비법에 따른 총회의결사항*으로 조합 운영의 규칙이 조합표준정관 제33조 '재원'에 의거하여 '조합이 금융 기관 및 시공자 등으로부터 조달하는 차입금'이라는 조항에 의한 것입니다. 그러나 이 조항의 의미는 '할 수 있다'이지 '무조건 해야 한다'가 아닙니다. 조합과 시공사가 협의해서 결정하는 것이고, 최종적으로는 조합원 총회에서 결정된다는 뜻이지요. 조합 및 조합원과 시공사가 자금 차입의 이율 및 기타 조건 등을 협의해서 결정하는 과정에서 자금을 대여하는 입장인 시공사가 '심리적 갑'이 될 수 있다는 것입니다."

"시공사가 '심리적 갑'이 될 수 있다는 설명이 이해가 됩니다. 충분히 그럴 수 있을 것 같습니다. 시공사로부터 자금을 차입하면서 발생하는 또 다른 병폐는 무엇인가요?"

"두 번째 병폐는 주민들과의 갈등입니다. '심리적 갑'이 된 시공사는 설계변경 및 물가상승 등을 이유로 공사비를 상향 조정하려고 하며 조합원들은 추가부담금이라는 폭탄을 떠안게 됩니다. 조합은 '심리적 을'의 지위에서 공사비 상향 조정에 어쩔 수 없이 동의하다 보니, 주민들과의 갈등이 폭발하는 사업장이 많습니다. 갈등이 심화되면 조합장 및 임원의 해임으로 연결되는 경우가 많지요.

● 도시 및 주거환경정비법 제45조(총회의 의결) ①다음 각 호의 사항은 총회의 의결을 거쳐야 한다. 2.자금의 차입과 그 방법·이자율 및 상환방법

실제로 개포주공1단지, 둔촌주공이 그렇습니다. 강남 개포주공1단지는 시공사가 설계변경의 이유로 공사비 6,300억 원을 증액해달라고 요청[24]했고, 이를 받아들인 조합장 및 이사를 해임하고자 해임총회가 열렸습니다. 조합원들이 과반수 찬성하면서 해임안이 가결[25]되었습니다. 강동구 둔촌주공도 시공사가 7,400억 원의 공사비 증액을 요청했다가 '공사비 검증제도[●●]'를 통해 2020년 4월 한국부동산원(한국감정원)으로부터 2,900억 원의 감액 권고를 받기도 했습니다."

"공사비 검증 과정에서 2,900만 원이 아닌 2,900억 원을 감액한다는 것은 처음부터 시공사의 공사비 증액 산출근거 자체가 부정확했다는 것이라고 볼 수 있겠네요."

"그렇습니다. 설계변경이란 명목으로 공사비 증액을 요구하였으나 정확한 산출근거를 제시하지 못했습니다. 그래서 당시 한국감정원으로부터 2,900억 원이라는 엄청난 금액의 감액을 권고받은 것이지요. 여기서 알 수 있는 사실은 조합이 공사비의 적정성을 검증할 수 있는 전문성이 없으니 '심리적 갑'인 시공사의 공사비 증액 요청에 속수무책으로 당할 수밖에 없다는 것입니다."

"시공사의 공사비 증액으로 인한 조합원 간의 갈등은 수십 년간 계속된 문제입니다. 근본적으로 이 문제를 해결할 방법이 없을까요?"

"네, 정책적으로 이를 해결하고자 공사비 원가 공개 등을 시행하자는 주장이 있었습니다. 그러나 기업 내부비밀이라는 이유로 공개되지

●● 한국부동산원 등 정비사업 전문 공공기관이 조합을 대신해 시공사 공사비의 적정성을 검증하는 제도를 말한다.

않았습니다. 저는 생산물(주택)의 원가 공개를 법으로 규정한다는 것은 합리적이지 않다고 생각합니다. 정부가 국민의 주거안정을 정책적으로 추진하고, 주택이 공공재에 가까운 것이라 하더라도 기업의 생산물(주택) 원가는 기업의 차별화된 기술력과 경쟁력이니까요. 그런데 이를 정부가 개입해서 원가를 공개하라는 것은 자유시장경제의 합리적 거래 과정을 침해하는 것입니다. 결국 재건축사업에서 시공사와 조합원 간의 공사비 적정성 갈등은 합리적인 공사비 검증을 통해서만 해결이 가능합니다."

"일반 조합원들이 시공사가 제시하는 공사비 내역을 검증할 수 있을까요? 검증이 안 되니까 시공사와 조합원 간에 갈등이 발생하는 것 아닌가요?"

"맞습니다. 조합원들이 어떻게 대기업 시공사가 주장하는 공사비 내역의 근거를 '맞다 틀리다' 판단하고 검증할 수 있겠습니까? 일부 소유자가 건설회사에 다니거나 공사비 견적 업무 경험이 있다고 해서 '공사비 검증 기술위원회' 등을 자체적으로 구성한 곳도 있습니다. 그러나 이처럼 전문가들이 조합원으로 있는 재건축 구역은 거의 없고, 실제 조합원들이 공사비 검증 기술위원회를 운영하더라도 시공사가 제출한 공사비 내역만으로 검증을 해내기란 한계가 있습니다. 그래서 정부 차원에서 재개발·재건축사업의 공사비를 검증하는 제도를 법적으로 규정하고 있습니다."

"재건축사업에서 시공사의 공사비 검증제도가 있다고요?"

"네, 재건축·재개발사업 시에 과도한 공사비로 인한 분쟁과 비리를 예방하기 위해 전문기관의 검증을 받도록 하는 정비사업 공사비 검증

제도*입니다. 검증 신청조건에 따라 신청을 하면 한국부동산원의 실무위원이 검증을 합니다.

검증내용은 계약서상 공사계약 내용, 수량·단가의 적정성, 적정 물가상승률 등입니다. 세부적으로 건축은 가설, 골조, 습식, 방수, 수장 등을 검증하고, 토목은 터파기, 흙막이, 잔토처리 등을 검증합니다. 기계는 위생기구, 소화설비, 냉난방설비 등을 검증하고, 전기는 등기구, 통신공사, 엘리베이터 등을 검증합니다. 조경은 식재, 시설물, 포장 조형물 등을 검증합니다. 간접비는 안전관리비, 퇴직공제부금, 매입세액, 각종 보험료 등을 검증합니다."

"정부 기관인 한국부동산원에서 정비사업의 공사비를 검증해준다면 시공사와 조합원의 공사비 증액에 대한 갈등이 없어야 합니다. 그런데 갈등이 계속 발생하는 이유는 무엇인가요?"

"그 이유는 사후약방문(死後藥方文)**이라서 그렇습니다. 시공사들은 공사비를 증액하고자 논리적으로 반박하기 어려운 전문자료를 준비합니다. 그다음 사전에 조합과 협의한 후 조합원총회에서 안건을 처리합니다. 그런데 대부분의 조합원은 전문성이 부족하므로 시공사와

● 도시 및 주거환경 정비법 제29조의2(공사비 검증 요청 등) ①재개발사업·재건축사업의 사업시행자(시장·군수 등 또는 토지주택공사 등이 단독 또는 공동으로 정비사업을 시행하는 경우는 제외한다)는 시공자와 계약체결 후 다음 각 호의 어느 하나에 해당하는 때에는 제114조에 따른 정비사업 지원기구에 공사비 검증을 요청해야 한다. 1.토지 등 소유자 또는 조합원 1/5 이상이 사업시행자에게 검증 의뢰를 요청하는 경우, 2.공사비의 증액 비율(애초 계약금액 대비 누적 증액 규모의 비율로서 생산자물가상승률은 제외한다)이 다음 각 목의 어느 하나에 해당하는 경우. 가.사업시행계획인가 이전에 시공자를 선정한 경우: 10/100 이상, 나.사업시행계획인가 이후에 시공자를 선정한 경우: 5/100 이상, 3.제1호 또는 제2호에 따른 공사비 검증이 완료된 이후 공사비의 증액 비율(검증 당시 계약금액 대비 누적 증액 규모의 비율로서 생산자물가상승률은 제외한다)이 3/100 이상인 경우
●● 죽은 뒤에 약방문을 쓴다는 뜻으로, 이미 때가 지난 후에 대책을 세우거나 후회해도 소용없다는 말이다.

조합이 합의한 안건에 반대 의견을 개진하기가 쉽지 않습니다. 대부분 조합은 총회 당일 안건처리를 위한 투표 이전에, 시공사와 조합에서 운영하는 홍보 직원에 의해 조합원 과반수의 서면결의서를 징구하여 시공사가 원하는 방향으로 안건처리를 진행합니다.

총회 당일 공사비 증액에 대한 조합원의 반대 주장과 장시간 갑론을박으로 반대 투표를 해도 이미 안건은 서면결의서에 의해 찬성으로 처리됩니다. 이후 공사비 증액을 반대하는 조합원들은 각종 행정 소송이나 인허가청에 민원을 제기하고, 한국부동산원은 공사비 검증을 진행합니다. 그런데 이로 인해 사업 기간이 매우 지연되고, 각종 소송과 한국부동산원 공사비 검증에 따른 수수료*까지 여러 가지 상황에 의해 막대한 손해를 입습니다. 이러한 실제 사례는 너무나도 많습니다."

"조합과 시공사가 합의해서 조합원총회에 공사비 증액을 상정하면 이를 막기가 쉽지 않고, 공사비 증액을 최소화하더라도 각종 소송 비용과 수수료, 그리고 사업 기간 지연이 불가피하다는 것이네요. 이를 방지하려면 조합과 시공사가 공사비 증액을 합의하기 이전에 막으면 되지 않나요?"

"투명하고 공정한 재건축조합은 이러한 문제가 생길 확률이 낮습니다. 문제가 되는 재건축사업구역은 대부분 조합과 시공사의 유착관계 때문입니다. 조합과 시공사의 불법적인 유착관계 때문에 조합은 시

• 한국부동산원 전체공사 공사비 검증 수수료: 100억 원 이하=500만 원(기본 수수료), 100억 원 초과
~500억 원 이하=500만 원+100억 원 초과액의 40/10만, 500억 원 초과~1천억 원 이하=2,100만 원
+500억 원 초과액의 25/10만, 1천억 원 초과~2천억 원 이하=3,350만 원+1천억 원 초과액의 15/10
만, 2천억 원 초과=4,850만 원+2천억 원 초과액의 5/10만

공사의 요구사항을 받아들이는 경우가 많습니다. 그래서 지금까지도 공사비 증액에 따른 조합원과 시공사의 갈등이 지속되는 것입니다.

한 다큐멘터리[26]에서 신반포1차 재건축조합장이 '재건축의 신'으로 불리며 타 재건축사업구역의 조합장 선출에 관여하고 영향력을 행사하는 모습이 나왔습니다. 그는 재건축 컨설팅이라는 용역회사의 전문가로 참여해 용역비를 받고, 특정 업체나 마감재 선정 안건을 처리하기 위해 조합원총회의 서면결의서를 위조했다는 의혹을 받았습니다. 방송을 본 사람들은 '어떻게 저런 일이 있었을까, 충격을 받았다'라고 합니다. 그러나 이러한 문제는 1976년 도시재개발법이 제정된 이후부터 지금까지 끊이지 않았습니다. 다만 언론에 보도되지 않았거나 우리가 몰랐을 뿐이지요."

"교수님, 그럼 한국부동산원의 공사비 검증도 근본적인 해결책이 아니란 말씀이군요. 그렇다면 정말 아무런 대안이 없는 건가요?"

"정부는 이러한 조합의 불법적 비리를 사전에 차단하기 위해서 바로 신탁사를 정비사업에 참여시킨 것입니다. 신탁방식 정비사업에 대해서는 앞 시간에 충분히 설명드렸으니 더 이상 설명하지는 않겠습니다. 한 가지 여러분들이 명심할 것은 재건축사업 초기에 어떠한 방식으로 사업을 추진할 것인지를 신중히 결정해야 한다는 것입니다. 사업 초기의 사업방식 결정은 사업의 성패를 좌우하기 때문입니다."

"네, 교수님. 감사합니다. 다음 시간에 뵙겠습니다."

2부

3천만 원으로
재건축 실전 투자!

1장

실전 재건축 투자
7단계

부동산 초보자도 따라 할 수 있는 '실전 재건축 투자를 위한 실행방법'을 7단계로 설명하면 다음과 같다.

- 1단계: 부동산 이슈 파악 및 시장분석
- 2단계: 투자 대상 프로젝트 선별
- 3단계: 정비계획 및 건축 기본계획 검토
- 4단계: 대지지분 가치평가 및 분양성 검토
- 5단계: 임장활동을 통한 손익분석
- 6단계: 레버리지 극대화 및 최종 투자 결정
- 7단계: 자산가치 극대화 및 위험관리(Risk Management)

━ 1단계: 부동산 이슈 파악 및 시장분석

"박 과장님, 하루에 인터넷에 몇 번이나 접속하죠?"

"하루에 수십 번은 기본이고 많으면 백 번이 넘을 수도 있겠네요."

"4차산업이 활성화되는 요즘, 사회인들은 모두 비슷할 겁니다. 그럼 인터넷 아이콘을 클릭했을 때 뜨는 첫 화면은 무엇인가요?"

"그야 포털사이트 메인 창이죠. 저는 네이버가 첫 화면입니다."

박 과장은 당연한 듯 이야기하면서 무엇이 문제인지 몰랐다.

"그렇죠. 대부분 그럴 겁니다. 네이버 메인 창이 첫 화면이라고 가정해봅시다. 우리나라의 2020년 생산가능인구가 약 3,600만 명인데 이중 네이버를 사용하는 2,520만 명이 하루에 50번씩 네이버 메인 창을 클릭하면, 매일 12억 6천만 번의 클릭이 발생합니다. 엄청난 노출 빈도죠? 네이버가 세상을 지배한다는 말이 무리가 아닙니다. 우리가 하루에 12억 6천만 번 클릭한다는 가정에서 한 달이면 379억 번 클릭하는 셈입니다. 그런데 이렇게 네이버 메인 창의 광고비만 올려줄 게 아니라, 정보를 제공받는 기회로 활용하는 것이 우리에게 도움이 되겠죠?"

박 과장은 무심코 했던 행동이 지금껏 한 기업의 부를 축적해주고 있었다고 생각하니 조금은 억울한 마음이 들었다.

"네이버를 대기업으로 만들어주는 데 제가 일조했네요. 이제부터라도 제 부의 축적에 도움이 되도록 네이버 메인 창을 활용해야겠어요. 교수님, 어떻게 하면 되나요?"

"인터넷 메인 창 설정을 '부동산뉴스'로 설정하세요. 그러면 인터넷을 클릭할 때마다 최신 부동산뉴스를 볼 수 있고, 뉴스 제목만 꾸준히

봐도 부동산시장의 흐름을 알 수 있습니다."

박 과장은 인터넷 기본 페이지를 부동산뉴스로 설정한 이후, 반강제적으로 최신 부동산뉴스를 보는 자신을 발견했다. 매일 수십 번씩 부동산뉴스를 접하면서 현재 부동산시장에서 가장 민감한 이슈가 무엇인지를 자연스럽게 알 수 있었다.

부동산시장에서 핵심 이슈는 불안정한 가격이었다. 강남을 중심으로 부동산가격이 지속적으로 상승했다. 정부는 아파트 공급을 늘리겠다고 발표했지만, 가격 안정을 이끌기에는 역부족이었다. 과감한 공급 대책이 필요한 상태에서 2018년 12월, 정부는 남양주·하남·계양·과천 등 3기 신도시 4곳을 발표했다.

남양주 왕숙지구에 GTX-B 노선을 신설하고 수석대교 건설로 서울 접근성을 높인다는 계획이다. 게다가 기업을 유치하기 위한 자족 용지는 GTX역을 중심으로 판교 제1테크노밸리 면적의 2배 이상 확보할 계획이다. 하남 교산지구에는 서울도시철도 3호선 연장과 함께 서울-양평고속도로를 추진하고, 판교 제1테크노밸리 면적 1.4배 이상의 자족 용지를 확보하겠다고 발표했다.

인천 계양 테크노밸리지구에는 인천1호선 박촌역과 김포공항역 사이의 교차로에서 정지 없이 이동하는 신교통형 전용 BRT를 신설하고, 가용 면적의 절반 정도를 자족 용지로 조성하겠다고 발표했다. 마지막으로 과천지구에는 과천대로-헌릉로 연결도로 신설 등 도로망을 대폭 확충하고, 과천-위례선이 확정될 때 노선을 연장하는 방안을 적극 검토하겠다고 발표했다.

박 과장은 정부의 정책 중 가장 핵심인 3기 신도시 개발에 집중했다. 3기 신도시 이슈에서 투자 대상을 찾을 수 있으리라는 판단에서였다. 저녁 수업시간까지 기다릴 수 없었던 그는 김 교수의 연구실로 달려갔다.

"교수님, 매일 부동산뉴스를 반강제적으로 보다 보니, 요즘 부동산의 핵심 키워드를 도출할 수 있었습니다. 바로 '가격상승' '공급' '3기 신도시'입니다. 강남을 중심으로 부동산가격이 지속적으로 상승하니 정부는 가격 안정화를 위해 부동산 및 금융 규제 정책을 발표했습니다. 그런데 가격 안정화에 도움되기는커녕 오히려 가격상승을 부추기는 상황으로 보입니다.

전문가들은 재건축 규제 완화를 통해 대대적인 주택공급을 요청하고 있으나 정부는 재건축 규제를 완화할 생각이 없는 것 같습니다. 그런데 공급이 충분하다고 주장하던 정부는 최근에 공급 부족을 인정하고, 3기 신도시 개발을 통해 부족한 공급을 확보하겠다는 입장으로 선회한 것으로 보입니다."

"네, 잘 판단했습니다. 가격안정을 위한 공급은 필수이고 이를 도심지에서 해결하려면 재건축 규제를 완화해야 합니다. 그런데 현 정부는 헨리 조지의 이론을 공감하는 조지스트(Georgist)*들의 개발이익의 철저한 환수라는 철학적인 부동산 정책 방향으로 재건축 규제를 완화하지 못하다 보니, 결국 외곽의 신도시 개발로 연결이 되었네요. 문제는 2기 신도시조차 계획했던 교통망 구축이 아직도 원활하지 않아 시민

● 헨리 조지(1839~1897년)는 미국의 경제학자로 단일토지세를 주장한 『진보와 빈곤』을 저술했다. 19세기 말 영국 사회주의 운동에 커다란 영향을 끼쳐 '조지주의 운동'으로 확산되었다. 헨리 조지의 '토지관'을 추종하는 학자들을 '조지스트'라고 한다.

들이 불편을 호소하고 있습니다. 이러한 상황에서 3기 신도시까지 발표하면서 많은 전문가는 3기 신도시 발표에 부정적인 입장입니다."

"네, 그렇군요. 그럼에도 저는 현 부동산시장의 핵심 이슈인 가격, 공급, 3기 신도시 중에서 3기 신도시를 가장 핵심 키워드로 꼽고 싶습니다. 그래서 남양주·하남·계양·과천 등 4곳 주변에 지어진 지 30년이 넘은 노후된 아파트를 검색했습니다."

"이슈 도출을 잘했군요. 3기 신도시는 정부에서 추진하는 공급 대책 중 가장 핵심이 되는 정책입니다. 분명히 3기 신도시 이슈가 부동산시장에 미치는 영향은 클 겁니다. 재건축 투자 대상 아파트로 검토할 만한 단지가 있던가요?"

박 과장은 자신이 도출한 부동산이슈 키워드가 적절하다는 김 교수의 평가에 매우 기뻤다. 다만 표정으로 드러내지 않으려고 노력하며, 떨리는 목소리로 말을 이어나갔다.

▃ 2단계: 투자 대상 프로젝트 선별

"네, 교수님. 남양주 아파트 2곳에 재건축 이슈가 있었습니다. 평내 진주아파트와 오남리 진주아파트입니다."

"평내 진주아파트와 오남리 진주아파트라…. 평내 진주아파트는 재건축이 추진된 지 한참 지났는데, 아직도 착공을 안 했나요?"

"아직 현장을 확인하지는 못했고, 기본 개요만 확인했습니다. 재건축 단계 중 조합원들에게 가장 중요한 합의 단계인 관리처분인가도

2부 3천만 원으로 재건축 실전 투자!

109

끝났고, 현재 주민들이 이주 중입니다. 다만 조합원들이 조합을 불신하고 시공사의 법적 지위 및 사업조건 갈등으로 각종 소송이 진행되면서 사업이 지연되고 있습니다."

남양주시 평내1구역(진주아파트)은 3개의 아파트 단지로 구성되어 있다. 1단지는 1985년 12월 준공으로 4층, 10개 동, 452세대로 구성되어 있다. 2단지는 1985년 7월 준공으로 4층, 8개 동, 304세대로 구성되어 있다. 3단지는 1987년 9월 준공으로 4층, 8개 동, 475세대로 구성되어 있다. 사업면적이 1만 8,163평이고 제3종일반주거지역으로 조합원 수는 1,134명, 신축 세대수는 1,843세대다. 사업추진 가능성이 안정적으로 판단되는 구역지정단계는 2008년 10월에 고시되었다. 재건축사업에 반대자가 있어도 매도청구권*을 행사할 수 있어서 사업추진이 확정되었다고 판단할 수 있는 조합설립단계는 2009년 3월에 완료되었다. 2012년 4월에 관리처분계획인가 고시를 받았다.

"교수님이 강의한 내용을 기준으로 평내 진주아파트의 투자 시점을 파악해보았습니다. 적극적으로는 2008년 10월 구역지정 전후에 투자해야 했고, 안정적으로는 2009년 3월 이후에 투자했어야 했다는 생각이 들었습니다."

"사실 2008년 10월은 미국 투자은행 리먼 브러더스가 파산보호신청을 한 지 얼마 지나지 않은 시점입니다. 미국발 금융위기가 발생한

것이죠. 2008년 미국 서브프라임 모기지** 부실 사태로 시작된 금융위기는 1929년 대공황과 닮은 면이 많습니다. 미 자본주의 경제의 상징인 월스트리트의 붕괴, 부동산 가격하락, 시민들의 빚 부담 증가, 소비경제의 위축, 금융회사 대출에 기반을 둔 주식거래 증가 등이 그렇습니다. 당시 우리나라도 부동산가격과 주식이 폭락했습니다. 아마 그 시점에 평내 진주아파트가 구역지정이 되었다는 것을 알았더라도 매수하기는 쉽지 않았을 겁니다.”

“아, 그렇네요. 그래도 지나고 나서 생각해보니 ‘지금 정도의 재건축 투자 지식이 있었다면…. 그 당시 폭락하던 부동산을 기회로 삼고 투자를 했으면 수익률이 더 높았을 텐데….’라는 생각이 들어 아쉽습니다.

2008년 10월 구역지정 당시, 평내 진주아파트 시세가 1억 2천만 원이었습니다. 8,500만 원 대출을 받고 월세를 받아 이자를 내면 실투입금은 3,500만 원이었습니다. 지금 시세가 2억 1천만 원이니까 수익률이 무려 357%나 되는 것이지요.”

“지나온 시간을 가정하는 것은 의미가 없습니다. 아쉬움만 커질 뿐입니다. 평내 진주아파트는 조합과 시공사 간의 갈등으로 사업이 상당히 지연되었고, 지연된 시간에 비하면 수익률이 높다고 볼 수도 없습

●● 서브프라임(Subprime)은 프라임(Prime)의 아래 있는 비우량 주택담보대출을 의미한다. 미국의 주택담보대출은 신용등급에 따라 프라임(Prime), 알트에이(Alt-A), 서브프라임(Subprime) 등으로 구분된다. 서브프라임 모기지는 프라임 모기지에 비해 2~4%p가량 대출금리가 높고, 일반적으로 신용점수 620점 이하인 개인에게 적용된다. 만기는 대부분 30년이며, 처음 2년은 고정이자율이 적용되고 이후에는 일반 금리와 연동되는 ‘2/28’ 상품이 널리 보급되었다. 서브프라임 모기지는 주택을 추가로 구매하려는 투자 수요자들이 많이 이용했다. 자기 집 이외에 2~3채 투자물건 대출에 많이 이용되어 금리 상승이나 가격하락의 예상으로 기대수익성이 약해지면 투자를 포기하는 방식이다.

니다. 지금도 각종 소송으로 시공사 문제가 원만히 해결되지 않은 것 같습니다."

"교수님, 평내 진주아파트를 지금 시기에 투자 검토하기에는 어떨까요? 너무 늦은 거죠?"

"네, 그렇습니다. 지금 가격은 고점으로 보이며, 향후 상승의 가능성이 있다고 해도 그 폭이 크지는 않을 것입니다. 투자의 핵심은 '내 자본은 최소화하고 레버리지를 극대화해서 수익률을 극대화하는 것'입니다. 그런데 평내 진주아파트 재건축에 지금 투자한다면 초기 투자 금만 많고 수익률은 그에 비해 높지 않을 수 있습니다. 따라서 투자 대상 프로젝트에서 제외하는 것이 맞습니다."

"저 또한 평내 진주아파트 재건축 투자를 시점상 늦었다고 생각하고, 오남리 진주아파트를 재건축 투자 대상으로 깊이 있게 검토하고자 합니다."

"네, 오남리 진주아파트는 안전진단 절차가 진행 중으로 현재 재건축 초기 단계입니다. 그렇기에 재건축 투자 대상 프로젝트로 충분히 검토할 만합니다."

"그럼 오남리 진주아파트를 첫 번째 재건축 투자 대상 프로젝트로 정하고, 기본적인 자료를 수집하고 분석해보겠습니다."

"네, 첫 번째 재건축 투자인 만큼 아주 기본부터 철저하게 확인하고 검토해보세요. 박 과장님, 성공적인 재건축 투자가 되기를 진심으로 기원합니다."

"네, 감사합니다. 교수님."

─ 3단계: 정비계획 및 건축 기본계획 검토

박 과장은 진주아파트 재건축의 정식 구역명칭이 오남1구역*임을 파악했다. 그러고는 남양주시에서 고시한 '2030년 남양주시 도시·주거환경정비기본계획' 자료를 통해 오남1구역의 개발계획을 파악하고 언론 보도자료를 참고해 교통개선계획 등을 확인했다.

오남1구역 진주아파트는 오남리 683-5 일원 진주아파트 재건축 지역으로, 사업면적이 약 3만 평에 기존 2,289세대다. 예상 신축 세대수는 약 3,500세대다. 2019년에 (가칭)추진위원회가 구성되었고, 현재 안전진단 통과를 기다리고 있다. 기존 용적률이 157%이고 상한용적률이 300%이기에 사업성은 양호해 보였다.

| 정비계획 자료 |

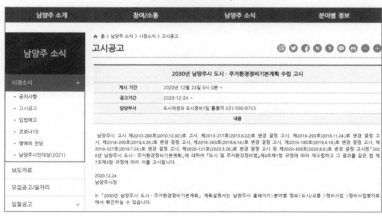

● 남양주시는 남양주시 고시 제2010-280호(2010. 12. 30)로 최초 수립 고시된 '2020년 남양주시 도시·주거환경정비기본계획'에 대하여 도시 및 주거환경 정비법 제4조 제1항 규정에 따라 '2030년 남양주시 도시·주거환경정비기본계획'으로 재수립했다.

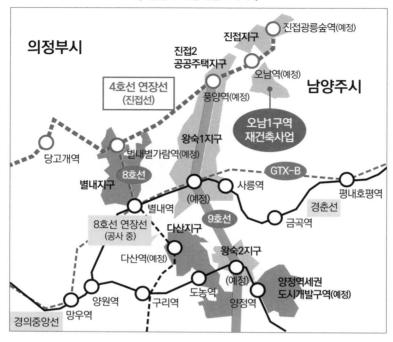

2030년 남양주시 도시·주거환경정비기본계획의 1단계로 추진되고, 정상적으로 추진된다면 2022년에 구역지정이 될 것으로 예상한다. 2021년에 지하철 4호선이 연장되어 진주아파트에서 약 2.5km 거리에 오남역이 개통되면 교통 접근성 역시 획기적으로 개선될 예정이다.

남양주에는 향후 10년 이내에 계획된 아파트 공급 규모가 약 9만 5천 가구에 달한다. 3기 신도시 왕숙지구에 약 6만 9천 가구가 들어서고, 삼패동 일대 경의·중앙선 양정역 앞에 약 1만 4천 가구가 2024년까지 조성될 예정이다. 풍양역 주변에는 LH가 진접2지구를 공공주택지구로 개발해 약 1만 2천 가구를 공급할 계획이다.

| 오남 도시지역 총괄조서 |

(단위: m²/개소)

구분		계			주택재개발사업예정구역			주택재건축사업예정구역		
		기정	변경	변경 후	기정	변경	변경 후	기정	변경	변경 후
오남	개소	1	-	1	-	-	-	1	-	1
	면적	97,991	증) 1,812	99,803	-	-	-	97,991	증)1,812	99,803

| 오남 도시지역 세부조서 |

구분		구역	위치	면적(m²)	사업 유형	기준용적률 (% 이하)	상한용적률 (% 이하)	건폐율 (% 이하)	단계 구분주)
1	기정	오남1	오남읍 오남리 683-5 일원	97,991	주택 재건축	220	250	50	1단계
	변경			99,803		230	300		

주) 기정 ▶ 1단계: 2010~2012, 2단계: 2013~2015, 3단계: 2016~2020
　　변경 ▶ 1단계: 2016~2019, 2단계: 2020~2025

인구 증가로 전철 노선 계획도 확대되었다. 국토교통부는 2020년 12월, 3기 신도시 남양주 왕숙지구 광역교통대책을 발표했다. 지하철 8호선을 별내지구 4호선 예정 역사인 별내별가람역까지 연장하고, 지하철 9호선을 추가 연장해 강동구~하남~남양주 왕숙지구를 거쳐 진접2지구까지 연결할 예정이다. 현재 개통한 경춘선과 경의·중앙선, 올해 개통하는 지하철 4호선 연장선(진접선)에 더해 지하철 8·9호선 연장선, GTX-B 노선까지 추가되면 남양주에는 총 6개 철로가 지난다.

박 과장은 남양주시에서 발표한 기본계획 자료를 바탕으로 도시계획적인 부분과 기획설계적인 부분에 대해 김 교수에게 조언을 구하기로 했다.

"교수님, 바쁘신데 시간을 내주셔서 감사합니다. 오남리 진주아파트에 대한 기본계획 자료를 수집해서 검토했습니다. 저의 대략적인 검

| 오남1구역 일반현황 |

구분		내용
위치		오남읍 오남리 683-5 일원
면적		99,803m²
용도지역		제2종일반주거지역
세대 및 주거현황	총 세대수	2,296세대
	총 건물수	48동
	총 호수	434호

| 오남1구역 건축물·토지현황 |

구분	합계	10년 미만	10~20년	20~30년	30년 이상
건축물(경과년도)					
개소(동)	48	1	-	47	-
비율(%)	100.0	2.1	-	97.9	-

구분	합계	단독주택	공동주택	근생시설	기타
건축물(용도)					
개소(동)	48	2	39	4	3
비율(%)	100.0	4.2	81.3	8.3	6.2

구분	합계	대지	전	답	도로	기타
토지(지목)						
면적(m²)	99,803	2,006	1,504	508	5,965	89,820
비율(%)	100.0	2.0	1.5	0.5	6.0	90.0

구분	합계	국유지	공유지	사유지
토지(소유자)				
면적(m²)	99,803	1,398	5,801	92,604
비율(%)	100.0	1.4	5.8	92.8

| 오남1구역 기본계획 |

기본계획 현황			기본계획		
구분	기정	변경	구분	기정	변경
노후·불량 건축물 비율(%)	87.5		면적(㎡)	97,997	99,803
			상한용적률(% 이하)	250	300
호수밀도(호/ha)	44.3		건폐율(% 이하)	50	
			층수	도시계획조례 준용	
주택접도율(%)	100.0		사업단계구분 (정비계획 수립시기)	1단계(2018년)	
과소세장부정형 필지비율(%)	-		사업방식	주택재건축	

| 정비예정구역도 |

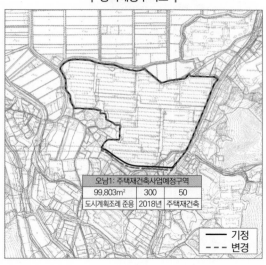

오남1: 주택재건축사업예정구역

99,803㎡	300	50
도시계획조례 준용	2018년	주택재건축

— 기정
--- 변경

토로는 사업성이 충분할 것으로 예상합니다. 그러나 도시계획적인 부분과 기획설계적인 부분은 전문적인 부분이라 교수님의 조언을 구하고자 합니다."

"잘 오셨습니다. 기본계획 자료를 봅시다."

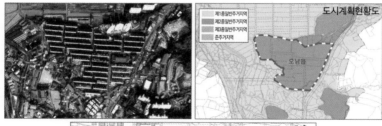

박 과장은 남양주시 홈페이지에서 찾은 기본계획 자료를 김 교수에게 보여주었다. 박 과장에게 기본적인 설명을 들으며 한참을 검토하던 김 교수가 입을 열었다.

"오남리 진주아파트는 주거환경정비예정구역이고, 제2종일반주거지역이네요. 건폐율은 50% 이하이고, 기준용적률은 230% 이하, 상한용적률은 300% 이하이군요."

박 과장은 김 교수의 분석에 집중했다.

"이 사업장은 정비예정구역으로 지정되어 있어 재건축 진행이 가능할 것으로 보이고, 구역 경계의 경우 정비계획 지정 시 지자체의 협

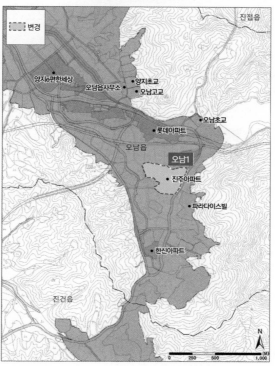

| 오남읍 정비예정구역도 |

의를 통해 변경 제안도 가능할 것 같네요. 공공시설 용지 제공에 따른 인센티브는 공식[●]에 따라 적용할 수 있습니다.

오남리 진주아파트의 재건축 상한용적률을 300%까지 적용받으려면 2가지 방법이 있겠네요. 하나는 공공시설 용지 제공에 따른 용적률 인센티브를 확보하는 것이고, 다른 하나는 임대주택 및 소형주택 건립

● 공공시설 용지 제공에 따른 인센티브 공식 [(1+0.3×α)/(1-α)]×(당해 용도지역에 적용되는 용적률)
　※ α=공공시설 등의 부지로 제공하는 면적/당초의 대지면적

에 따른 인센티브를 받는 것입니다."

박 과장은 김 교수의 설명을 하나도 놓치지 않으려고 수첩에 꼼꼼하게 기록했다.

"높이와 관련해서는 남양주시에서 별도의 기준을 정해놓지는 않았네요. 높이 완화는 남양주시 도시계획위원회 심의를 거쳐 상한용적률 범위 안에서 조정이 가능할 수 있습니다."

"교수님, 토지 이용과 관련해서는 특별한 사항이 없나요?"

"법령상 주거지역의 적정도로율은 15~30%이므로 법령에 따라 도로 조성이 필요합니다. 또한 공원 및 녹지의 경우에는 관련 법령에 따라 기준 이상의 공원 및 녹지 조성이 필수입니다. 2020년 남양주 도시 및 주거환경정비 기본계획에 따라 정비계획 시 녹지의 설치 기준* 이상으로 오픈 스페이스(Open Space) 확보를 원칙으로 합니다. 마지막으로 탁아시설, 경로당, 어린이집은 필수 검토 시설입니다."

도시계획적인 부분은 기본계획 자료를 통해 김 교수의 검토 의견을 바로 들을 수 있었으나 기획설계 부분은 검토의 시간이 필요한 부분이었다.

"교수님, 적용 가능한 용적률 대비해서 재건축사업 추진 시 건축개요를 알고 싶습니다."

"재건축에 따른 건축개요는 검토의 시간이 필요합니다. 일주일 정도 검토를 해볼 테니, 다음 주에 다시 협의하죠."

● 도시공원 및 녹지 등에 관한 법률에 따라 5만㎡ 이상의 정비계획 수립 시 세대당 2㎡ 이상 또는 개발 부지 면적의 5% 이상 중 큰 면적을 적용하고, 어린이공원은 1,500㎡ 이상, 근린공원은 1만㎡ 이상을 적용하며 소공원은 제한이 없다.

"네 교수님. 감사합니다."

바쁜 직장인에게 일주일은 화살과도 같았다. 특히 박 과장에게는 눈 깜짝할 시간이었다. 박 과장은 다시 김 교수의 연구실을 찾아갔다.

"교수님, 기획설계를 통해 건축개요가 검토되었는지 궁금해서 찾아왔습니다."

"저도 직접 할 수가 없어서 건축사 사무소에 건축개요 검토를 의뢰했어요. 마침 오늘 자료가 도착했습니다."

김 교수는 3가지 건축개요안을 보여주었다.

"1안은 용적률 인센티브를 적용하지 않은 용적률 230% 건축개요이고, 2안은 기부채납을 많이 하되 임대주택은 짓지 않는 건축개요입니다. 3안은 기부채납을 줄이고 임대주택을 짓는 건축개요입니다."

1안은 용적률 230%에 2,678세대를 계획한 건축개요였고, 2안은 임대주택을 짓지 않은 용적률 300%에 3,043세대 건축개요였다. 3안은 임대주택을 짓는 조건으로 용적률 300%에 3,370세대의 건축개요였다.

"각 기획설계안별로 장단점이 있습니다. 그런데 2안 또는 3안으로 진행해야 할 것 같네요. 단순히 일반분양 물량으로만 계산하면 2안이 754세대, 3안이 601세대(총 분양물량 중 임대주택 480세대 제외)로 일반분양 물량은 2안이 많습니다."

"교수님께서 일반분양 물량의 규모를 검토하는 이유가 일반분양 물량이 많아야 개발이익이 많아지고, 소유자 부담금이 최소화되기 때문인 거죠?"

"맞습니다. 다만 사업비와 공사비를 감안해야 사업수지 분석이 정확하기 때문에 단순 비교로 대안을 결정할 수는 없습니다."

"네, 잘 알겠습니다. 교수님께서 검토해주신 도시계획적인 내용과 기획설계적인 내용을 감안해서 사업성을 분석해보겠습니다. 검토 결과가 나오면 다시 조언을 구해도 될까요?"

"하하, 그럼요. 언제든지 환영입니다."

4단계: 대지지분 가치평가 및 분양성 검토

오남1구역 진주아파트는 1988년 11월부터 1991년 9월까지 준공된 총 2,296세대 아파트다. 최고층이 5층, 총 38개 동으로 이루어져 있다. 기존용적률은 평균 146.8%*로 대표 공급면적은 약 50m²이고, 대지지분은 약 33m²이다.

박 과장은 실전 재건축 투자를 위한 실행방법 7단계를 차근차근 밟았다. 단지별 준공 연월과 세대수, 최고층/동, 기존용적률, 공급면적을 분석했고, 이 중 가장 핵심인 대지지분을 비교했다. 중견 건설사인 호산건설이 총 10차에 걸쳐 단지별 200~300세대, 4개 동 전후 단지로 진주아파트를 건설했다. 이곳은 3기 신도시 발표 이후 평내 진주아파트와 더불어 관심을 받기 시작했고, 최근 남양주 재건축의 관심 단지로 부상하고 있다. 진주아파트를 단지별로 구분해서 비교해보니 박 과장은 궁금한 것이 더 많아졌다.

● 오남1구역의 기존용적률 147%는 일산 평균용적률 169%보다 낮아서 사업성이 좋다고 추정할 수 있다. 참고로 1기신도시 평균용적률은 분당 184%, 일산 169%, 평촌 204%, 중동 205%, 산본 206%다.

오남1구역 진주아파트 기본개요						
단지	준공 연월	세대수	최고층/동	기존용적률	공급면적	대지지분
진주1차	1988.11	285세대	5층/4개 동	157%	49.44m² (14.96평)	31.01m² (9.38평)
진주2차	1990.4	190세대	5층/3개 동	141%	49.66m² (15.02평)	37.76m² (11.42평)
진주3차	1990.4	198세대	5층/3개 동	105%	49.68m² (15.03평)	33.40m² (10.10평)
진주4차	1990.4	198세대	5층/2개 동	164%	49.68m² (15.03평)	31.25m² (9.45평)
진주5차	1990.7	198세대	5층/4개 동	168%	49.68m² (15.03평)	30.14m² (9.12평)
진주6차	1990.7	198세대	5층/2개 동	183%	50.41m² (15.25평)	27.54m² (8.33평)
진주7차	1990.10	298세대	5층/6개 동	159%	50.06m² (15.14평)	30.69m² (9.23평)
진주8차	1990.12	290세대	5층/5개 동	185%	49.63m² (15.01평)	30.69m² (9.28평)
진주9차	1990.5	240세대	5층/5개 동	177%	50.09m² (15.15평)	21.11m² (6.39평)
진주10차	1991.9	200세대	5층/4개 동	173%	67.86m² (20.53평)	38.61m² (11.68평)
총 세대수		2,296세대	38개 동		-	

※공급면적은 1~9단지까지는 대표 평형인 15평형만 분석했고 10단지는 21평형을 분석함

"교수님, 단지별로 기본개요를 살펴보니 가장 눈에 띄는 것이 준공 연월과 기존용적률입니다. 요즘 정부가 재건축을 규제하면서 실제 준공된 지 40년이 넘은 서울의 아파트도 안전진단 평가가 C등급으로 판정되어서 재건축 추진이 중단되었다고 합니다. 이제 막 30년이 된 단지인데 재건축 추진이 가능할까요?"

"네, 안전진단 절차는 오남1구역 진주아파트 재건축사업추진의 첫 관문입니다. 이번에 안전진단을 통과하면 재건축사업은 속도가 날 것이고, 안전진단을 통과하지 못한다면 시간은 더 소요될 것입니다. 안

전진단을 위한 노후불량 건축물의 기준은 준공된 지 20년 이상~30년 이하의 범위에서 시·도의 도시 및 주거환경정비 조례로 정하고 있습니다. 준공연도에 따라 차이가 있으나 일반적으로 서울은 1986년 이후에 준공된 공동주택은 30년이 기준이고, 경기도는 1988년 이후에 준공된 공동주택이 30년 기준*입니다."

"교수님께서 기존용적률이 낮은 아파트가 재건축사업성이 높다고 했었는데, 진주3차의 기존용적률이 105%로 가장 낮으니 진주3차의 사업성이 가장 좋은 건가요?"

"진주3차만 재건축을 진행한다면 그 말이 맞을 겁니다. 하지만 재건축이 오남1구역으로, 진주아파트 전체를 대상으로 합니다. 따라서 단지별 기존용적률은 큰 의미가 없습니다. 평균적으로 기존용적률 대비 신축용적률을 기준으로 분석하는 것이니까요."

"그럼 진주3차를 투자 대상으로 고집할 필요는 없겠네요."

"아닙니다. 대지지분을 살펴보면 진주3차가 유사 평형에서 대지지분이 큰 편입니다. 대지지분이 크다는 말은 다시 말해 기존가치가 높

---

* 경기도 도시 및 주거환경정비 조례 제3조(노후·불량건축물) 철근콘크리트구조 공동주택의 노후·불량건축물 기준(제3조 제2항 제1호 관련)

준공 연도	5층 이상 공동주택	4층 이하 공동주택
1983년 12월 31일 이전	20년	20년
1984년	22년	21년
1985년	24년	22년
1986년	26년	23년
1987년	28년	24년
1988년		25년
1989년		26년
1990년	30년	27년
1991년		28년
1992년		29년
1993년 1월 1일 이후		30년

다는 것을 의미합니다."

"기존가치가 높다는 것이 무슨 의미인가요?"

"박 과장님, 잘 생각해보세요. 재건축을 하려면 기존 건축물을 어떻게 해야 할까요?"

"재건축을 하려면 기존 건축물은 철거를 해야겠지요."

"그럼 남는 것은 무엇일까요?"

"기존 건축물을 철거하면 땅만 남네요."

"그렇죠. 바로 그 땅이 대지지분입니다. 그래서 재건축 투자 시 핵심은 대지지분이 큰 물건이 기존가치가 높다는 것이지요. 물론 기존 건축물의 가치가 전혀 평가받지 않는 것은 아닙니다. 다만 일반적인 감정평가 시, 재건축 아파트의 건물가치는 종전자산가치의 5% 미만으로 봐도 크게 무리가 없습니다."

"네, 그렇군요. 그래서 재건축 투자 시 대지지분을 확인하라고 말씀하신 거군요! 그러고 보니 진주2차가 유사 평형 중에서 대지지분이 가장 크네요. 진주3차는 두 번째고요."

"평당가격이 동일하다고 가정했을 때 투자 대상으로는 진주2차가 가장 좋습니다. 대지지분이 가장 큰 진주2차와 대지지분이 가장 작은 진주9차를 비교하면 대지지분이 5평이나 차이가 납니다. 평당 2천만 원으로 계산하면 기존가치 차이가 1억 원이나 나는 것이지요."

"1억 원이나요? 정말 어마어마한 차이네요. 대지지분의 가치를 알고 모르고의 차이가 정말 크네요."

"이제 대지지분의 가치가 왜 중요한지 아시겠죠?"

"네, 재건축 투자 시에 대지지분이 중요하다고 강조한 이유를 명확히 알겠습니다. 교수님, 더 궁금한 것이 있습니다. 기존 건축물의 가치는 철거하기 때문에 크게 반영되지 않는다고 하셨는데, 기존 아파트는 층수나 전망에 따라 가치가 달라집니다. 아무리 노후된 재건축 대상 아파트라도 층수나 전망에 따라 실제 거래 가격이 다른데, 이러한 가치 차이는 반영되지 않은 건가요?"

"네, 그 부분의 설명이 필요하겠네요. 기존 건축물의 층수나 전망에 따라 현재 거래되는 금액이 다른 것은 사실입니다. 따라서 감정평가를 하면 크게 차이 나지는 않아도 층수나 전망에 따라 가치평가의 차이를 둡니다. 또한 실제 아파트 공시가격 차이와 거래 시세를 분석해서 반영하기도 합니다. 기존 아파트의 감정평가 문제는 매우 민감한 문제이기에 공정성이 중요합니다.

최근 아파트 공시가격 책정 과정이 불공정하다는 언론 보도[27]가 제기되면서 아파트 공시가격의 공정성이 사회문제로 확대되고 있습니다. 따라서 도시정비법에서 감정평가법인의 선정 방법을 명확하게 정하고 있습니다.

재건축의 경우 감정평가법인을 구청에서 1인 이상, 조합원들이 1인 이상을 선정해서 평가한 금액을 산술평균해 적용합니다.● 10층 이상의 중층 아파트라면 기존 주민들이 심정적으로 인정하는 로열층이 존재

● 도시 및 주거환경 정비법 제74조(관리처분계획의 인가 등) ②정비사업에서 제1항 제3호·제5호 및 제8호에 따라 재산 또는 권리를 평가할 때는 다음 각 호의 방법에 따른다. 1.감정평가 및 감정평가사에 관한 법률에 따른 감정평가법인 등 중 다음 각 목의 구분에 따른 감정평가법인 등이 평가한 금액을 산술평균하여 산정한다. 다만 관리처분계획을 변경·중지 또는 폐지하려는 경우 분양 예정 대상인 대지 또는 건축물의 추산액과 종전의 토지 또는 건축물의 가격은 사업시행자 및 토지 등 소유자 전원이 합의하여 산정할 수 있다. 가.주거환경개선사업 또는 재개발사업: 시장·군수 등이 선정·계약한 2인 이상의 감정평가법인 등, 나.재건축사업: 시장·군수 등이 선정·계약한 1인 이상의 감정평가법인등과 조합 총회의 의결로 선정·계약한 1인 이상의 감정평가법인 등

하기 때문에 투자 시 현재가치도 따져봐야 합니다. 또한 기존 아파트가 한강뷰 등 전망 가치가 높다면 이 부분도 가치평가가 될 가능성이 큽니다. 오남1구역 진주아파트 투자 분석 시 기존 아파트의 입지와 층수, 전망에 대해 깊이 분석하지 않는 이유는 5층 이하의 저층 아파트이기 때문에 감정평가 시 층수와 전망에 대한 가치 차이가 크지 않을 것이라 추정하기 때문입니다."

"네, 교수님. 이제 기존 아파트 현황을 비교해서 단지 내 어떤 아파트를 매수해야 할지 기준이 정해진 것 같습니다. 그럼 이제는 무엇을 해야 할까요?"

"인터넷으로 기본 정보를 확보했다면, 이제는 임장활동(臨場活動)●●을 해야지요. '우문현답'이라는 구호 기억하죠? '우리의 문제는 현장에 답이 있다!'"

"현장에 가서는 무엇을 중심으로 살펴보면 될까요?"

"첫째는 입지분석을 통해 교통의 편리성, 교육시설, 생활 편익시설 등의 위치를 파악합니다. 둘째는 추진위원회 등 주민대표기구에서 재건축을 어떻게 추진하고 있는지 등 진행 상황을 파악합니다. 셋째는 주변 부동산중개업소를 탐문해서 오남1구역 재건축사업 추진과정과 외부에 알려진 진행 현황 및 이슈는 무엇이 있는지 등을 파악합니다. 현재 거래되는 시세를 파악하는 것은 당연하고요."

●● 임장활동이란 현장에 직접 가보는 부동산 활동을 말한다. 어떠한 부동산을 효율적으로 사용하거나 분석하기 위해서는 대상 부동산 혹은 그 인근이나·유사 지역에 나가서 조사·확인 등을 해야 한다. 부동산이란 지역성과 부동성을 지니기 때문에 의사결정을 하려면 현장에서 직접 확인을 하는 임장 활동이 필요하다.

박 과장은 단지 내 이슈를 정확하게 파악하기 위해서는 노인회관, 미용실 등 동네 주민들이 자주 모이는 장소에 가서 현장 정보를 파악해야 한다는 김 교수의 말이 떠올랐다.

"네, 머리 손질도 할 겸 미용실도 가봐야겠어요 동네 아주머니들이 이야기하는 재건축 분위기도 파악하고요."

▬ 5단계: 임장활동을 통한 손익분석

박 과장은 남양주 오남읍 오남리 진주아파트로 갔다. 초여름이지만 태양이 뜨거웠다. 주변에 높은 건물이 없어서 그런지 태양이 나에게만 향하는 느낌이었다. 진주아파트 주변은 전형적인 지방 도시의 분위기였고, 낡고 오래된 저층 아파트 단지였다. 지하주차장이 없다 보니 낮인데도 지상에 주차한 차들로 도로가 어지러웠다. 단지 중앙에 가까운 진주아파트5차 앞에 30년의 세월이 그대로 느껴지는 노후된 4층 높이의 상가건물이 있었다. 단지 내 상가인 진주종합상가였다. 박 과장은 상가 내에서 가장 먼저 보이는 부동산으로 들어갔다.

"안녕하세요, 사장님. 진주아파트 매매 가능한 물건이 있나 알아보려고 왔습니다."

60세는 넘어 보이는 조금은 깐깐해 보이는 A부동산 사장이 그다지 친절하지 않은 목소리로 대꾸를 했다.

"재건축 투자 생각하시는 거예요?"

"네, 재건축 가능성이 있다고 해서요."

"지금은 물건이 없어요. 그리고 아직 안전진단 통과가 안 됐어요. 이제 30년 됐는데 통과가 안 될 수 있다는 얘기도 있고, 안전진단 통과 여부가 확실하지는 않아요."

"1차 안전진단을 통과했다는 기사를 봤는데요."

"그런 이야기는 있는데 확실한 것도 아니에요. 재건축을 반대하는 주민들도 있고…."

말끝을 흐리는 A부동산 사장은 무슨 이유에서인지 재건축 추진에 부정적인 편이었다. 재건축 관련해서 더 물어보기도 애매한 분위기였다. 물건도 없는 A부동산에 더 머무를 이유가 없던 박 과장은 몇 걸음 안 되는 거리에 있는 B부동산으로 들어갔다.

"안녕하세요. 진주아파트 매물이 있나 해서 방문했습니다."

B부동산 여자 사장님은 활기찬 모습으로 박 과장을 맞이했다.

"네, 재건축 투자 생각하시는 거죠? 진주아파트는 준공된 지 30년 됐는데, 이미 2019년에 1차 안전진단을 통과했고, 현재 2차 정밀안전 진단 진행 중이에요."

"안전진단 통과는 가능할까요? 2차 정밀안전진단 통과가 불확실하다고 말하는 부동산 사장님도 있던데요?"

"혹시 A부동산 갔다가 오셨어요?"

"네, 어떻게 아세요?"

"A부동산이 재건축 추진에 적극적이지 않아서 그래요."

"상가에서 부동산중개를 하는 분이 재건축을 반대한다고요? 그분 입장에서는 재건축 이슈로 거래가 많아지면 수수료도 많아지고 좋을 텐데, 왜 반대하죠?"

"반대라기보다는 여기 진주아파트에 사시는 주민들 입장을 고려하다 보니 재건축에 적극적이지 않은 것 같아요. 오남리 진주아파트가 경제적으로 여유로운 분들보다는 그렇지 않은 분들이 많다 보니, 재건축을 하면 이사 갈 곳이 없다는 생각에서 반대하는 사람들이 일부 있어요. A부동산 사장님은 이 지역에서 오랫동안 부동산을 하시면서 주민들의 상황을 잘 아니까, 그들의 마음을 이해해서 그러시는 거고요. 그래서 재건축 문의를 하면 적극적으로 설명하지 않을 거예요."

"그렇군요. 조금은 이해되네요. 그래도 오래되고 낡은 아파트에서 계속 살 수도 없고, 수선비도 많이 나올 텐데…. 재건축을 안 할 수 없잖아요?"

"맞아요. 30년이 넘은 아파트이다 보니 보일러 고장이 빈번해서 대부분 새로 고쳤어요. 배관이 녹슬어서 녹물 때문에 물을 받아놓고 쓰고, 마시는 물은 생수를 사다 마실 수밖에 없어요. 가장 큰 문제는 새시가 낡아서 외기 차단이 어려우니 겨울에 보일러 온도를 높여도 춥다는 사람들이 많아요. 보일러 사용료만 높아지고 있어요. 그래서 대부분의 집주인들은 빨리 재건축을 하자는 분위기예요."

A부동산 사장의 설명과는 다르게 B부동산 사장은 재건축의 필요성을 적극적으로 설명했다.

"안전진단 검사 단계면 재건축의 가장 첫 단계인데, 이주하고 철거하고 아파트 분양까지 하려면 얼마나 걸릴까요?"

"아, 이주와 철거를 생각하는 단계는 아직 멀었어요. 재건축은 절차사업이라고 하잖아요. 구역지정하고, 추진위원회 설립하고, 조합설립을 한 이후 건축심의하고, 사업시행계획인가까지 받고 나서 관리처분인가 받은 후에 이주하니까…. 아마도 5년은 걸려야 이주 이야기가 나올 거예요."

박 과장은 재건축 절차를 정확하게 아는 B부동산 사장에게 놀랐다.

"사장님은 재건축 전문가네요. 재건축은 절차사업이라는 것을 저희 교수님께 배웠는데, 사장님도 같은 말을 하시네요."

"하하, 그런가요. 저는 강남에서 재건축 전문 부동산중개업을 했어요. 그런데 요즘 강남 재건축 규제도 심하고 거래도 활발하지 않잖아요. 그래서 향후 발전 가능성이 큰 3기 신도시 쪽으로 옮겨 온 거예요. 특히 이 진주아파트는 2천 세대가 넘는 대규모 재건축 아파트니까 앞으로 철거하기 전까지는 거래가 많을 것으로 예상해서 왔어요."

"강남에서 재건축 전문으로 부동산 사무실을 운영하셨으면 정말 전문가시겠네요. 진주아파트의 투자수익률을 어떻게 보나요? 투자해도 괜찮을까요?"

"정확한 사업성은 세부적으로 검토해야겠지만, 대략 현장을 봤을 때 기존용적률이 147%면 높지 않은 편이고, 정비계획상 기준용적률 230%, 상한용적률이 300%면 사업성은 좋을 거라고 예상합니다. 일반인들이 재건축 투자 결정을 하기에 앞서 판단하는 기준은 '5층 이하 주공아파트의 재건축사업은 무조건 사업성 있다'라고 보면 쉽죠."

"저도 진주아파트가 5층 이하라서 투자를 검토하는 거예요. 역시 사장님 말씀을 들으니 제 판단이 맞았다는 생각이 드네요. 15평형이 가장 많던데, 매매 시세가 어느 정도인가요?"

"15평 시세가 9천만 원 정도입니다. 몇 개월 전만 해도 8천만 원이면 거래가 되었는데, 최근 재건축 이슈가 소문이 나면서 1천만 원 정도 올랐어요."

"최근에 1천만 원이나 올랐다고요? 재건축된다는 소문이 퍼진 건가요?"

"네, 1차 안전진단을 통과했다는 내용이 뉴스에 보도되면서 서울 사람들이 많이 샀어요. 그래도 워낙 저평가되었던 아파트라 지금 가격이 비싼 것도 아니에요. 유사한 입지의 재건축 아파트가격을 보면 1억 원이 훨씬 넘어요."

"15평 아파트를 매수하려면 실투자금이 얼마나 필요할까요?"

"대부분 진주아파트 매수자들은 투자 개념이다 보니 직접 입주하는 분들보다는 전·월세를 원하죠. 전세를 놓으면 15평 전세가 6천만 원 정도 합니다. 전세 6천만 원을 끼고 사면 3천만 원만 있으면 돼요. 월세로 하면 보증금 500만 원에 30만 원 정도이고요. 월세를 놓으면 500만 원 보증금을 받는다고 해도 자기자본 8,500만 원이 있어야 하는데, 진주아파트에 특화된 6천만 원 대출상품이 있어요. 여러 가지 금융 규제로 시중은행에서는 대출을 받기 어려울 수도 있는데, 여기에서는 S증권사에서 15평에 대해 6천만 원을 저금리도 대출해주는 상품이 있어요. 대출 이자가 월 23만 원 정도니까 월세 30만 원 받으면 이자를 낼 수 있어요. 그러니 보증금 500만 원을 제외한 자기자본 2,500만 원만 있으면 됩니다."

박 과장은 속으로 쾌재를 불렀다. 3천만 원으로 투자할 수 있는 재건축 대상 아파트를 찾을 거라고는 생각지도 못했기 때문이다. 강의 시간에 김 교수가 강조한 '부동산 투자의 핵심은 레버리지 활용의 극대화'란 말에 부합하는 최상의 투자 아이템이라는 생각이 들었다.

"제가 15평 한 채 사고 싶은데, 2차나 3차 아파트면 제일 좋고요. 물건이 있나요?"

"네, 2차나 3차를 딱 집어서 물건을 찾기는 어렵고, 7차 쪽에 매도를 생각하는 집주인은 있어요. 직장 때문에 갑자기 지방으로 이사를 가야 해서 전세를 내놓을지 매매를 할지 고민하고 있죠."

나와 있는 물건은 없고 고민 중인 물건이 하나 있다고 하니, 박 과장은 갑자기 애가 타기 시작했다.

"그 물건 나오면 제가 살게요!"

B부동산을 나온 박 과장은 주변에 있는 몇몇 부동산을 더 방문했다. 하지만 특별히 다른 설명을 듣지는 못했다. 매수 가능한 물건이 현재는 없다는 것만을 확인했을 뿐이었다. 그는 단지별 대지지분 도표를 다시 한번 확인했다. 매입 물건으로 가장 좋은 단지 1순위가 진주2차였고, 2순위가 진주3차였다. 3순위까지 가정하면 진주4차가 그다음으로 대지지분이 컸다.

그가 지금 해야 할 일은 진주2차 물건이 나오기를 기다리며 추가적인 현장 정보를 파악하는 것이었다. 단지 내 상가에 있는 몇몇 부동산들을 통해 진주아파트 재건축의 기본현황을 파악한 박 과장은 상가 내 미용실을 찾았다. 중년의 여자 사장님이 손님으로 온 박 과장을 반갑게 맞이했다.

"어서 오세요. 어떻게 해드릴까요?"

"커트 조금만 해주세요. 옆머리하고 뒷머리 정리만 해주세요."

박 과장은 현장 정보 수집 차원에서 영업한 지 오래되었을 만한 미용실에 들른 것이다. 오래된 미용실을 구분하는 방법은 빛바랜 간판과

낡은 소파였다. 빛바랜 간판은 오랜 세월 영업했다는 것을 보여주고, 낡은 소파는 이 미용실이 동네 사랑방 역할을 했다는 사실을 알 수 있게했다. 그는 미용실 사장에게 동네 상황을 물었다.

"여기 재건축한다던데 사업이 진행되고 있나요?"

"재건축이요? 요즘 재건축 때문에 난리예요. 동네 아줌마들이 모이기만 하면 재건축 이야기에, 집값이 얼마 올랐다는 얘기들뿐이에요. 우리 미용실에 오시는 어머니들도 전부 재건축 얘기만 해요."

"재건축이 단지 내 이슈이긴 하나 보네요."

"그럼요. 이 동네가 워낙 낙후되어 있다가 3기 신도시 발표가 나면서 부쩍 외지인들이 많아졌거든요."

"외지인들이 많다고요?"

"네, 재건축 투자한다고 물건 매입하러 부동산에 다녀가는 서울 사람들이 많아졌어요."

박 과장은 동네의 이슈가 재건축이고, 오랜 기간 정체되어 있던 아파트가격이 상승하는 추세임을 확인하니 마음이 더 급해졌다.

'빨리 안 사면 가격이 더 오르겠는데….'

그는 미용실에서 나오면서 이대로 집으로 갈 수 없었다. 다시 B부동산으로 갔다. 부동산 사장은 다시 온 박 과장을 반갑게 맞았다.

"박 과장님, 아직 안 가셨어요?"

"네. 그냥 가면 안 될 것 같아서요. 여기 온 김에 계약금이라도 걸어놓고 가려고요. 계약금 100만 원 넣을 테니 계좌번호 알려주실래요?"

"아직 확정된 물건이 없는데 계약금부터 넣으시려고요?"

"네, 그래야 사장님께서 물건이 나오면 제일 먼저 저한테 연락 주실

거잖아요."

"하하, 안 그래도 제일 먼저 연락드릴 텐데. 그럼 적당한 물건 나오면 바로 연락드릴게요."

"네, 사장님. 꼭 부탁드릴게요."

다시 한번 B부동산 사장에게 부탁을 하고 나왔다. 박 과장은 첫 번째 재건축 투자에 대한 기대감으로 마음이 한껏 부풀어 올랐다.

─ 6단계: 레버리지 극대화 및 최종 투자 결정

오남1구역 매물이 나왔다는 전화는 금방 오지 않았다. 마냥 기다리기만 하기에는 답답했다. 박 과장은 B부동산에 가서 현재 상황이 어떤지 확인해보기로 했다. 그는 교통 접근성을 확인해보고자 대중교통을 이용해서 오남리 진주아파트를 찾아가기로 했다. 그래서 인터넷으로 길 찾기를 검색했다. 출발지는 박 과장의 회사가 있는 역삼동 포스코타워 앞 버스정류장이고, 도착지는 오남리 진주아파트 단지 입구였다. 대중교통 이용 방법을 확인하고자 박 과장은 네이버 길 찾기 결과를 확인해보고는 깜짝 놀랐다.

'사무실 바로 앞에서 진주아파트까지 한 번에 가는 직행버스가 있다니…. 이건 진주아파트에 투자하면 돈을 벌 수 있다는 신의 계시다.'

역삼동 포스코타워 앞 버스정류장에서 2000번 직행버스를 타면 진주아파트 단지 입구까지 한 번에 갈 수 있었다. 네이버 길 찾기에서 예상하는 시간은 1시간 23분이었고, 버스비는 2,800원이었다. 순간 박 과장의 머릿속에 여러 생각이 스쳤다. '전세나 월세를 놓지 않고 직접 입주해도 출퇴근이 가능하다면···. 전·월세를 통해 발생하는 금융비용 중 매월 30만 원 정도는 저축할 수 있겠다'라는 생각이 들었다. 그는 직행버스를 타고 이런저런 생각을 하다가 잠깐 잠이 들었다. 그러다 눈을 뜨니 오남리 진주아파트 앞이었다. 직행버스로 1시간 15분 정도 걸려서 도착했다. 네이버 예상시간보다 8분이나 단축되었다. 버스에서 내리며 박 과장은 생각했다.

'직행버스라 좌석도 편하고, 이 정도 교통 접근성이면 강남까지 출퇴근이 가능하겠는데···.'

박 과장은 역삼동 사무실 앞에서 진주아파트까지 가는 직행버스가 있다는 사실이 매우 만족스러웠다. 진주종합상가 내에 있는 B부동산의 문을 열고 들어섰다.

"사장님, 오랜만에 다시 왔습니다."

"아, 박 과장님. 오랜만이네요. 제가 연락을 못 드렸죠? 아직 마땅한 물건이 없어서요. 2억 원이 넘는 41평 물건은 있는데···. 박 과장님이 원하는 물건은 아닌 것 같아서 전화 못 드렸어요."

"2억 원 넘는 물건은 제가 살 수가 없죠. 저는 딱 15평을 원합니다. 6천만 원 전세를 끼고···."

"그러니까요. 15평 물건이 아직 없어요. 저번에 이야기한 지방으로 이사 가는 집은 아직 결정을 못하고 있고요."

"제가 오늘 회사 앞에서 버스를 타고 왔는데, 여기 진주아파트에서 강남 접근성이 무척 좋네요. 회사가 역삼동인데 2000번 직행버스를 타고 오니 1시간 조금 더 걸렸어요."

"네, 남양주시 아파트 중에서도 진주아파트가 강남 접근성이 좋아요. 직행버스가 있거든요. 여기서 잠실까지 약 30km인데, 1시간 정도면 잠실역에 도착할 수 있어요."

"오늘 직접 이용해보니 여기 거주해도 역삼동까지 출퇴근이 가능하겠더라고요. 그래서 더 사고 싶어졌어요. 그런데 살 수 있는 물건이 없으니…."

"재건축이 본격적으로 추진된다는 소문이 나서 외지인들이 물건만 나오면 매수하겠다는데, 일단 기존 소유자들이 내놓았던 물건을 많이 거둬들였어요. 재건축 이슈 때문에 집값이 더 오른다고 생각해서요."

"전·월세 상황은 어떤가요? 나온 물건이 있나요?"

"전·월세도 비슷한 상황이에요. 다른 지역 대비해서 전셋값이 비교적 낮다 보니 전세 물건이 나오기만 하면 바로 계약돼요. 박 과장님이 15평 아파트를 사서 전세로 내놓으면 금방 계약될 거예요. 월세는 지금 하나 나온 게 있는데…."

B부동산 사장님은 컴퓨터 모니터를 보면서 말을 이어나갔다.

"진주8차 4층으로 15평인데 보증금 500만 원, 월세 30만 원짜리 물건이 하나 있네요."

"저번에 말씀하신 것처럼 월세는 보증금 500만 원에 월세 30만 원이 기본이군요?"

"네, 아무리 낡았어도 15평 아파트가 보증금 500만 원에 월세 30만 원이면 높은 게 아니거든요. 진주아파트 전·월세 수준은 10여 년간 오르지 않은 금액이라서 다른 지역에서는 이 정도 금액으로 월세 얻기가 쉽지 않아요. 그래서 물건이 나오면 금방 계약돼요."

"앞으로 좀 더 주변이 개발되면 교통편도 많이 좋아질 테고…. 그럼 서울 접근성이 지금보다 더 좋아지겠죠?"

"교통편이 획기적으로 더 좋아지면 이곳 전·월세 물량은 더욱 인기가 높아질 것 같아요. 2022년 상반기쯤 개통 예정인 지하철 4호선 연장선(진접선)이 개통되면, 진주아파트에서 2.5km 거리에 있는 지하철 4호선 오남역을 통해 서울 접근이 아주 편리해져요. 그리고 지하철 8·9호선이 연장되고, 조금은 먼 얘기이지만 GTX-B 노선까지 개통되면 서울로의 접근성, 남양주 별내지구와 진접지구로의 접근성이 크게 개선될 거예요. 그에 따른 가격상승은 당연하고요. 오남리 진주아파트는 대단지이니까 단지 내에서 운영하는 무료 셔틀버스 등을 이용하면 지하철역 접근성도 매우 좋아질 것이라고 예상합니다."

"셔틀버스를 운영한다고요?"

"네, 재건축사업을 진행하면서 사업비로 대형버스 2대 정도 사고, 버스 운전기사 급여는 관리비에서 지급하는 방식이에요. 대규모 아파트 단지이기에 관리비에서 일부 셔틀버스 운영비를 지급해도 개인 부담은 크지 않아요. 실제로 5,050세대 규모의 재개발 사업장인 인천 청천2구역 재개발인 e편한세상부평그랑힐스에서는 조합과 시공사가 사업참여 조건으로 합의해서 무료 셔틀버스 운영을 확정 지었어요."

"그렇게만 되면 무척 좋겠네요. 사장님, 제가 제일 궁금한 건 지하철 4호선 오남역이 언제 개통되냐는 겁니다. 내년 초에는 개통되는 거 맞죠?"

"네, 국토교통부 고시자료를 보니 계획상으로는 사업시행 기간이 2014년 12월부터 2019년 12월까지였는데, 2021년 8월에 추가로 변경된 고시문*을 보니 사업시행 기간이 2022년 3월까지로 변경되었더라고요. 고시 일정보다 항상 늦어지는 게 현실이니까, 아마도 오남역은 늦어도 2022년 6월 이전에는 개통되지 않을까 생각돼요."

B부동산 사장님은 진주아파트의 주변 개발계획을 지속해서 파악하고 있었다. 설명을 듣다 보니 박 과장은 계속 궁금해졌다.

"사장님, 그럼 지금 진주아파트 시세는 재건축 이슈로 과거보다 많이 오른 상태인가요?"

"사실 과거 고점에 비하면 오히려 낮은 금액이에요."

"낮은 금액이라고요? 지난번에 재건축 이슈 때문에 1천만 원 정도 올랐다고 하셨잖아요?"

"네, 최근 재건축 이슈 때문에 1천만 원 오른 건 맞아요. 6개월 전만해도 15평이 8천만 원에 거래됐으니까요. 그런데 10년 전 금액과 비교하면 지금은 오히려 2천만 원 정도 낮은 금액이에요. 2008~2009년에 15평이 1억 1천만 원까지 거래됐거든요. 2008년 리먼 브라더스가 파산**했을 때 진주아파트도 가격이 급락했어요. 2009년에 7천만 원까지 빠지더니 2014년에는 15평이 5천만 원까지 하락했죠."

"15평이 5천만 원까지 떨어졌다니 정말 많이 빠졌었네요. 그런데 사장님은 정말 전문가답게 해박하시네요."

"하하, 저도 공부를 해야 손님들에게 설명을 하니까요. 계속 이어서

● 국토교통부 고시 제2020-000호 진접선 복선전철 건설사업 실시계획 변경
●● 2007년 4월에 미국 2위의 서브프라임 모기지 대출회사인 뉴센트리 파이낸셜이 파산 신청을 하고, 2008년 9월 미국의 투자은행(IB) 리먼 브라더스까지 파산하면서 국제금융시장에 신용경색을 불러왔다.

설명하면, 2017년이 되면서 8천만 원대까지 가격이 다시 올랐고, 6개월 전까지 그 금액이 계속 유지되다가 1차 안전진단 검사가 통과된 이후 가격이 조금씩 움직인 거예요. 2008년에서 2009년에 매입한 소유자분들은 아직 매수 원금을 회복하지 못한 거죠."

"그럼 기본적으로 전고점인 1억 1천만 원까지 가격이 오르는 일은 어렵지 않을 테고, 재건축사업이 원활하게 추진되면 전고점도 돌파하겠네요."

"그거야 장담할 수 없죠. 부동산가격을 정확히 예측할 수 있다면 제가 신이게요. 하하."

"우리 사장님 말씀을 들어보면 정말 신뢰가 갑니다. 항상 과장되지 않게 사실만을 설명해주시네요. 아무튼 15평짜리 물건이 나오면 제일 먼저 연락해주세요."

"네, 그럼요. 계약금도 쏘셨잖아요. 이렇게 노력하시는데 박 과장님께 제일 먼저 연락드려야죠."

박 과장은 B부동산 사장의 자세한 설명으로 개발계획 내용과 단지 내 전·월세 현황을 알 수 있었다.

'역시, 현장에 다시 오기를 잘했어. 우리의 문제는 현장에 답이 있는 거야. 우문현답!'

박 과장은 지금까지 파악한 내용을 머릿속으로 정리했다.

'지금은 강남 접근성이 버스로 1시간 조금 더 걸리는 정도이다. 그런데 2022년 상반기에 개통되는 지하철 4호선역을 통해 서울 접근성이 좋아지고, 중장기적으로는 획기적인 교통계획에 따라 오남리 진주아파트의 가치는 매우 극대화될 것이다. 게다가 투자자 관점에서 제일 중요한 부동산 투자의 레버리지 극대화 측면에서 오남리 진주아파트는 매수 금액 9천만 원 중 6천만 원은 전세금으로 충당하니 실투입금은 3천만 원이다. 총액에서 30%의 투자금으로 재건축에 투자할 수 있는 프로젝트를 찾는 것은 거의 불가능하다. 그리고 전고점이 1억 1천만 원이었으니 지금 9천만 원은 비싼 게 아니다.'

다시 한번 상황을 머릿속으로 정리해본 박 과장은 진주아파트 재건축에 꼭 투자해야겠다고 생각했다. B부동산을 나와 상가 복도를 지나는데 한쪽에서 사람들의 싸우는 소리가 들렸다. 박 과장은 소리가 나는 곳으로 방향을 틀었다.

"매매 계약을 했으니 보일러는 매수자가 고쳐주세요."

"상식적으로 계약만 하고 아직 등기를 옮기지도 않았는데 매도자가 수리하셔야죠! 아직은 제가 집주인이 아니고, 이 계약은 계약금만 걸어놨기 때문에 계약을 파기할 수도 있는 거잖아요. 그러니까 당연히 매도자께서 수리비를 지급하는 게 맞죠!"

"그러면 계약금 돌려줄 테니 계약 파기하세요!"

"계약을 파기하면 계약서 내용대로 계약금의 2배를 주셔야 해요."

"무슨 소리죠? 본인 스스로 계약을 포기한다는 건데, 왜 제가 위약금을 줍니까?"

"계약서에 쓰여 있잖아요. 계약 파기 시에는 위약금으로 계약금의 2배라고!"

둘의 목소리는 커지고 있었지만 물건을 중개한 부동산 사장은 중재하지 않고 있었다. 서로 간의 입장을 충분히 주장하고 끝날 때를 기다리는 것인지 지켜보고만 있었다. 매도자와 매수자가 서로의 주장에 더는 논리적인 근거를 붙이지 못하고 감정적인 대화만 오고 갈 무렵, 부동산 사장이 나섰다.

"두 분 다 주장이 있고, 물건을 중개한 저로서는 매도자, 매수자 두 분의 입장이 이해가 됩니다. 보일러 교체 비용이 80만 원 정도인데 사실 이 80만 원이 문제가 아닙니다.

매도자 입장에서는 거래 과정에서 시세가 1천만 원이나 오르니 이 돈을 손해 본 느낌일 텐데, 너무 싸게 팔았다는 생각으로 감정이 상해 있는 상태에서 보일러 교체비용까지 부담하라고 하면 기분이 나쁠 것 같네요. 하지만 매수자 입장에서는 시세가 오른 것은 별개 문제고, 아직 등기를 이전하지도 않았는데 보일러 교체 비용을 부담하라고 하니 억울할 것도 같습니다."

부동산 사장은 상황을 객관적으로 정리하면서 각자의 입장을 고려해 서로를 이해시키고자 노력하고 있었다. 매도자, 매수자들도 감정을 누르고 부동산 사장의 판결을 기다리는 듯, 그의 말을 경청했다.

"매수자는 계약과 동시에 1천만 원이라는 이익을 얻었고, 매도자는 등기를 이전하지 않은 상태입니다. 현재 상태에서 실질적인 소유자가 누구라고 얘기하기가 애매합니다. 보일러 교체 비용을 매도자, 매수자 각각 반씩 부담하면 어떨까요?"

매도자와 매수자는 각자 생각하는 시간을 갖더니, 부동산 사장의 의견에 동의했다. 합리적으로 갈등을 해결하는 모습을 보니 부동산 사장이 솔로몬처럼 보였다. 부동산 거래에서 발생할 수 있는 각종 갈등을 합리적으로 정리하는 것이 중요하다는 것을 새삼 느꼈다.

현장을 다녀온 지 일주일이 지난 어느 날, 박 과장의 휴대폰이 울렸다. B부동산 사장이었다.

"박 과장님, 물건 나왔어요. 얼른 도장이랑 계약금 들고 오세요."

박 과장은 '드디어 내 인생에서 최초의 재건축 투자가 성사되는구나!' 하는 부푼 마음을 안고 진주아파트로 날아갔다.

"박 과장님, 한 가지 문제가 있어요."

"네? 무슨 문제요?"

박 과장은 마음이 덜컥 내려앉았다. '가격이 올랐나? 별도의 조건이 있나? 전세를 내놓으려면 전체 수리를 해야 하나?' 별의별 생각이 다 떠올랐다.

"박 과장님이 원했던 15평이 아닌데도 괜찮아요?"

"사장님…. 큰 평형은 제가 지금 여건이 안 돼서 살 수가 없다고 말씀드렸잖아요."

"그렇죠? 그런데 9천만 원에 매수할 수 있다면요?"

"네? 정말요? 9천만 원에 살 수 있는 물건이 나온 거예요?"

"하하, 네. 박 과장님의 기도를 신이 들어줬나 보네요. 급매물로 진주7차 21평이 9천만 원에 나왔어요."

"21평이 9천만 원이요? 정말인가요?"

박 과장은 이게 꿈인지 생시인지 모를 만큼 놀랐다.

"급하게 이사 가야 하는 분이 급매로 9천만 원에 내놓았어요. 그런데 기존 소유자가 오랫동안 살았던 집이라 너무 노후돼서 싱크대부터 화장실, 보일러까지 고쳐야 해요. 그래야 전세나 월세로 내놓을 수 있어요."

"수리비가 어느 정도 나올까요?"

"한 500만 원 정도 예상돼요."

"아휴, 그 정도면 충분하죠. 결국 9,500만 원에 매수하는 건데, 21평은 시세가 1억 원은 넘을 거잖아요?"

"네, 가장 비싼 시세는 1억 500만 원이에요. 5층짜리 아파트에도 로열층이라는 게 있는데 3~4층이 로열층이에요. 이곳 21평 3층 시세가 1억 500만 원 정도 나가요. 이번 건은 5층이긴 한데, 급매물 중에서도 싸게 나온 것은 맞아요."

박 과장은 김 교수 강의에서 '5층 이하 아파트 매수 기준'에 대한 설명을 떠올렸다.

"5층 이하의 저층 아파트를 매수할 때 1층과 5층은 사람들이 선호하는 층수가 아니라서 2~4층보다 비교적 싸게 나옵니다. 로열층의 시세가 반영되기 때문이죠. 실제 거주하기에도 1층과 5층보다 나은 점이 많아요. 1층은 외부에 노출되기 때문에 프라이버시 침해가 심하고, 5층은 꼭대기 층이라 걸어서 올라가기가 힘들죠. 게다가 여름에는 덥고 겨울에는 춥다는 생각에 기본적으로 거부감도 있고요."

"교수님, 그래도 로열층은 감정평가 시에 가치평가에서 더 유리한 것 아닌가요?"

"전혀 없다고 볼 수는 없습니다. 감정평가를 할 때 시세를 고려한 건물 가치를 반영하니까요. 하지만 그 가치의 반영이 일반적으로 대략 5% 수준이기 때문에 크게 차이 나지 않습니다. 철거하고 나면 땅의 가치만 남으니까요."

김 교수의 강의 내용을 떠올린 박 과장은 5층 매물이어도 괜찮다고 생각했다. 21평을 9천만 원에 살 수 있다면 500만 원의 수리비를 부담하더라도 시세보다 최소 1천만 원은 싸게 매입하는 것이기 때문이다.

"사장님, 계약금 입금 계좌 알려주세요. 지금 당장 입금할게요!"

7단계: 자산가치 극대화 및 위험관리

진주7차 5층 21평을 9천만 원에 계약한 박 과장은 계약금의 10%인 900만 원을 입금하지 않고 300만 원만 입금했다. 내부 수리를 조건으로 6천만 원에 전세를 내놓으니 바로 계약이 되어서였다. 9천만 원 중 6천만 원은 전세금으로 대체가 되었고, 박 과장은 3천만 원만 부담하면 되었다. 그래서 3천만 원의 10%인 300만 원만 매도자에게 입금했다. 정말로 레버리지를 극대화한 재건축 투자였다.

그는 계약 이후 21평의 대지지분을 확인해봤다. 진주7차 21평의 대지지분은 $42.85m^2$, 그러니까 12.96평이었다. 재건축 투자는 공급평형 단가가 아닌 대지지분 단가로 비교해서 저렴한 물건을 매수하는 것이라고 김 교수의 강의 시간에 배웠었다. 박 과장은 진주7차의 21평과 15평의 대지지분 가치를 비교해봤다. 진주7차 15평의 대지지분은 $30.69m^2$, 9.28평이었다. 대지지분 가치로 분석하면 진주7차 15평은 평당 970만 원이고, 진주7차 21평은 평당 694만 원 수준이다. 결국 평당 276만 원이나 저렴하게 매입한 것이다.

대지지분이 가장 큰 진주2차와 비교해보자. 진주2차 15평의 대지지분은 $37.76m^2$, 11.42평이다. 진주2차 15평의 대지지분 가치를 분석하면 평당 788만 원이다. 대지지분이 가장 큰 진주2차 15평과 비교해도

구분	진주7차	진주2차	진주2차
공급면적	67.82m²	50.06m²	49.66m²
공급평형	20.52평	15.14평	15.02평
매매가	9천만 원	9천만 원	9천만 원
대지지분(m²)	42.85m²	30.69m²	37.76m²
대지지분(평)	12.96평	9.28평	11.42평
대지지분 가치(평)	694만 원/평	970만 원/평	788만 원/평

| 오남리 진주아파트 대지지분 가치 비교 |

평당 94만 원이나 유리하게 매입한 것이다. 박 과장의 첫 번째 재건축 투자는 성공적이었다.

어느덧 해가 바뀌었다. 2021년 새해를 맞이한 박 과장은 오남리 진주아파트 소유자의 자격으로 네이버 부동산시세 사이트를 통해 현황을 확인해보았다. 2021년 최근 시세를 살펴보니 진주아파트 15평형은 2008년 전고점인 1억 1천만 원을 뚫고 1억 5천만 원까지 올랐다. 박 과장이 매입한 진주7차 21평은 2억 원까지 거래가 되고 있었다. 투자금 3천만 원 기준으로 레버리지 효과를 극대화해 9천만 원에 매입한 후, 6개월 만에 매입가에서 1억 1천만 원 상승한 것이다. 박 과장은 367%의 수익률*을 올렸다.

그러나 박 과장은 367%의 수익률에도 크게 기뻐하지 않았다. 재건축 절차가 진행될수록 가치가 더욱 상승할 것이라는 확신이 있었기 때

- 독자들의 투자수익 개념에 대한 이해를 돕고자 취득세 등 각종 세금과 내부 수리비용, 부동산중개 수수료 등은 반영하지 않았다.
- •• 평내 진주아파트 재건축사업은 경기도 남양주시 평내동 산87-11 일원 6만 46m²에 제3종일반주거지역으로, 용적률 247.77%, 공동주택 1,843세대 및 부대 복리시설을 짓는 프로젝트다. GTX-B 예정역인 평내호평역에서 300m 거리에 있는 역세권 아파트 단지다. 19평형에서 34평형까지 소형 위주의 다양한 타입으로 구성되어 있다.

문이다. 남양주에서 현재 이주와 철거가 진행된 평내 진주아파트**를 보면 공급면적 65.07m²(20평)가 대지지분 46.51m²(14평)로, 2021년 3월 기준 최고 3억 6천만 원까지 호가를 형성하고 있었다. 입지의 차이와 단지 규모를 고려해 평내 진주아파트의 시세 형성을 보면 오남리 진주아파트의 가치 상승을 예상할 수 있었다.

그는 투자한 재건축의 물건을 어떻게 하면 더 잘 관리할 수 있을지에 대해 알아보려고 김 교수의 연구실을 찾아갔다.

"교수님의 강의를 수강한 후 제 인생의 첫 번째 재건축 투자는 매우 성공적이었습니다. 3천만 원의 소액 투자로 367%라는 투자수익률이 성공적인 투자였음을 증명하고 있습니다. 하지만 투자가 끝이 아니라고 배웠습니다. 매도해서 최종 수익을 창출하는 시점까지는 과정 관리를 잘해야 한다는 교수님의 말씀을 명심하고 있습니다. 이제부터 어떻게 관리해야 수익률을 좀 더 극대화할 수 있을까요?"

"박 과장님, 우선 첫 번째 재건축 투자 성공을 축하드립니다. 6개월 만에 367%라는 투자수익률은 제로금리 시대에서 금융시장의 수익률과 비교했을 때 놀라운 숫자네요."

"이게 다 교수님 덕분입니다. 교수님께서 강의해주신 부동산시장 이슈를 분석하고 대상 프로젝트를 선별해 현장을 분석하니 적합한 물건이 보였습니다. 더군다나 운이 좋게 레버리지를 극대화해 3천만 원이라는 최소 비용으로 6개월 만에 367%의 수익률을 달성했죠. 그 결과는 성공적이었습니다."

"맞아요. 이번 오남리 진주아파트 투자의 핵심은 레버리지 극대화 프로젝트였다는 겁니다. 이제 '투자 이후 관리를 어떻게 잘할 것인가?

그래서 어떻게 수익률을 더욱 높일 것인가'의 관점으로 프로젝트를 바라봐야 합니다."

"네, 교수님. 그걸 알고 싶습니다. 교수님이 강의 시간에 알려주셨지만 다시 한번 가르쳐주세요."

"우선 재건축사업은 법의 규정에 따른 절차사업이라는 것, 기억하시죠? 오남리 진주아파트는 재건축사업 초기 단계인 안전진단 단계입니다. 안전진단이 통과된다는 가정하에 그다음 절차를 계획하고, 예상되는 리스크에 대해 대응방안을 미리 수립해야 합니다. 이렇게 리스크를 최소화하는 것이 관리를 통한 수익률 극대화의 핵심입니다."

"네, 교수님 말씀을 듣다 보니 강의 시간에 강조하신 내용이 기억납니다. 안전진단을 통과하면 정비계획을 수립한 후 인허가청의 심의를 통해 정비구역을 지정받는다고 알고 있습니다. 이 정비구역 지정이 사업성을 결정하는 용적률과 건폐율, 층수 등을 결정하는 것이죠?"

"맞아요. 정비계획을 수립한 후 정비구역을 지정하는 단계가 사업성을 결정하는 가장 기초적인 단계입니다. 또한 정비구역이 지정된다는 것은 재건축사업 구역을 명확히 해서 본격적으로 사업을 추진할 수 있는 것이죠. 그 증거가 구역지정 이후 소유자의 과반수 동의를 통해서 추진위원회를 구성하고, 3/4의 동의를 얻어 조합을 설립하는 것입니다."

"그럼 지금 단계에서 가장 중요한 것은 정비계획 수립을 잘하도록 하는 것인가요?"

"아닙니다. 소유자 입장에서 정비계획 수립을 잘하도록 하는 방법은 없습니다. 정비계획 수립은 전문가의 영역이라 도시계획업체가 진행하는 업무이지, 소유자들이 관여해서 수립되는 것이 아닙니다."

"아파트 소유자들은 정비구역이 지정될 때까지 특별히 할 일이 없이 기다리면 되는 건가요?"

"정비구역이 지정되는 동안 소유자들이 해야 할 일이 있습니다. 먼저 정비구역 지정 신청을 하려면 2/3의 주민동의*가 필요합니다. 이 동의서가 원활하게 징구되도록 소유자들이 모두 단합하여 신속하게 동의서를 징구하고 인허가청에 제출해야 합니다. 소유자들이 단합하려면 사업을 주도적으로 추진하는 재건축 추진준비위원회가 투명하고 공정해야 하지요. 그래야 소유자들의 전폭적인 신뢰를 얻어서 사업추진이 원활해집니다."

"그렇다면 재건축을 추진하는 주민대표기구를 잘 구성하는 것이 핵심이라는 말씀이군요."

"그렇죠. 추진준비위원회를 잘못 구성하면 정비구역을 지정 고시받는 과정에서부터 문제가 발생할 수 있습니다."

"어떤 문제가 발생할 수 있나요?"

"재건축사업의 대표적 문제인 '특정 업체와의 결탁'이겠죠."

"업체와 결탁이요? 정비계획을 수립하는 도시계획업체 선정과정에서 업체와의 결탁을 말씀하는 건가요?"

"맞습니다. 정비계획수립 단계에서는 법적 단체가 아닌 주민대표기

● 도시정비법 시행령 제12조(정비계획의 입안 제안) ①토지 등 소유자가 법 제14조 제1항에 따라 정비계획의 입안권자에게 정비계획의 입안을 제안하려는 경우 토지 등 소유자의 2/3 이하 및 토지면적 2/3 이하의 범위에서 시·도 조례로 정하는 비율 이상의 동의를 받은 후, 시·도 조례로 정하는 제안서 서식에 정비계획도서, 계획설명서, 그 밖의 필요한 서류를 첨부하여 정비계획의 입안권자에게 제출해야 한다.

구가 업체 선정 등을 진행할 수밖에 없습니다. 그러다 보니 비전문가인 주민대표기구는 업체의 도움을 받을 수밖에 없고, 그 과정에서 의도하지 않았더라도 절차적 하자나 법률적 문제가 발생하는 것입니다. 그 과정을 거치면서 업체와의 개인적인 관계가 조금씩 깊어지고, 결국 업체는 용역업체로 선정되기 위해 특정 주민대표위원들과 개별적인 관계를 형성합니다. 그러다가 향후에 문제들의 원인이 되는 것이죠."

"그럼 정비구역 지정단계가 지연되고 사회문제가 발생하는 이유가 대부분 특정 업체와의 불공정한 관계 때문인가요?"

"그렇습니다. 재건축사업은 신속하게 추진되어야 비용을 최소화할 수 있고, 그 과정에서 발생하는 금융비용까지도 절감할 수 있습니다. 그런데 대부분의 사업이 지연되는 이유는 절차를 진행하는 단계별 동의서 징구가 지연되어서입니다. 그리고 소유자들이 동의서 제출을 주저하는 이유는 사업을 추진하는 추진위원회나 조합에 대한 불신으로 시작되는 것입니다."

"추진위원회나 조합이 불공정한 과정으로 업체를 선정하기 때문에 소유자들이 추진위원회나 조합을 불신하는 것이군요. 그래서 추진위원회나 조합을 반대하는 일명 '비대위'라고 하는 재건축을 반대하는 주민들의 모임이 만들어지고요."

"맞아요. 그래서 사업 초기에는 얼마나 공정하고 투명하게 사업을 추진해서 주민들의 신뢰를 얻느냐가 중요합니다. 사업의 성패가 달려 있는 것이죠."

"교수님, 그럼 이러한 문제가 발생될 것을 예측하고 현 단계에서 할 수 있는 일은 무엇일까요?"

"첫 번째 협력업체 선정 과정인 도시계획업체 선정부터 공정하고 투명하게 진행하는 것이 핵심입니다. 개인적인 친분이나 지인을 통해 업체를 선정하지 말고, 해당 사업장의 특성, 규모, 입지, 지역적 상황을 고려해 업무 능력이 가장 우수한 업체를 선정해야 합니다."

"비인가단체인 재건축 추진준비위원회가 투명하고 공정하게 업체 선정을 진행할 수 있는 공적인 방법이 있나요?"

"네, 추진준비위원회가 주민대표기구로 인정받을 수 있으면 됩니다. 예를 들면 소유자 과반수의 동의로 구성된 추진준비위원회라면 인허가청을 통해 임시 사업자번호를 받을 수 있습니다. 그리고 임시 사업자번호가 있으면 정부에서 운용하는 협력업체 선정을 위한 전자입찰시스템인 나라장터에서 협력업체 선정을 공개적으로 진행할 수 있습니다."

"정부 시스템인 나라장터를 통해 업체 선정을 진행하면 공정하고 투명한 절차가 되는 것인가요?"

"꼭 그런 것은 아닙니다. 업체 선정 시스템은 공정하고 투명하겠지만, 선정 기준인 입찰지침서 및 적격업체선정 기준 등은 발주처에서 결정하는 내용이기 때문에, 이 과정에서도 불공정한 입찰지침서나 적격업체 배점표 등의 문제가 발생할 수 있습니다."

"정부의 시스템을 활용해도 불공정할 수도 있다니, 정말 과정마다 문제가 생길 가능성이 높군요."

"그렇습니다. 그래서 근본적으로 재건축 추진준비위원회 구성원들의 공정성과 투명성이 담보되어야 합니다."

"결국 모든 절차나 단계에서 사업추진 주체인 추진위원회와 조합이 공정하고 투명하게 업무를 수행하고 진행하는지 소유자들이 감시해야겠군요?"

"맞습니다. 다만 소유자들이 추진위원회나 조합과 같은 주민대표기구를 감시·감독하고 사업을 관리하기란 현실적으로 어렵습니다. 이러한 현실적인 어려움을 해소하기 위해 2015년에 도시 및 주거환경 정비법에 관련 조항을 만들었습니다. 그리고 2016년 3월부터 신탁사가 사업을 시행*하거나 대행**할 수 있도록 했습니다."

"신탁방식 재건축을 추진하면 공정성과 투명성 확보가 가능하겠지만, 이 신탁방식 재건축이 추진되려면 소유자들이 법률적 조건에 따른 동의 과정이 필요합니다. 그런데 신탁방식의 적용이 어려울 때는 어떻게 공정하게 관리할 수 있을까요?"

"공정성과 투명성을 확보하는 방법은 결국 사업을 추진하는 사람이 공정하고 투명해야 하는 것입니다. 그리고 공정하고 투명한 사람들이 재건축 주민대표기구로 구성되어야 하지요. 모든 사업추진 과정을 녹음하고 기록해서 이 정보를 공개하고, 사업추진 과정에서 사용되는 모든 비용을 회계처리 기준에 따라 기록해야 합니다. 그래서 모든 사업추진 단계에서 녹음, 기록, 정보공개를 한다면, 충분히 공정하고 투

● 도시정비법 제27조(재개발사업·재건축사업의 지정개발자) ①시장·군수 등은 재개발사업 및 재건축사업이 다음 각 호의 어느 하나에 해당하는 때에는 토지 등 소유자, 사회기반시설에 대한 민간투자법 제2조 제12호에 따른 민관합동법인 또는 신탁업자로서 대통령령으로 정하는 요건을 갖춘 자(이하 '지정개발자'라 한다)를 사업시행자로 지정하여 정비사업을 시행하게 할 수 있다

●● 도시정비법 제28조(재개발사업·재건축사업의 사업대행자) ①시장·군수 등은 다음 각 호의 어느 하나에 해당하는 경우에는 해당 조합 또는 토지 등 소유자를 대신하여 직접 정비사업을 시행하거나 토지주택공사 등 또는 지정개발자에게 해당 조합 또는 토지 등 소유자를 대신하여 정비사업을 시행하게 할 수 있다.

명하게 사업을 추진할 수 있습니다."

"재건축 주민대표기구의 활동 내용을 '녹음, 기록, 정보공개' 하는 것이 철칙이군요. 오남리 진주아파트 재건축 주민대표기구에 모든 사업추진 절차를 녹음, 기록, 정보공개를 실시하도록 적극 요청하겠습니다. 그런데 수용할지 모르겠네요."

"소유자가 재건축 추진준비위원회에 활동의 모든 내용을 녹음, 기록, 정보공개를 해달라고 요청했는데도 위원들이 수용하지 않을 수 있습니다. 대부분 신속한 사업추진을 위해 모든 사항을 녹음하고 기록할 수 없다는 명분을 들면서요.

또한 대외비적인 사항의 회의 내용도 있기 때문에 녹음과 기록이 어렵다는 이유도 댈 겁니다. 설사 녹음이나 기록을 했어도 공개하라고 하면 대외비라는 이유로 거부하는 추진위원회가 있을 것입니다. 분명한 것은 사업추진과 관련한 모든 내용을 녹음, 기록, 정보공개하지 않겠다면, 이는 공정성과 투명성을 포기하겠다는 선언을 한 것과 같습니다. 그러니 꼭 관철시켜야 합니다. 그래야만 소유자들의 이익을 지킬 수 있습니다."

"네, 교수님 강의를 듣고 재건축 물건에 실제로 투자까지 하고 나니, 이제야 부동산 투자의 개념이 무엇인지 조금이나마 알 것 같습니다. 또한 투자가 끝이 아니고, 투자 이후 관리를 어떻게 하느냐에 따라서 수익률을 높일 수도 있음을 알았습니다. 교수님 말씀에 따라 관점을 달리해서 세상을 바라보니, 지금까지와는 다른 부분이 보이기 시작했습니다."

"박 과장님이 일취월장하는 모습을 보니 저 또한 보람을 느낍니다.

첫 번째 재건축 투자를 잘 시작했으니, 이제는 잘 관리해보세요. 성공 사례를 만들어서 박 과장님도 후배들에게 성공 경험을 공유하면 좋겠습니다."

"네, 알겠습니다. 진심으로 감사드립니다."

2장

실전에서 바로 써먹는
재건축 투자 원 포인트 레슨

성공은 실패와 다른 말이 아니다. 실패를 기반으로 해야 성공을 쟁취할 수 있다. 성공한 사람들은 실패하지 않기 위해 철저히 준비를 했다. 성공만을 바라면 실패할 수 있지만, 실패하지 않기 위해 준비하면 성공할 수 있다.

재건축 투자에 실패하는 이유는 무엇일까? 부족한 정보로 적절하지 않은 시기에 비싸게 매수해서다. 대부분의 투자자들이 너무나도 당연한 이유를 간과하고 있다. 성공과 실패 사례를 분석해보면 투자 성공에는 공통점이 있다. 그 시사점을 알면 투자의 반은 이미 성공한 셈이다. 필자는 재건축사업의 사례들을 분석해서 시사점을 도출하고, 다음과 같이 정리해보았다.

투자 대상 지역의 사업성과 신뢰성을 사전에 파악하는 방법

① 관심 있는 지역의 구청 홈페이지에서 해당 구의 재개발·재건축 사업 계획 및 현황을 확인한다. 각 구청 홈페이지에서 '재건축'을 검색하면 해당 구에서 추진하고 있는 재건축 현황들을 자세히 파악할 수 있다.

② 추진위원회, 조합의 최근 진행 현황, 대의원회 안건 처리, 총회 진행사항 등 세부적인 진행사항에 대해서는 서울시가 운영하는 '재개발·재건축 클린업시스템'을 활용해 조합의 사업추진에 대한 신뢰성을 확인한다. 클린업시스템을 통해 추진위원회와 조합의 사업성을 파악할 수 있다.

재건축사업의 추진 가능성을 판단하는 방법

① 시청, 법원, 검찰청, 정부청사, 대학교 및 대학병원, 대형마트, 신규택지 개발지구와 인접한 대규모 아파트 단지는 반드시 재건축사업이 추진된다. 이는 사업성 문제와는 별개다. 사업성이 없어도 재건축이 될 수밖에 없는 입지가 있다. 바로 공공기관과 인접한 곳이다. 이는 공공기관과 인접한 노후한 아파트의 대외적 이미지가 재건축사업추진 시 매우 중요한 고려 요인으로 작용하기 때문이다 .

② 5층 이하의 저층 아파트는 재건축사업이 추진된다. 5층 이하의 저층 아파트는 세대별 대지지분이 크기 때문에 재건축 시에 세대당 개발이익이 크다. 개발이익이 크다는 것은 사업성이 좋다는 뜻이다. 때문에 재건축사업을 추진하기 위한 조합원들의 동의서 징구가 매우 수월하므로 신속하게 사업을 추진할 수 있다. 강남의 대표적인 재건축

단지인 반포주공, 개포주공 등은 모두 5층 이하의 저층 주공아파트다. 이곳들은 높은 개발이익이 확보되었기 때문에 재건축사업이 신속하게 추진되고 있다.

③ 지어진 지 20년이 넘은 저층 주공아파트는 재건축사업이 추진된다. 한국토지주택공사는 도시계획적 차원에서 다양한 인프라를 동시에 구축해(편리한 교통, 교육, 생활편익시설 등) 대규모로 저층 아파트를 공급했다. 입지적으로 매우 우수하므로 재건축이 진행되면 그 어느 재건축 단지보다 사업성이 크고, 입지적 가치가 높이 평가되는 것이다.

투자가치가 없는 재건축사업을 투자가치 있게 만드는 방법

① 소규모 재건축 단지는 인근 단지나 인접 단독주택들을 포함시켜 재건축을 추진하는 것이 사업성 개선에 유리하다. 2015년 9월, 서울 서초구 반포동 신반포3·23차, 반포경남, 우정에쉐르1·2차가 통합재건축을 추진하기로 결정했다. 총 3천 세대 규모로 사업비만 9천억 원에 이르는 대규모 재건축사업이다. 조합원 동의율은 신반포3차가 84%, 상가를 포함한 반포경남이 90%, 신반포23차가 87%, 우정에쉐르가 92% 등을 기록하며 통합재건축 조합설립 요건을 충족시켰다. 이에 따라 통합재건축사업은 신속하고 성공적으로 추진되었다.

② 재건축사업의 실질적인 현장 정보를 수집해야 한다. 인터넷이나 부동산중개업소만으로는 알 수 없는 현장의 정보를 수집하는 일이 매우 중요하다. 조합, 인근 부동산중개업소, 단지 내 노인회, 통장 등을 지속적으로 방문하거나 만나서 현장 정보를 수집한다. 그리고 수집한 정보를 객관적으로 분석해 최종적으로 투자를 할지 판단해야 위험을

최소화할 수 있다.

③ 조합의 사업계획 일정 중 이주비 지급시기 등 자금 투입시기를 사전에 정확히 파악해야 한다. 그래야 초기 투자금을 최소화해 금융 레버리지(부족한 자금을 저금리 금융상품을 통해 조달) 활용에 따른 금융비용을 최소화할 수 있다.

수익 극대화 투자란 무엇인가?

① 입지적 대표성과 특성이 있는 지역에 투자하라. 입지적 대표성과 특성이 있는 지역은 언론의 관심이 높고, 이에 따라 해당 재건축사업에 대한 투자자들의 관심도가 높아진다. 가격은 수요와 공급의 교차점에서 이루어진다. 투자자의 관심이 높은 지역은 가격이 높아질 수밖에 없다.

② 투자에 대한 기준을 명확히 하라. 자녀의 교육환경 개선을 위한 투자인지, 본인의 노후생활을 안정적으로 영위하기 위한 투자인지, 단순한 수익 확보를 위한 투자인지 등에 따라 투자하려는 지역이 달라질 것이다.

단순히 투자수익의 확보라면 투입비용 대비 수익률이 중요하다. 따라서 투자수익 확보가 투자의 기준이라면, 초기 투자금이 많이 필요한 강남 재건축에 투자하는 것은 바람직하지 않다.

남들과 똑같이 투자하지 마라

① 역발상 투자전략을 수립하라. 심리적으로 '최고에 대한 과대평가'와 '최악에 대한 과소평가'로 투자자들이 극단으로 치닫는 경우가

많다. 투자자들은 불확실한 상황일수록 자신이 가지고 있는 정보를 과신하기 때문에 좋은 뉴스보다 나쁜 뉴스에 과민 반응한다.

역발상 투자전략으로 유명한 데이비드 드레먼(David Dreman)은 『데이비드 드레먼의 역발상 투자』에서 '과잉반응' 이론을 주장하며, 악재로 주가가 바닥을 치고 있는 기업들에 집중적으로 투자하는 역발상 투자를 했다. 그는 무작정 시장의 상황과 반대되는 투자를 한 것이 아니다. 데이비드 드레먼 자신이 정한 합리적인 지표에 부합할 때만 가능한 것이었다. 부동산시장도 주식시장과 유사한 점이 많다. 남들이 투자할 때 따라서 투자하면 투자수익이 높을 수가 없다. 남들과 다른 관점으로 투자의 기준을 정립했을 때 높은 수익률을 확보할 수 있다.

② 사업추진을 객관적으로 판단하기 위해서는 사업추진 반대자의 주장에 더 귀를 기울여야 한다. 찬성자의 주장은 당연한 말이다. 반대자의 주장에 대응할 수 있다면 사업은 신속하게 추진될 것이고, 대응할 수 없다면 이 사업은 반대자의 주장이 자연적으로 소멸될 때까지 상당 기간 지연될 수 있다.

안정적인 투자수익률을 확보하려면 여유자금이 필요하다

① 재건축 투자 시 단기·중기·장기 투자 프로젝트로 구분을 명확히 해야 한다. 예측 가능한 일정보다 사업이 지연되는 경우가 다반사이기 때문에 투자자금의 성격에 따라 재건축 투자의 기간을 단기·중기·장기로 구분해서 투자해야 한다.

② 재건축 투자는 여유자금이 충분할수록 유리하다. 단기투자를 생각하고 재건축 물건을 매입했는데, 소송 등의 문제로 사업이 장기간

지연되면 현금 유동성이 약한 투자자는 사업 지연의 리스크를 감수하지 못한다. 그래서 적정 매도시점이 아닌데도 매도할 수밖에 없는 경우가 발생한다. 따라서 재건축에 투자할 때는 여유자금까지 확보해야 예상치 못한 사업 지연으로 발생되는 금융비용 등에 대처하며 적정한 수익률을 확보할 수 있다.

역세권 아파트 투자 시 꼭 알아야 할 것

① 역세권이란 일반적으로 지하철역에서 도보로 10분 이내의 거리에 있는 지역을 일컫는다. 전문가들은 역세권을 1차와 2차로 구분해서 설명한다. 1차 역세권은 지하철역에서 반경 500m 이내로 도보 5분 거리에 있는 지역을 말하고, 2차 역세권은 지하철역에서 반경 500~1천m로 도보 10~15분 거리에 있는 지역을 말한다. 이 거리는 반경이 아니다. 지하철역에서 실제 걷는 거리로, 10분 이내의 지역을 역세권으로 보면 된다.

② 역세권에 투자할 때는 환승역세권이 좋다. 역세권은 3가지, 즉 단일·환승·종점역세권으로 나눌 수 있다. 단일역세권은 지하철역 1개 기준이며, 환승역세권은 지하철이 2개 있거나 2개 이상 노선이 교차해 환승 가능한 역이다. 종점역세권이란 종점 지역에 있는 역세권이다. 환승역세권은 유동인구가 상대적으로 많다. 유동인구는 곧 수요이므로, 한정된 공급에 수요가 많다면 아파트가격은 상승할 수밖에 없다.

③ 반드시 직접 걸어보고 역세권인지, 유해시설은 없는지를 판단해야 한다. 역세권이라고 해서 다 같은 역세권이 아니다. 지도상 반경 500m 이내, 도보로 10분 이내라고 해도 실제 아파트 진입로가 대로변

에서 떨어져 좁거나 경사도가 높다면 입지적 가치가 낮다. 또한 도로를 건너야 하거나 계단을 오르내려야 한다면 역세권 가치는 떨어진다. 역세권 주변에 유해시설이나 유흥업소가 있다면 아파트가격에 악영향을 미치기 때문에 직접 확인할 필요가 있다.

④ 높은 임대수익을 확보하기 위해서는 역세권의 소형 아파트가 유리하다. 접근성이 유리해서 전·월세 수요자층이 두텁고, 부동산 경기에 영향을 덜 받아서 공실 없이 임대수익 확보가 가능하다. 또한 환금성이 높아 투자금 회수에 따른 손실 부담도 적은 편이다.

재건축 아파트를 싸게 매수하는 방법

① 매매를 위한 가격 협상은 호가가 아닌 객관적 기준에서 시작한다. 국민은행 부동산시세 등 각종 포털사이트의 부동산시세는 호가를 기준으로 발표한다. 이때 호가는 집주인이 원하는 매도 금액일 뿐이고 실제 가치와 호가는 다르다는 것을 명심하자. 해당 아파트의 최근 실거래가 중에서 유사한 층을 기준으로 협상기준가격을 산정한다.

② 협상기준가격에서 논리성과 합리성을 바탕으로 가격을 깎는다. 면적과 층수가 유사한 인근 아파트의 거래가격 중 낮은 금액의 사례를 활용한다. 그리고 집 내부의 관리상태(벽지, 마루, 타일, 손잡이 등)를 바탕으로 협상 요인을 찾아내 활용한다. 특히 앞뒤 발코니 벽의 곰팡이 등 결로현상은 일반 아파트에서 다수 발생하는 사항이므로 협상에 적극 활용한다.

③ 가격협상 실패를 대비해서 대안을 마련해두면 협상력이 높아진다. 부동산중개업소 2곳 이상을 활용해 현재 가격협상 중인 아파트 매

수가 불가능해질 경우를 대비해서 대안을 마련해둔다. 매수자가 대안이 있으면 매도자와의 협상에서 훨씬 더 유리한 입지를 만들 수 있다.

④ 매수가격을 낮추기 위해서는 중개수수료를 높여라. 매수자가 물건을 찾고 가격협상을 직접 하기란 현실적으로 어렵다. 부동산중개업소를 적극 활용해서 매수가격을 낮추는 것이 현명한 방법이다. 부동산중개업소 입장에서 좋은 물건을 더 낮은 금액에 살 수 있는 기회가 있다면 중개수수료가 높은 매수자에게 소개할 것이다. 법정 중개수수료보다 10%만 높여도 충분하다.

시공사 사업참여조건의 변동 여부를 확인하는 방법

① 입찰 시 시공사 사업제안서의 모든 조건을 확정지을 수는 없다. 모든 시공사는 조합이 제시한 기준에 따라 사업제안서를 작성한다. 조합이 제시한 기준이 조금이라도 변경된다면 조합의 귀책사유로 시공사의 사업제안서를 변경할 수 있는 근거가 되기 때문이다. 따라서 조합은 입찰지침서를 작성할 때 조합의 사업계획 변경에 따른 시공사 사업제안서 변경 여부를 충분히 고려한 뒤 입찰하도록 유도해야 한다. 그래야 향후 사업조건 변경에 따른 추가부담금을 최소화할 수 있다.

② 시공사 사업제안서에 기타 조건이 많다는 것은 사업제안조건을 변경할 가능성이 높다는 뜻이다. 일반적으로 재건축사업에는 예측하기 어려운 변경 요인들이 많다. 따라서 시공사들도 사업조건이 최종 확정되는 관리처분인가 이전까지는 사업참여조건의 확정을 약속할 수 없다. 그래서 시공사들도 사업계획의 변화에 따른 위험을 회피하고자 기타 조건에 변경 요인을 기재하는 것이다.

③ 착공기준 항목에 '특정한 시점을 기준으로 한다'라고 되어 있다면 사업조건이 변경된다는 의미다. 재건축사업의 시공사 사업제안서를 보면 '착공일 ○○년 ○○월 기준 견적'으로 명시되어 있다. 이는 ○○년 ○○월에 착공하는 것을 기준으로 사업제안서를 작성했다는 뜻으로, 이 시점에 착공하지 않는다면 사업제안 내용이 변경된다는 의미다.

④ 물가인상 항목에서 '실착공 이후 물가상승에 따른 공사비 조정 없음'이라는 말이 있다면, 이는 사업조건이 변동된다는 의미다. 즉 '실착공 이전에는 물가상승에 따른 공사비 조정이 있다'라는 의미로 해석할 수 있다.

⑤ 시공사의 사업제안서에서 '※' 표시는 잘 봐야 한다. 일반적으로 시공사의 사업제안서 하단에 아주 작게 '※상기 사업추진 예상 일정은 인허가 과정, 정부의 정책 변경(관련법 개정) 및 조합의 사정에 따라 조정될 수 있음'으로 표시된 경우가 많다. 이는 일정이 조정될 수 있다는 의미이고, 일정이 조정되면 사업조건도 당연히 변경된다. 또한 '※상기 이미지는 조합원의 이해를 돕기 위한 것으로 실제와 차이가 있을 수 있습니다'라는 문구는 사업제안서에 화려하게 표현된 마감재, 특화 상품의 이미지가 실제와 다르다는 의미다.

⑥ 수주를 위해 활동하는 홍보 직원들의 설명은 공적 서류로 확인해야 한다. 일반적으로 홍보 직원들은 단기 계약직으로, 향후 시공사의 사업제안조건 변경에 책임지지 않는다. 따라서 홍보 직원들의 홍보 내용과 실제 사업추진 과정에서의 내용이 다른 경우가 많다. 그들의 설명이 사실인지 아닌지 확인하는 방법은 서류(회사의 공문, 공증서류, 제

안서 표기 등)를 요청하는 것이다. 만일 시공사가 공적 서류를 제출하지 않는다면, 이는 사실이 아님을 반증하는 것이다.

재건축조합의 신뢰성을 확인하는 방법

① 조합사업비가 정기적인 회계정산을 통해 투명하고 정확하게 처리되고 있는지 파악한다.

② 조합원의 재산에 변동이 생기는 조합비용을 쓰려면 조합이사회, 대의원회의 의결을 거쳐서 총회를 통해 안건을 처리해야 한다. 이후 그에 따라 일을 집행하고 있는지 과거 정기총회책자 등을 통해 파악한다.

③ 조합 홈페이지나 소식지 등을 통해 조합의 사업추진 과정과 향후 업무계획에 대한 정보를 지속적으로 제공하고 있는지 파악한다.

④ 노인회, 부녀회, 경비원 등을 통해 조합 집행부에 대한 주민들의 평판을 확인하고 조합의 신뢰성을 파악한다(1만 원짜리 음료수 한 박스만 투자하면 현지 주민들한테 유용한 정보를 얻을 수 있다).

⑤ 인근 지역에 개발 정보가 있다면 반드시 인허가청을 통해 실현 가능성을 확인한다(시청이나 구청에 전화로 문의해도 설명을 들을 수 있다).

조합총회의 안건에 정확히 의사표시를 하는 방법

① 조합총회 개최를 위한 안내문 및 총회책자를 받으면 안건의 제안 사유를 꼼꼼하게 살펴봐야 한다(법적으로 총회를 개최하기 위해서는 안내문 및 총회책자가 모든 조합원에게 총회 개최 일주일 전까지 도착하도록 되어 있다).

② 조합에서 총회를 쉽게 처리하기 위해 사전에 안건 찬성을 유도하는 서면결의서를 징구할 때는 무조건 동의하지 말고 안건에 대해 충분한 설명을 요구한다(조합에서는 서면결의서를 징구할 때 보통 홍보 직원을 활용한다. 때문에 해당 홍보 직원에게 안건 설명을 요구해야 한다).

③ 총회의 안건 처리는 내 재산의 가치에 영향을 미치는 중요한 절차다. 그러므로 가능하면 총회에 참석해서 안건 설명을 듣고 결정한다. 조합원들의 다양한 생각을 들을 수 있고, 반대하는 조합원들의 의견도 들을 수 있어서 객관적으로 안건을 판단할 수 있다.

④ 공사비 인상, 추가부담금 납부 등 조합원의 재산에 영향을 미치는 직접적인 안건에 대해서는 관련 전문가의 도움을 받는다. 안건 상정의 배경과 내용에 대해 충분히 토의하고, 조합원들의 의견을 수렴해서 안건을 처리해야 한다.

관리처분총회 이후 추가부담금을 최소화하는 방법

① 물가 상승에 따른 공사비의 추가 인상이 없는 것으로 관리처분 시 확정해서 안건을 처리한다. 대부분의 시공사들은 관리처분시점 이후부터 공사착공시점 이전까지의 사업 지연 등으로 인한 금융비용 증가 등의 귀책사유를 규정한다. 그래서 조합이 추가부담금을 납부하는 데 이를 사전에 방지해야 한다.

② 예측 불가능한 사유로 사업 지연에 따른 금융비용이 발생할 경우, 추가부담금에 대한 조합과 시공사 간 책임 여부를 사전에 명확히 확정한다.

③ 일조권 등 예측 가능한 민원비용은 사전에 사업비 책정을 통해

조합원들에게 고지하고 관리처분을 진행한다. 그러면 추가부담금 분쟁을 막을 수 있다.

기회비용을 극대화하기 위한 소송 없는 재건축 투자법

① 투자 대상 재건축사업에 '비대위'라는 조합의 반대 세력이 없다면, 일단은 소송에 따른 사업 지연은 없으므로 투자에 매우 긍정적이다. 조합 설립에서 이주 철거까지 일반적으로 3~4년이 걸린다. 강남 대치동의 국제아파트 재건축사업은 조합과 조합원이 합리적으로 소통하고 화합해서 1년 6개월밖에 소요되지 않았다. 이는 사업비와 금융비용을 최소화해 조합원의 이익을 극대화한 사례다.

② 비대위의 유무를 확인하는 것이 매우 중요하다. 조합의 사업추진에 반대하는 세력의 명칭은 '비상대책위원회' '주민을 사랑하는 모임' '올바른 재건축을 위한 모임' 등 여러 가지일 수 있다. 중요한 것은 명칭이 아니라 '조합의 사업추진에 반대하는 세력이 있는가' 여부다. 투자 당시 비대위가 없다고 해서 앞으로도 없을 거라고 장담할 수는 없다. 이는 조합에 대한 조합원들의 지지도를 파악해야 알 수 있는 것으로, 일반적으로 해당 조합 인근에 있는 부동산을 통해 대략의 상황을 파악할 수 있다.

③ 비대위가 있다면 투자 이익의 극대화라는 명분이 있는지, 합리적인 비대위 활동인지를 확인하는 것이 필요하다. 비대위가 있다고 해서 무조건 나쁜 것은 아니다. 합리적인 비대위가 있는 재건축조합은 투명하다. 이때 비대위의 주장을 살펴보고 객관적인지, 조합원의 이익에 부합하는지를 판단해야 한다.

④ 조합과 비대위 간의 논쟁이 소송으로 해결해야 할 사항이라면 투자를 보류하는 것이 현명하다. 조합의 문제를 관련법에 의한 절차에 따라 조합원 간의 토론으로 해결하지 않고 소송으로 이어진다면, 사업이 지연될 가능성이 매우 높다. 따라서 사업 지연에 따른 추가부담금이 상승할 확률이 높아진다.

시공사의 사업조건 변경에 따른 조합원과의 분쟁을 막는 방법

① 시공사의 사업참여조건이 있다는 것은 확정된 사업조건이 아니라는 뜻이다. 이를 공사도급계약서 체결 시 명확히 협의해야 한다. 확정된 사업조건이라는 것은 조합원들이 새 아파트에 입주할 때 얼마의 부담금을 납부해야 하는지 외에는 아무런 추가 조건이 없어야 한다는 의미다. 이것이 진정한 확정지분제다.

② 분쟁이 발생할 때 기준이 되는 것은 공사도급계약서다. 따라서 체결 이전에 법률적으로 꼼꼼하게 분석하고 검토해야 한다. 현장설명회에서 배포한 입찰지침서, 입찰시 시공사가 제출한 사업제안서, 시공사 홍보 과정에서 배포된 홍보 책자 및 전단 등도 시공사와 조합 간 계약행위의 일부로 보기도 한다. 그러나 가장 중요한 것은 이 모든 과정 이후 최종 협상과정을 거쳐 체결한 공사도급계약서다.

③ 공사도급계약서 체결을 위한 계약 내용의 법률적인 검토를 진행할 때, 복수의 법률자문단을 활용해 조합의 권리를 명확하게 정리한다. 그럴 경우 추가 비용이 들겠지만, 조합과 시공사의 분쟁이 발생할 때는 공사도급계약서의 위력이 막강하므로 만일의 경우를 대비하는 차원에서 아까워할 필요가 없다.

상황에 따른 적절한 투자 시점을 판단하는 방법

① 시공사와 조합 간의 각종 소송으로 재건축사업이 장기간 지연되는 사업장이더라도 적절한 매수 타이밍이 있다. 각종 소송으로 재건축사업이 장기간 지연되는 사업장에서 조합원들 중 여유자금이 부족해서 급매물이 나오는 경우가 종종 있다. 이러한 물건은 추가로 발생하는 금융비용을 감안하고, 과거 대비 하락한 매매가를 고려해 투자하면 오히려 매수가격 대비 가격상승이 기대되는 경우도 있다.

② 장기간 소송으로 사업이 지연되거나 중단된 사업장 중 실거주를 목적으로 투자를 검토하면 일반분양 가격보다 낮은 조합원분양 가격으로 매수할 수 있다. 이러한 재건축 물건 투자 시에 주의할 점이 있다. 사업이 장기간 지연되거나 중단된 상태에서 지금까지의 사업 지연 사유가 명확하게 해소되어, 향후 신속한 사업추진이 가능해야 한다는 점이다.

3부

재건축 투자를 위해
꼭 알아둬야 할 지식

1장

재건축 투자자라면
꼭 알아야 할 기본 지식

─ 재건축 규제완화의 핵심, 안전진단

"교수님, 재건축 규제가 완화될까요? 현 정부는 재건축 규제를 완화하지 않겠다고 지속적으로 언론을 통해 주장하고 있다 보니, '재건축 규제가 완화될 수 있을까' 하는 의문이 듭니다."

"정책적으로 규제가 완화될지 아닐지는 제가 설명할 수 있는 사항이 아닙니다. 다만 재건축 규제를 계속 유지하기는 어려울 겁니다. 왜냐하면 이미 도심은 노후화되어 재건축을 하지 않으면 유지할 수가 없고, 재건축을 통한 공급은 부동산가격을 안정시킬 수 있는 가장 핵심적인 대안이기 때문이죠."

| 재건축사업추진 절차 |

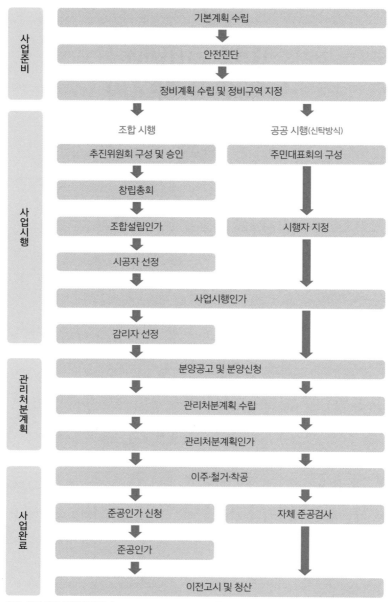

출처: 찾기 쉬운 생활법령정보(www.easylaw.go.kr) 주택재건축 절차도

"그럼 재건축 규제 중에서 대표적으로 완화가 필요한 사항이 무엇인가요?"

"재건축사업의 대표적 규제는 재건축의 첫 단계인 안전진단 통과 여부입니다. 조건부 재건축 등급이 D등급 이하로 안전진단을 통과하지 못하면, 재건축사업은 근본적으로 진행될 수 없습니다. 정부는 안전진단 검토 기준 중에서 구조 안전성 평가 부분의 비율을 20%에서 50%로 강화해, 안전진단 통과가 쉽지 않게끔 규제를 강화했습니다."

"재건축사업을 추진하면 비용이 들어갈 겁니다. 주민들의 비용을 투입해 안전진단 신청을 하더라도 통과되지 않으면 재건축사업추진은 불가하죠. 그런데 사전에 안전진단 통과 여부를 알 수 있나요? 그리고 주민들이 투입한 안전진단 비용은 어떻게 되는 것인가요?"

"안타깝게도 안전진단 통과 여부를 사전에 예측하기란 어렵습니다. 과거에는 시도별 조례에 따라 정해진 기간(예를 들어 서울은 준공 후 30년 경과)이 넘으면 안전진단 통과는 기정사실이었죠. 하지만 현재는 40년이 넘어도 안전진단을 통과한다는 보장을 할 수 없습니다. 비용을 들여 안전진단을 신청해도 통과하지 않으면 적게는 수천만 원에서 수억 원에 달하는 안전진단 신청 비용이 매몰될 수도 있습니다."

"매몰 비용을 고려하면 안전진단을 쉽게 신청할 수도 없겠네요. 재건축 투자의 핵심은 안전진단 통과 여부라고 해도 과언이 아니네요."

"안전진단 통과는 재건축의 첫 번째 절차인 만큼 가장 중요한 단계이지요."

"교수님, 실질적인 궁금증이 있습니다. 재건축 대상 아파트를 찾아서 실제 투자를 하려면 무엇부터 하면 될까요?"

"하하, 드디어 본론이군요. 재건축의 기본 이론을 차근차근 알아봅시다. 이번 강의 주제가 재건축사업 투자를 위한 사업추진 절차 설명입니다. 재건축사업의 절차를 이해한다는 것은 재건축사업의 90%를 이해한 것과 같습니다. 재건축사업이 관련법에 따른 절차사업이기 때문이지요. 그러니 모두 집중해서 듣기 바랍니다."

박 과장과 수강생들은 본격적인 재건축사업 절차 강의라는 말에 사뭇 진지한 모습으로 집중했다.

▬ 재건축사업추진 10단계

1단계: 도시·주거환경정비기본계획의 수립

특별시장·광역시장·특별자치시장·특별자치도지사 또는 시장은 관할 구역에 도시·주거환경정비기본계획을 10년 단위로 수립해야 한다. 다만 도지사가 기본계획을 수립할 필요가 없다고 인정하는 대도시가 아닌 시(市)라면 기본계획을 수립하지 않을 수 있다. 특별시장·광역시장·특별자치시장·특별자치도지사 또는 시장은 5년마다 기본계획의 타당성을 검토해 그 결과를 기본계획에 반영해야 한다.

2단계: 안전진단의 실시

정비계획을 입안하는 특별자치시장, 특별자치도지사, 시장, 군수 또는 구청장은 정비예정구역별 수립 시기가 도래한 경우에 안전진단을 실시해야 한다.

3단계: 정비계획의 수립

특별시장·광역시장·특별자치시장·특별자치도지사·시장 또는 군수는 기본계획에 적합한 범위에서 노후·불량건축물이 밀집하는 등의 정비계획 입안대상지역 요건에 해당하는 구역을 대상으로 정비계획을 결정하여 정비구역을 지정할 수 있다.

4단계: 조합설립추진위원회의 구성 및 운영

조합을 설립하려는 경우에는 정비구역 지정·고시 후 토지 등 소유자 과반수의 동의를 받아 조합설립을 위한 추진위원회를 구성하여 시장·군수 등의 승인을 받아야 한다.

5단계: 조합설립인가

특별자치시장, 특별자치도지사, 시장, 군수, 자치구의 구청장, 한국토지주택공사·지방공사 또는 지정개발자가 아닌 자가 정비사업을 시행하려는 경우에는 토지 등 소유자로 구성된 조합을 설립해야 한다. 재건축사업의 추진위원회가 조합을 설립하려는 때에는 주택단지의 공동주택의 각 동별 구분소유자의 과반수 동의와 주택단지의 전체 구분소유자의 3/4 이상 및 토지 면적의 3/4 이상의 토지소유자의 동의를 받고 관련 서류를 갖추어 시장·군수 등의 인가를 받아야 한다.

6단계: 시공자의 선정

조합은 조합총회에서 경쟁입찰 또는 수의계약의 방법으로 건설업자 또는 등록사업자를 시공자로 선정해야 한다.

7단계: 사업시행계획의 수립 및 인가신청, 매도청구

사업시행자는 정비계획에 따라 사업시행계획서를 작성하고 사업시행인가를 신청하며 매도청구를 준비해야 한다.

- 7-① 조합설립에 동의하지 않은 경우 매도청구: 재건축사업의 사업시행자는 사업시행계획인가의 고시가 있은 날부터 30일 이내에 다음의 어느 하나에 해당하는 자에게 조합설립 또는 사업시행자의 지정에 관한 동의 여부를 회답할 것을 서면으로 촉구해야 한다.
- 7-② 분양 신청을 하지 않은 경우 매도청구: 사업시행자는 관리처분계획이 인가·고시된 다음 날부터 90일 이내에 분양신청을 하지 않은 자, 분양신청 기간 종료 이전에 분양신청을 철회한 자, 투기과열지구에서 분양신청을 할 수 없는 자, 인가된 관리처분계획에 따라 분양대상에서 제외된 자와 토지, 건축물 또는 그 밖의 권리의 손실보상에 관한 협의를 해야 한다.

8단계: 관리처분계획

사업시행자는 사업시행계획인가의 고시가 있은 날부터 120일 이내에 다음의 사항을 토지 등 소유자에게 통지하고, 분양의 대상이 되는 대지 또는 건축물의 내역 등의 사항을 해당 지역에서 발간되는 일간신문에 공고해야 한다.

분양신청 기간은 통지한 날부터 30일 이상 60일 이내로 해야 한다. 다만 사업시행자가 관리처분계획 수립에 지장이 없다고 판단하는 경우에는 분양신청 기간을 20일 범위에서 한 차례 연장할 수 있다. 대지 또는 건축물에 대한 분양을 받으려는 토지 등 소유자는 분양신청 기간에 사업시행자에게 대지 또는 건축물에 대한 분양신청을 해야 한다. 관리처분계획의 내용은 다음의 기준에 따른다.

- 종전의 토지 또는 건축물의 면적·이용 상황·환경, 그 밖의 사항을 종합적으로 고려해 대지 또는 건축물이 균형 있게 분양신청자에게 배분되고 합리적으로 이용되도록 한다.
- 지나치게 좁거나 넓은 토지 또는 건축물을 넓히거나 좁혀서 대지 또는 건축물이 적정 규모가 되도록 한다.
- 너무 좁은 토지 또는 건축물이나 정비구역 지정 후 분할된 토지를 취득한 자에게는 현금으로 청산할 수 있다.
- 재해 또는 위생상의 위해를 방지하기 위해 토지의 규모를 조정할 특별한 필요가 있는 때는 너무 좁은 토지를 넓혀서, 토지를 갈음하여 보상하거나 건축물의 일부와 그 건축물이 있는 대지의 공유지분을 교부할 수 있다.
- 분양 설계에 관한 계획은 분양신청 기간이 만료하는 날을 기준으로 수립한다.
- 1세대 또는 1명이 하나 이상의 주택 또는 토지를 소유한 경우 1주택을 공급하고, 같은 세대에 속하지 아니하는 2명 이상이 1주택 또는 1토지를 공유한 경우에는 1주택만 공급한다.

9단계: 철거 및 착공

사업시행자는 건축물을 철거하기 전에 관리처분계획의 수립을 위해 기존 건축물에 대한 물건조서와 사진 또는 영상자료를 만들어 착공 전까지 보관해야 한다.

물건조서를 작성할 때는 종전 건축물의 가격 산정을 위해 건축물의 연면적, 실측평면도, 주요 마감재료 등을 첨부해야 한다.

10단계: 준공 및 이전고시

시장·군수 등이 아닌 사업시행자가 재건축사업 공사를 완료한 때는 준공인가신청서에 관련 서류를 첨부해 시장·군수 등에게 제출해야 한다. 준공인가신청을 받은 시장·군수 등은 지체 없이 준공검사를 실시해야 한다.

시장·군수 등이 준공검사를 실시한 결과, 정비사업이 인가받은 사업시행계획대로 완료되었다고 인정하는 때는 준공인가를 한다. 사업시행자는 준공인가 고시가 있을 때는 지체 없이 대지확정측량을 하고 토지의 분할절차를 거쳐 관리처분계획에서 정한 사항을 분양받을 자에게 통지하며 대지 또는 건축물의 소유권을 이전해야 한다.

▔ 재건축 투자의 포트폴리오 구성

"교수님, 재건축을 진행하는 아파트를 무조건 매입하는 것은 아닐 거라고 생각합니다. 재건축사업의 투자 포트폴리오는 어떻게 구성하는 것인가요?"

"투자를 위한 포트폴리오 구성은 매우 중요합니다. 어떻게 투자 포트폴리오를 구성할 것인가, 여기에서의 대상은 부동산이고, 부동산 중에서도 재건축이 추진되는 아파트를 말하는 것입니다. 우선 포트폴리오란 무엇인지부터 살펴봅시다.

1952년에 경제학술지 〈The Journal of Finance〉에 논문 '포트폴리오 선택(Portfolio Selection)'이 발표되었습니다. 이 논문을 발표한 사람은 미국의 경제학자 해리 마코위츠입니다. 포트폴리오란 원래 서류철이나 손가방을 뜻합니다. 여기에는 다양한 물품이 들어가는데, 이 의미를 가져와서 투자위험을 줄이기 위한 각종 자산의 구성을 뜻합니다. 포트폴리오 선택이론은 수익은 극대화하면서 위험은 최소화하는 포트폴리오를 구성하는 과정을 설명합니다.

　　포트폴리오 선택이론은 금융과 주식시장에서 자산의 효용 극대화를 위해 위험 및 수익이 다른 금융자산들의 보유 비중을 결정하는 데 적극적으로 활용되고 있습니다. 특히 증권투자와 관련해서는 특성이 다른 여러 증권에 분산투자함으로써 미래의 불확실한 위험을 미리 분산시킬 수 있다는 장점이 있습니다. 포트폴리오 선택이론은 주로 기관투자자들에게 적합한데, 개인 투자자에게도 동일할까요?"

　　"케이스나 워런 버핏은 '분산투자를 해서는 부를 축적할 수 없다'라고 했습니다. 특히나 개인은 분산투자를 해서는 부자가 될 수 없고 낮은 거래비용과 낮은 관리비용으로 집중투자를 해야 한다고 교수님께서 이전에 설명하셨습니다."

　　"아주 좋습니다. 정확히 기억하고 계시네요. 결론부터 말하면, 개인은 분산투자를 해서 부자가 될 수 없습니다. '계란을 한 바구니에 담지 마라'라는 서양 속담이 있습니다. 계란을 한 바구니 넣으면 부딪혀서 깨지기 때문에 나누어서 보관하라는 의미이지요. 제임스 토빈 예일대 교수가 '포트폴리오 이론' 연구로 1981년 노벨경제학상을 받는 기자회견장에서 포트폴리오 이론을 쉽게 설명해달라는 기자들의 질문에 이렇게 답변하면서 유명해진 투자 격언입니다.

그러나 개인들은 계란도 한 바구니에 담아야 합니다. 분산투자를 해서는 부를 축적할 수 없습니다. 개인은 집중투자를 해야 합니다. 집중투자를 하는 자산이나 종목을 더욱 연구하고 학습해야 위험을 줄일 수 있습니다. 특히 장기적인 가치투자를 위해서라면 더더욱 집중투자를 해야 합니다.

『손자병법』에서 설명하고 있는 병법 중의 하나인 '인해전술'은 가장 단순하면서도 가장 강력한 전술입니다. 도박판에서 밑천이 많은 사람이 유리한 것과 같지요. 케이스는 '확신 없는 분야로 지분을 분산시키기보다는 위험하지 않다는 믿을 만한 증거를 보여주는 한 가지 종목을 상당량 보유하는 편이 낫다'라고 투자 원칙을 제시했습니다. 금융, 주식과는 다른 부동산은 분산투자가 불가능합니다. 개별 투자단위가 크고 정보의 비대칭성*이 크기 때문에 더욱 그렇습니다."

"교수님, 그럼 부동산은 분산투자 자체가 안 되는 것인가요?"

"아닙니다. 막대한 자산을 부동산에 투자하는 기관 투자자들은 투자수익률의 안정적 확보를 위해서 포트폴리오 선택이론에 따라 분산투자를 할 수 있습니다. 리츠**가 바로 그러한 분산투자의 사례라고 볼 수 있습니다. 그러나 개인은 불가능합니다. 따라서 개인은 집중투자를 해야 합니다. 특히 재건축은 사업성에 따라 투자의 성패가 달라

- 경제적 이해관계를 가진 당사자 간에 정보가 한쪽에만 존재하고 다른 한쪽에는 존재하지 않는 상황을 말한다.
- 투자자들로부터 자금을 모아 부동산이나 부동산 관련 자본·지분(Equity)에 투자하여 발생한 수익을 투자자에게 배당하는 회사나 투자신탁

| 재건축사업 포트폴리오 구성 방법 |

시장현황 분석	지역	서울	강남
			강북
		수도권	신도시
			기타 도시
		지방도시	대전, 대구, 광주, 부산
			기타 광역시
	규모	소규모	200세대 미만
		중규모	500세대 이상
		대규모	1천 세대 이상
	방식	사업방식	조합방식
			신탁방식

지기 때문에, 비전문가인 개인들은 재건축시장에서 사업을 주체적으로 추진하는 플레이어의 참여 행태를 분석하면 투자위험을 줄일 수 있습니다."

"재건축시장에서의 사업을 주체적으로 추진하는 플레이어가 누구인가요?"

"플레이어의 핵심은 바로 시공사였습니다. 재건축 투자 포트폴리오 구성을 개발의 실질적인 주체인 시공사의 관점에서 살펴보면 투자위험을 최소화할 수 있었습니다. 왜냐하면 시공사의 포트폴리오에 포함된 재건축구역은 신속한 사업추진이 가능해 자금투자 기간을 최소화할 수 있기 때문이지요. 시공사는 정부의 부동산 정책 방향, 재건축 관련 법규의 환경, 동종업계인 시공사들의 사업추진 계획 및 동향, 부동산 및 주택시장의 전망에 따라 재건축시장의 현황을 분석하기 때문에 시공사의 관점으로 재건축 투자 포트폴리오를 구성하면 실패할 확률이 낮았습니다. 그러나 지금은 신탁사가 사업시행자로서 재건축사업에 참여하면서 신탁사가 분석하는 시장 포트폴리오를 살펴보는 것도 중요합니다."

"시공사와 신탁사는 시장현황 분석의 기준이 어떻게 되나요?"

"시공사와 신탁사는 시장현황 분석 및 포트폴리오 작성 기준이 거의 비슷합니다. 시공사와 신탁사 모두 자금을 지원하며 사업을 주도적으로 추진하기 때문입니다. 시장분석 기준은 재건축시장의 현황을 지역·규모·방식으로 구분해 분석합니다. 지역은 서울, 수도권, 지방도시로 구분하고, 서울은 강남과 강북으로 구분합니다. 수도권은 신도시, 기타 도시로 구분하고, 지방도시는 대전, 대구, 광주, 부산 외 기타 광역시로 구분합니다. 규모는 200세대 미만인 소규모, 500세대 이상~1천 세대 미만인 중규모, 1천 세대 이상인 대규모로 구분합니다. 사업방식은 기존의 재건축방식인 조합방식과 신탁사가 사업시행자 또는 사업대행자로 사업을 추진하는 신탁방식으로 구분합니다.

▬ 재건축 투자 대상 프로젝트의 선별 조건

"교수님, 재건축사업 투자를 위한 선별 조건은 어떻게 되나요?"

"재건축사업을 선별할 때는 입지조건, 인허가조건, 분양성, 일반분양 비율, 사업규모와 대지면적, 공사조건, 예상되는 민원, 선투자율, 비례율, 입찰·계약조건 등을 검토해야 합니다.

입지조건을 보는 것은 교통여건, 교육시설, 생활 편익시설이 있는

지, 그리고 랜드마크 입지인지를 검토하는 것입니다. 인허가조건은 용적률, 층고 제한, 도로, 경관 제한 여부를 말하고, 분양성은 분양가와 분양률을 말합니다. 일반분양 비율은 전체 건립세대 중 조합원분양 비율과 비교해서 검토합니다. 사업규모와 대지면적은 지역적 특성에 따라 적정 규모 이상인지 검토해야 합니다. 공사조건으로는 토공사와 진입로 조건을 살펴봅니다. 민원은 인접 주택의 일조권과 소음 및 진동에 대한 민원의 가능성이 있는지를 검토하며, 상가 등의 영업손실보상에 대한 사업비 증가 요인도 확인해야 합니다. 선투자율은 총 사업비 대비 분양 전 선투자율을 뜻합니다. 비례율은 조합원의 종전평가금액대비 개발이익률을 통해 사업성을 검토하며, 입찰·계약조건에 대해서는 시공사들 간의 경쟁 구도를 고려한 사업조건을 검토해야 합니다. 제시한 선별조건 중에서 입지조건, 분양성, 공사조건, 선투자율, 비례율 등의 조건이 중요합니다."

"지금까지의 재건축사업은 시공사가 사업추진의 중심이라고 해도 과언이 아니었습니다. 시공사의 관점에서 분석하면 재건축사업의 투자가치를 구분할 수 있다는 말이죠?"

"네, 그렇습니다. 시공사의 관점에서 보면 투자를 위한 재건축사업을 선별하는 기준에서 가장 중요한 부분은 조합원의 사업성입니다. 재건축사업은 조합원들의 동의에 따라 진행되는 절차사업입니다. 즉 '조합원들의 동의가 재건축사업의 모든 절차'라고 해도 과언이 아닙니다.

재건축사업의 인허가 절차 때마다 조합원들에게 적극적인 동의를 얻으려면 재건축사업을 시행하는 이유가 명확해야 합니다. 재건축사업을 하는 이유는 개발이익의 확보를 위해서입니다. 따라서 높은 개

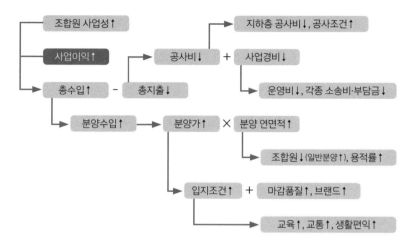

| 시공사의 재건축사업 선별 기준 |

발이익과 주거환경의 개선이 확보되어야 조합원들은 사업에 동의합니다. 이때 조합원들의 동의가 신속해야 성공적으로 사업추진을 할 수 있습니다. 이러한 이유로 시공사들도 조합원의 사업성이 높은 재건축사업을 선호할 수밖에 없습니다.

조합원의 사업성을 높이려면 사업이익이 높아야 하고, 그러려면 총수입은 많되 총지출은 적어야 합니다. 총수입이 많아지려면 분양수입이 많아야 합니다. 분양수입이 많아지려면 분양 연면적, 그리고 분양가가 높아야 합니다. 분양가가 높으려면 마감재가 좋아야 하고 시공사의 브랜드 인지도가 높아야 하며, 입지조건도 좋아야 합니다. 입지조건이 좋아지려면 교육·교통·생활 편익시설이 우수해야 합니다. 총지출을 최소화하려면 공사비와 사업경비를 줄여야 하지요. 토공사 비용, 특히 지하층 공사비가 줄어들수록 공사비를 최소화할 수 있습니다.

또한 시공을 하기 위한 현장조건이 좋아 공사비를 최소화할 수 있

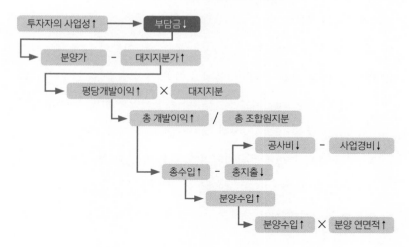

는지도 중요합니다. 사업경비를 최소화하려면 조합 운영비를 줄이고 주민들이 화합해서 불필요한 소송 등의 비용이 추가되지 않게 합니다. 그리고 관련 법규나 제도에 따라 각종 부담금을 최소화할 수 있는 방법을 강구해야 합니다. 특히 재건축사업의 진행 과정에서 발생하는 민원을 줄여 민원 보상비가 지출되지 않도록 관리하는 것도 매우 중요합니다."

"교수님, 시공사의 관점이 아닌 투자자의 관점에서 보는 재건축사업 투자의 세부 선별 기준은 어떻게 되나요?"

"투자자의 재건축사업 선별 기준도 조합원의 사업성이 가장 중요합니다. 조합원의 사업성이 높아야 조합원의 부담금을 최소화할 수 있으니까요. 부담금을 최소화하려면 정해진 분양가에 대비해 조합원의 권리 가액인 대지지분가가 높아야 합니다. 분양가보다 조합원의 대지지분가가 높으면 부담금을 내지 않고, 오히려 환급금을 받을 수 있기 때문입니다. 따라서 대지지분이 큰 재건축 물건이 조합원 관점에서 사업성이 높다고 할 수 있습니다.

대지지분은 고정된 것이므로 사업성에 따라 지분의 크기가 변하지 않지만, 3.3m²당 개발이익은 사업성에 따라 차이가 클 수 있습니다. 대지지분가는 고정된 대지지분에 3.3m²당 개발이익을 곱한 것입니다. 따라서 3.3m²당 개발이익이 높아야 대지지분가도 높습니다.

3.3m²당 개발이익이 높아지려면 총수입은 많되 총지출은 적어야 합니다. 총수입이 많아지려면 분양수입이 많아야 하고, 그러려면 분양가와 분양 연면적이 커야 하지요. 총지출을 줄이기 위해서는 공사비와 사업경비를 최소화해야 합니다."

▬ 소규모주택 정비사업의 기본 이해

"교수님, 최근 정부가 도시재생의 차원에서 소규모주택 정비사업을 정책적으로 권장하고 있습니다. 소규모주택 정비사업과 관련된 법을 제정한 이유가 무엇인가요?"

"소규모주택 정비사업을 이해하려면 먼저 도시재생 뉴딜정책을 이해해야 합니다. 이는 정부의 주요 국정 과제 중 하나이지요. 전국의 낙후지역 500곳에 매년 재정 2조 원, 주택도시기금 5조 원, 공기업 사업비 3조 원 등 5년간 총 50조 원을 투입해 도시재생사업을 추진하는 정책입니다. 사업대상지 절반 이상이 1천 가구 이하의 소규모 지역(우리 동네 살리기)으로 추진되는 것이 특징입니다.

사업 모델은 면적 규모에 따라 5가지로 나뉩니다. 바로 우리 동네 살리기[*], 주거정비지원형[**], 일반근린형[***], 중심시가지형[****], 경제기반형[*****]입니다. 도시재생사업을 활성시키려면 소규모주택 정비사업이 활성되어야 합니다. 그래서 정부는 2017년 2월 빈집 및 소규모주택 정비에 관한 특례법(이하 소규모주택정비법)을 제정하고 2018년 2월부터 시행했습니다.

소규모주택정비법은 최근 저출산·고령화·저성장 기조가 지속되고 전국 주택보급률이 100%를 초과함에 따라 다수의 대규모 정비사업이 지연·중단되는 점, 구도심 쇠퇴 등으로 빈집이 지속적으로 증가하고 있는 점을 감안했습니다. 현행 도시 및 주거환경정비법(이하 도시정비법)은 내용이 대규모 정비사업 위주로 구성되고, 가로주택정비사업 등 소규모 정비사업과 관련된 사항이 있으나 사업 활성화를 위한 지원 규정은 미흡한 수준이었습니다.

특히 저소득층의 60% 이상이 단독·다세대주택에 거주하고 있다는 점에서 소규모주택 정비에 대한 공공의 다각적 지원이 요구되었습니

- [*] 가장 소규모인 '우리 동네 살리기'는 면적 5만m² 미만인 소규모 저층 주거밀집지역에서 추진되며 거주민 1천 가구 이하 마을이 해당된다. 이곳에는 주택 개량과 함께 CCTV, 무인택배함 등 생활밀착형 소규모 생활 편의시설이 설치된다.
- [**] 주거정비지원형은 5만~10만m² 저층 단독주택지역을 대상으로 하며 도로 정비, 주택 정비, 공공 임대주택 공급 등이 이루어진다.
- [***] 일반근린형은 10만~15만m² 주거지와 골목 상권 혼재 지역이다. 여기에는 노인과 청소년 등 지역민을 위한 문화 서비스 공간 등이 설치된다.
- [****] 중심시가지형은 주로 상업지역(20만m²)에서 이루어지며 노후 시장 개선, 빈 점포 리모델링을 통한 창업 공간 지원 등이 이루어진다.
- [*****] 경제기반형은 역세권, 산업단지, 항만 등 대규모 사업지(50만m² 산업 지역)가 해당된다. 여기에는 복합지식산업센터 건립, 국유지 활용 개발 등이 이루어진다.

다. 이에 소규모주택정비법을 새로이 제정해, 빈집을 체계적으로 정비하기 위한 제도적 근거를 마련하고, 현행 도시정비법에서 규정하고 있는 가로주택정비사업 등을 이 법으로 이관하여 사업절차를 간소화했습니다. 한편 사업 활성화를 위해 건축규제 완화, 임대주택 건설 등의 특례규정과 정비지원기구 지정, 임대관리 업무지원, 기술지원 및 정보 제공 등의 지원 규정을 신설해 사업을 활성화하고자 제정했습니다."

"소규모주택 정비사업은 자율주택정비사업, 가로주택정비사업, 소규모재건축사업으로 나뉜다고 알고 있습니다. 각각의 사업 방식을 자세히 설명해주세요."

"소규모주택정비법에서 정한 절차에 따라 노후·불량건축물의 밀집 등 일정한 요건에 해당하는 지역 또는 가로구역에서 시행하는 사업으로, 자율주택정비사업, 가로주택정비사업, 소규모재건축사업으로 구분합니다. 자율주택정비사업은 단독주택 및 다세대주택을 스스로 개량하고 건설하기 위한 사업입니다. 가로주택정비사업은 가로구역에서 종전의 가로를 유지하면서 소규모로 주거 환경을 개선하기 위해 시행하는 사업입니다. 소규모재건축사업은 정비기반시설이 양호한 지역에서 공동주택을 소규모로 재건축하기 위한 사업입니다.

자율주택정비사업은 사업시행계획인가를 받은 후에 사업시행자가 스스로 주택을 개량·건설하는 방법으로 시행합니다. 가로주택정비사업은 가로구역의 전부 또는 일부에서 인가받은 사업시행계획에 따라 주택 등을 건설해서 공급하거나 보전·개량하는 방법으로 시행합니다. 소규모재건축사업은 인가받은 사업시행계획에 따라 주택, 부대시설, 복리시설 및 오피스텔을 건설해서 공급하는 방법으로 시행합니다. 다만 지형 여건·주변 환경으로 보아 사업 시행상 불가피하면 주택 단지가 아닌 건축물도 포함해서 사업을 시행할 수 있습니다."

"단독·다세대주택을 소유한 20세대 미만의 개인들이 인접 대지의 주택과 함께 진행할 수 있는 사업 방식이 자율주택정비사업이군요. 자율주택정비사업은 매도청구 권한이 없는 건가요?"

"자율주택정비사업은 주민합의체를 구성해야 합니다. 여기서 주민합의체란 토지 등 소유자(2인 이상)가 자율주택정비사업을 시작하기 위해 토지 등 소유자 전원의 합의로 결정하는 합의체를 말합니다. 주민합의체를 구성하기 위해서는 토지 등 소유자의 전원 합의로 주민합의체 대표자를 선임하고, 주민합의서를 작성해 시장과 군수 등에게 신고해야 합니다. 따라서 자율주택정비사업은 가로주택정비사업과 소규모재건축사업과 같은 매도청구권*이 없습니다."

"가로주택정비사업과 소규모재건축사업은 소유자 개인이 자율적으로 진행하기가 쉽지 않아 보입니다. 사업을 추진하려면 전문가의 도움을 받아서 진행해야 하나요?"

"자율주택정비사업과 달리 가로주택정비사업과 소규모재건축사업은 공사비를 포함한 사업비만 해도 신축 약 200여 세대를 기준으로 잡았을 때 적게는 약 300억 원, 많게는 약 600억 원까지 투입됩니다. 따라서 각 분야의 전문가들이 공정한 입찰경쟁을 통해 사업을 추진해야 합니다."

● 빈집 및 소규모주택 정비에 관한 특례법 제35조(매도청구) ①가로주택정비사업 또는 소규모재건축사업의 사업시행자(토지 등 소유자가 시행하는 경우는 제외한다)는 제26조에 따른 심의 결과를 받은 날부터 30일 이내에 다음 각 호의 자에게 조합설립 또는 사업시행자의 지정에 동의할 것인지 여부를 회답할 것을 서면으로 촉구하여야 한다.

"자율주택정비사업, 가로주택정비사업, 소규모재건축사업 등 소규모주택 정비사업의 시행자는 누가 하는 것인가요?"

"소규모주택 정비법에 따른 시행자●는 소유자들이 조합을 설립해서 사업을 시행하거나 시장·군수, 토지주택공사, 건설업자, 등록사업자, 신탁업자, 부동산투자회사와 공동으로 사업을 시행할 수 있습니다."

"최근 조합장과 업체들의 불법적인 행태를 고발하는 뉴스가 많습니다. 조합을 설립하지 않고 전문가에게 맡겨서 사업을 추진하는 방법이 있다고 들었는데, 어떤 방법이 있나요?"

"조합운영 과정에서 절차적 하자와 이권 개입, 시공사와 결탁한 공사비 증가 등의 문제로 조합원들에게 추가부담금을 요구하는 등의 문제가 지속적으로 발생하자 정부는 법을 개정해 조합을 설립하지 않고 신탁사가 사업을 시행●●할 수 있도록 했습니다.

최근 신탁사가 사업을 시행하는 신탁방식 정비사업이 활성화되고 있습니다. 과거에는 신탁방식 정비사업의 실제 사례가 없다 보니 소유

● 빈집 및 소규모주택 정비에 관한 특례법 제17조(소규모주택정비사업의 시행자) ①자율주택정비사업은 2명 이상의 토지 등 소유자가 직접 시행하거나 다음 각 호의 어느 하나에 해당하는 자와 공동으로 시행할 수 있다. 1.시장·군수 등, 2.토지주택공사 등, 3.건설업자, 4.등록사업자, 5.신탁업자, 6.부동산투자회사. ②자율주택정비사업의 시행으로 제51조 제1항에 따른 임대주택을 공급하는 경우에는 제1항에도 불구하고 토지 등 소유자 1명이 사업을 시행할 수 있다. ③가로주택정비사업 또는 소규모재건축사업은 다음 각 호의 어느 하나에 해당하는 방법으로 시행할 수 있다. 1.토지 등 소유자가 20명 미만인 경우에는 토지 등 소유자가 직접 시행하거나 해당 토지 등 소유자가 제1항 각 호의 어느 하나에 해당하는 자와 공동으로 시행하는 방법. 2.제23조에 따른 조합이 직접 시행하거나 해당 조합이 조합원의 과반수 동의를 받아 제1항 각 호의 어느 하나에 해당하는 자와 공동으로 시행하는 방법

●● 빈집 및 소규모주택 정비에 관한 특례법 제19조(가로주택정비사업·소규모재건축사업의 지정개발자 지정) ①시장·군수 등은 가로주택정비사업 또는 소규모재건축사업의 조합 설립을 위하여 제23조에 따른 조합설립 동의 요건 이상에 해당하는 자가 대통령령으로 정하는 요건을 갖춘 신탁업자(이하 '지정개발자'라 한다)를 사업시행자로 지정하는 것에 동의하는 때에는 지정개발자를 사업시행자로 지정하여 해당 사업을 시행하게 할 수 있다.

자들이 적극적으로 참여하지 않았는데, 최근에는 신탁방식 정비사업으로 최종 입주까지 마무리한 사업장들의 사례가 나오자 소유자들의 관심이 매우 높아지고 있습니다."

"사업을 총괄하는 시행자 외에 행정 업무를 수행하는 업체도 선정해야 하나요?"

"법률적 절차사업인 정비사업을 관련법을 지키면서 공정하고 투명하게, 체계적으로 사업을 추진하기에는 경험이 없는 소유자라면 어려움이 많습니다. 따라서 소규모주택정비법에서는 정비사업의 행정 업무를 전문으로 하는 정비사업 전문관리업자를 정비사업 계약업무 처리기준●●●에 따라 경쟁입찰 방식으로 선정●●●●하도록 규정하고 있습니다."

"서울이나 부산 등 도심의 상업지역에서 추진하는 가로주택정비사업이 매우 원활하게 추진되고 있습니다. 왜 그런 건가요?"

"그 이유는 바로 용도지역별 기준에 따른 높은 용적률 때문입니다. 이를 이해하려면 국토의 계획 및 이용에 관한 법률(이하 국토계획법)●●●●●에

●●● 이 기준은 국토교통부 고시로 도시 및 주거환경 정비법 제29조에 따라 추진위원회 또는 사업시행자 등이 계약을 체결하는 경우 계약의 방법 및 절차 등에 필요한 사항을 정함으로써 정비사업의 투명성을 개선하고자 하는 데 목적이 있다.

●●●● 빈집 및 소규모주택 정비에 관한 특례법 제21조(정비사업 전문관리업자의 선정 등) ①주민합의체는 도시 및 주거환경 정비법 제102조에 따른 정비사업 전문관리업자(이하 '정비사업 전문관리업자'라 한다)를 선정하는 경우 주민합의서로 정하는 바에 따라 선정하여야 한다. ②조합은 정비사업 전문관리업자를 선정하는 경우 조합총회(시장·군수 등 또는 토지주택공사 등과 공동으로 사업을 시행하는 경우에는 조합원의 과반수 동의로 조합총회 의결을 갈음할 수 있다)에서 국토교통부 장관이 정하는 경쟁입찰 또는 수의계약(2회 이상 경쟁입찰이 유찰된 경우로 한정한다)의 방법으로 선정하여야 한다.

●●●●● 국토의 이용·개발과 보전을 위한 계획의 수립 및 집행 등에 필요한 사항을 정하여 공공복리를 증진시키고 국민의 삶의 질을 향상시키는 것을 목적으로 한다.

서 규정하고 있는 제36조(용도지역●의 지정)를 이해해야 합니다. 용도지역별 용도·건폐율·용적률 기준은 지정된 용도지역의 대분류 혹은 그 세분화에 따라 국토계획법에서 정의되며, 지방 자치조례 등을 통해 더욱 구체화할 수 있습니다.

용도지역의 구분에 따라 도시지역, 관리지역, 농림지역, 자연환경보전지역으로 나뉘며 도시지역은 주거지역, 상업지역, 공업지역, 녹지지역으로 구분됩니다. 상업지역은 중심상업지역, 일반상업지역, 근린상업지역, 유통상업지역으로 나뉩니다. 같은 땅이라고 하더라도 어떤 용도지역인지에 따라서 용적률이 크게 달라지므로 사업성의 차이가 큽니다.

국토계획법에서 정한 중심상업지역의 용적률은 1,500%, 일반상업지역의 용적률은 1,300%, 근린상업지역의 용적률은 900%, 유통상업지역의 용적률은 1,100%입니다. 실제 적용 용적률은 해당 시·도 조례에 따라 결정됩니다. 이렇듯 용적률이 높은 상업지역에서 가로주택정비사업의 사업성이 좋은 것은 당연하겠지요? 용도지역에 따른 투자가치가 좋은 지역을 순서대로 설명하면 '상업지역 〉준주거지역 〉준공업지역 〉제3종일반주거지역 〉제2종일반주거지역 〉제1종일반주거지역'입니다."

"정부가 소규모주택 정비사업을 권장하면서 신속하게 사업을 추진할 수 있도록 사업추진 절차를 간소화했다고 알고 있습니다. 어떤 절

● 토지의 이용 및 건축물의 용도, 건폐율, 용적률, 높이 등을 제한함으로써 토지를 경제적·효율적으로 이용하고 공공복리의 증진을 도모하기 위하여 서로 중복되지 아니하게 도시·군관리계획으로 결정하는 지역을 말한다. 용도지역은 토지의 이용 실태 및 특성, 장래의 토지 이용 방향, 지역 간 균형발전 등을 고려하여 다음과 같이 구분되며 각각의 대분류는 다시 세분되어 지정될 수 있다.

차를 간소화했나요?"

"소규모주택 정비사업의 장점이 절차 간소화를 통한 신속한 사업 추진입니다. 첫 번째는 정비계획수립을 통한 정비구역지정 절차를 생략했습니다. 정비구역지정 고시를 받기 위해서는 정비계획에 따른 수립 및 검토, 그리고 심의절차를 거쳐 정비구역지정 고시까지 진행하는 데 최소 1년에서 1년 6개월 이상의 인허가 기간이 소요됩니다. 두 번째는 건축심의 등 둘 이상의 심의가 필요한 경우에는 이를 통합심의**하도록 법에서 규정하고 있습니다. 통합심의로 건축심의 일정이 약 6개월 정도 단축될 수 있습니다. 세 번째는 관리처분 절차를 간소화해 사업시행계획인가와 통합하여 처분*** 절차를 진행합니다. 이 절차를 간소화하면 약 6개월의 사업 기간이 단축될 수 있습니다. 이 3가지 방법으로 약 2년 6개월 이상의 사업 기간이 단축될 것으로 예상됩니다."

"그럼 재개발·재건축 절차에서 교수님이 말씀하신 소규모주택 정비사업의 절차 간소화 3가지를 제외하고, 나머지 절차는 도시정비사업의 절차와 동일한가요?"

"네, 맞습니다. 기본적으로 소규모주택정비법은 도시정비법을 기준

●● 빈집 및 소규모주택 정비에 관한 특례법 제27조(통합심의) ①시장·군수 등은 소규모 주택정비사업과 관련된 다음 각 호 중 둘 이상의 심의가 필요한 경우에는 이를 통합하여 심의(이하 '통합심의'라 한다)하여야 한다. 다만 제2호에 따른 도시·군관리계획 중 용도지역·용도지구를 지정 또는 변경하거나 제49조 제1항에 따라 용적률 상한까지 건축하는 경우에는 특별시장, 광역시장, 특별자치시장 또는 특별자치도지사에게 통합심의를 요청하여야 한다. 1.건축법에 따른 건축심의(제26조 및 제48조 제1항에 따른 심의를 포함한다) 2.국토의 계획 및 이용에 관한 법률에 따른 도시·군관리계획 및 개발행위 관련 사항 3.그 밖에 시장·군수 등이 필요하다고 인정하여 통합심의에 부치는 사항
●●● 빈집 및 소규모주택 정비에 관한 특례법 제34조(사업시행계획인가에 따른 처분 등) ①가로주택정비사업 또는 소규모재건축사업의 사업시행자는 사업의 시행으로 조성된 대지 및 건축물을 사업시행계획인가에 따라 처분 또는 관리하여야 한다.

으로 파생된 법●이기 때문에 소규모주택정비법에서 규정하지 않은 것은 도시정비법을 준용해도 무리가 없습니다."

"소규모주택 정비사업 방식 중 투자자로서 가장 유리한 방식은 어떤 방식인가요?"

"소규모주택 정비사업의 사업 방식 중에서 준주거지역 이상의 용도지역에서 추진하는 가로주택정비사업의 사업성이 가장 우수할 것입니다. 최근 추진 중인 울산 태화강 인접의 학성동 가로주택정비사업의 비례율은 200% 이상으로, 종전 가치보다 2배 이상 개발이익이 발생했습니다. 특히 가로주택정비사업은 재건축초과이익 환수에 관한 재건축부담금을 납부하지 않기 때문에 사업성 제고에 더욱 유리할 수 있습니다.

그다음은 기반 시설이 양호한 소규모재건축사업입니다. 소규모주택 정비사업의 난개발을 걱정하는데, 소규모재건축은 기존 공동주택인 아파트에 기반시설이 설치되어 있기 때문에 상대적으로 유리할 수 있습니다. 다만 재건축초과이익 환수에 관한 재건축부담금이 향후 소유자에게 부담이 될 수 있습니다.

자율주택정비사업은 사업성이 낮기 때문에 부동산 투자상품으로는 적합하지 않습니다. 제2종일반주거지역 이하의 가로주택정비사업도 층수 제한 규제 등으로 부동산 투자상품으로는 적합하지 않습니다."

● 빈집 및 소규모주택 정비에 관한 특례법 부칙 제3조(일반적 경과조치) 시행 당시 종전의 도시 및 주거환경 정비법(이하 '종전 법률'이라 한다)의 가로주택정비사업 및 주택재건축사업(정비구역이 아닌 구역에서 시행하는 주택재건축사업을 말한다. 이하 같다) 관련 규정에 따라 행하여진 처분·절차 및 행위는 이 법의 관련 규정에 따라 행하여진 처분·절차 및 행위로 본다.

| 소규모주택 정비사업 유형별 비교 |

구분	소규모주택 정비사업		
	자율주택정비사업	가로주택정비사업	소규모재건축사업
개념	노후 단독주택과 다세대주택을 자율적으로 개량·정비	가로구역에서 기존의 가로를 유지하며 소규모로 주거환경을 개선	정비기반시설이 양호하나 노후한 공동주택을 재건축
대상	- 단독·다세대 주택 - 노후불량건축물 2/3 이상 - 전원 합의로 주민합의체 구성	- 단독주택+공동주택 - 노후불량건축물 2/3 이상 - 소유자 4/5 동의로 조합 설립	- 공동주택 - 소유자 3/4 동의로 조합 설립
규모	- 단독 10호 미만 - 다세대 20세대 미만 - 단독+다세대 합산 20세대 미만	- 단독 10호 이상 - 다세대 20호 이상 - 단독+다세대 합산 20세대 이상 - 평균 15층까지	- 노후불량건축물 기존 200세대 미만
	면적 제한 없음	면적 1만m^2 미만	
시행방식	- 자율적 개량	- 관리처분(사업시행계획에 포함) - 매도청구 가능 - 재건축초과이익 환수에 해당되지 않음 - 안전진단 받지 않음	- 관리처분(사업시행계획에 포함) - 매도청구 가능 - 재건축초과이익 환수 대상 - 안전진단 받지 않음
공동시행자	시장·군수, 토지주택공사, 건설업자, 신탁업자, 부동산투자회사		

건축특례	• 건축규제 완화에 관한 특례
	  - 조경기준, 공지기준, 건축물의 높이제한 완화
	  - 임대주택 건설에 따른 특례, 용적률 완화
	  - 부지 인근의 노외·노상주차장 사용권 확보 시 부설주차장 설치 기준 완화
	  - 공동이용시설, 주민공동시설 설치 시 용적률 완화
	• 임대주택 건설에 따른 특례(용적률 법적 상한 적용, 주차장 기준 완화)
	  - 의무임대기간 8년 이상이고 임대료 인상률 제한 및 주택기금지원을 받는 임대주택 및 공공임대주택
	• 사업비 보조 및 융자: 자율주택 정비사업, 가로주택 정비사업의 경우 주택도시보증공사를 통해 총 사업비 50~70% 이내, 1.5% 금리 지원 등		

혜택	- 공공기관 참여 시 용적률 법적 상한의 120%까지 상향(단 늘어나는 용적률 20~50% 공공임대로 기부채납)		

─ 소규모주택 정비사업 투자 체크 포인트

"교수님, 요즘 노후화된 단독주택 밀집지역이나 나홀로 아파트의 주민들이 소규모재건축사업이나 가로주택정비사업을 추진하려는 경우가 많습니다. 그런데 이렇게 소규모 단위로 계속 개발을 하면 도시계획적 개발의 부재로 난개발이 되지 않을까요?"

"그렇죠. 과거 2000년대 초반에 서울에서 진행된 뉴타운 사업은 기존 원주민들의 재정착률이 매우 낮았습니다. 당시 여러 논문을 보면 재개발사업의 재정착률이 20% 미만이라는 연구결과가 많았습니다. 그리고 이주 대책을 마련하지 않고 진행된 전면철거방식의 뉴타운 사업은 노후 정도나 기능 회복의 필요성보다 수익성이 기대되는 곳에서만 이루어졌습니다. 이는 소규모 단위사업과 사업성이 없는 노후·불량주거지는 방치되고, 무분별한 전면 철거로 장소성·역사성 상실, 지나친 수익성 중심 개발과 공공참여 미비에 따른 공공성 결여 등의 문제점이 나타났습니다.

소규모주택 정비사업은 난개발이 우려되는 것이 사실입니다. 가로주택정비사업은 가로구역 면적이 1만㎡ 이하에만 적용되기 때문에 기존 면적이 1만㎡ 이상인 정비(예정)구역에서는 난개발을 피할 수 없습니다. 예를 들면 5만㎡ 이상의 정비(예정)구역에서 정비사업 일몰제●

● 시간이 지나면 해가 지듯이 법률이나 각종 규제의 효력이 일정 기간 지나면 자동적으로 없어지도록 하는 제도다. 입법이나 제정 당시와 여건이 달라져서 법률이나 규제가 필요 없게 된 이후에도 한 번 만들어진 법률이나 규제는 좀처럼 없어지지 않는 폐단을 없애고자 도입되었다. 정비사업 일몰제란 사업 진척이 더딘 곳을 정비구역에서 해제하는 절차다. 2012년 1월 31일 이전 정비계획이 수립된 구역에서 승인된 추진위원회는 2020년 3월 2일까지 조합설립 신청을 마쳐야 한다. 이 기한을 넘기면 시장이나 군수가 직권으로 해제할 수 있다.

때문에 구역이 해제된 곳이 가로주택정비사업을 추진하고자 하면 5개 구역으로 나눠서 추진[28]할 수밖에 없습니다.

가로주택정비사업은 가로구역으로 인정되어야 추진이 가능합니다. 해당 지역의 일부가 광장, 공원, 녹지, 하천, 공공공지, 공용주차장 및 너비 6m 이상의 건축법상 도로에 접한 경우 가로구역으로 인정됩니다. 5개 구역 중 일부 구역만 가로구역의 조건에 해당되면 부분적으로만 가로주택정비사업을 진행합니다. 결국 부분 개발 때문에 난개발이 되는 것이지요."

"실제로 뉴타운 사업구역으로 지정되었다가 구역이 해제된 후 가로주택정비사업으로 쪼개져서 추진된 사례가 있나요?"

"네, 많습니다. 서울시 성북구 장위동의 장위뉴타운이 구역 해제되면서 가로주택정비사업으로 쪼개져 개발되고, 부분적인 난개발로 문제의 소지가 많습니다. 장위동을 반으로 가로지르는 돌곶이로를 중심으로 석계역 방면에 있는 장위1~7구역 재개발 공사 현장입니다.

반면 길 건너편은 노후 건물들이 그대로 남아 있습니다. 상황이 완전히 다른 두 구역 사이에는 폭이 좁은 돌곶이로가 놓여 있습니다. 이 도로는 재개발 단지를 따라 이어져서 원래라면 확장 공사가 가능하지만, 도로 중간에 놓인 장위8구역이 재개발 지정 해제되면서 손댈 수 없는 상황이 되었습니다. 장위동은 구역 절반이 재개발 해제된 이후 재개발 재추진과 도시재생사업, 가로주택정비사업 등의 선택지를 놓고 여전히 갈피를 못 잡고 있습니다. 그러면서 개발이 멈춘 지역의 주거환경은 속수무책으로 악화[29]되고 있습니다.

그중 공공기반시설 확보가 큰 문제입니다. 난개발이 우려되어 도로 용지와 공원 용지, 주차장 부족 등 기반시설 확충을 기대하기 어려운 상황입니다. 결국 주민들은 부족한 놀이터, 공원 등의 휴식 공간, 상가 등의 생활 편익시설 배치를 위해서 전면철거방식을 원하고 있습니다."

"교수님 말씀대로 과거 재정착률이 매우 낮은 뉴타운 사업의 전면 철거방식 재개발사업을 보완하기 위해서 정부가 지역 주민들의 이주 대책까지 수립하고 사업을 추진한 사례가 있다고 들었습니다. 설명을 부탁드립니다."

"네, 정부에서는 전면철거방식 재개발사업의 문제점을 해소하고자 순환재개발사업방식을 적극 추진했습니다. 순환재개발사업은 도시 기능을 회복하기 위해 정비기반시설을 정비하고, 주택 등 건축물을 개량하거나 건설하는 정비사업을 원활히 시행하기 위한 사업입니다. 정비 구역의 내외에 새로 건설한 주택 또는 이미 건설된 주택에 철거 주택의 소유자 또는 세입자를 임시 거주하게 해서 진행하는 재개발사업이지요.

이는 높은 재정착률과 철거 및 세입자 이주 문제를 원만히 해결할 수 있습니다. 게다가 세입자의 주거권 보호, 지역 커뮤니티를 유지할 수 있다는 장점이 있습니다. 당시 한국토지주택공사는 경기도 성남시 판교신도시에 성남시 2단계 재개발 대상자 주민들이 임시 거주할 수 있도록 순환용 임대주택을 공급한 바 있습니다. 금광1구역, 신흥2구역, 중1구역 등 대규모 순환재개발사업이 성공적으로 추진된 사례죠.

한국토지주택공사는 성남시에서 순환재개발을 성공적으로 추진하면서 성남시 일대에 한층 향상된 공공주도 재개발사업을 추진하고 있습니다. 준공이 완료된 1단계 재개발사업(단대중·3구역)과 현재 진행 중인 2단계(신흥2·중1·금광1구역) 사업에 이어, 수진1·신흥1구역에서 새로운 공공주도 순환재개발사업을 추진하고 있습니다. 지금까지의 노하우를 바탕으로 수익성 위주인 민간 재개발과 달리, 순환정비를 통한 주민 재정착과 안정적인 사업추진을 목표로 하고 있습니다. 이주민들을 위해 위례·여수지구 임대아파트를 순환용주택으로 제공할 예정[30]이라는 보도도 있습니다."

"얼마 전 뉴스를 보니 가로주택정비사업은 층수 규제로 사업성이 확보되지 않아서 사업추진이 어렵다는 기사를 봤습니다. 현재 가로주택정비사업의 규제 상황이 어떤가요?"

"네, 말씀한 바와 같이 가로주택정비사업은 층수 규제가 심했습니다. 서울시는 제2종일반주거지역의 가로주택정비사업 층수를 7층 이하로 제한했습니다. 때문에 사업성이 부족해서 사업추진이 어렵다는 각계의 민원이 있었지요. 그래서 기존 '7층 이하'에서 '최고 15층 이하'로 완화하는 심의 기준을 2021년 1월에 새로 마련했습니다.

지금까지 가로주택정비사업은 '서울특별시 빈집 및 소규모주택 정비에 관한 조례'에 따라 임대주택 건설 시 최고 15층, 법정 용적률 250%까지 완화받을 수 있었습니다. 다만 제2종일반주거지역은 '서울특별시 도시계획조례'에서 최고 층수를 7층 이하로 제한하고 있어, 가로주택정비사업으로 법정용적률(250%)까지 주택을 건설하는 것이 현실적으로 불가능했습니다.

그러나 최근 서울시는 제2종일반주거지역의 7층 높이제한 규제를 푸는 내용을 담은 '서울시 지구단위계획 수립 기준'을 시행한다고 밝혔습니다. 이에 따라 앞으로 제2종일반주거지역 중 7층 높이제한이 있는 곳에서 재건축·재개발 사업을 하거나 지구단위계획을 수립해 아파트를 지을 때 25층까지 올릴 수 있는 길이 열렸습니다."[31]

"소규모주택 정비사업에 투자 시 주의해야 할 점은 무엇인가요?"

"먼저 소규모주택 정비사업은 실수요자의 관점에서 투자를 검토하는 것이 의미가 있습니다. 재건축 투자로서의 가치 상승을 높이 기대하기에는 한계가 있을 수 있습니다. 소규모라서 대단지의 가치를 기대하기가 어렵기 때문입니다. 그리고 향후 확장성 또한 부족할 수 있습니다. 또한 앞에서 설명한 바와 같이 소규모 개발에 따른 난개발이 우려되어 가치 하락 요인으로 작용할 가능성도 있습니다."

2장

투자 대상 아파트의 입지와 가격 결정

━ 부동산 입지의 이해, 위치(Situation)

"교수님, 부동산가격은 수요와 공급, 그리고 심리적인 요인에 의해 결정된다고 했습니다. 그럼에도 불구하고 부동산의 특성 중 가장 핵심적인 것은 고정성이고요. 이 부동산의 고정성, 즉 부동산의 입지가 가격 형성에 매우 중요한 것임을 알고 있습니다. 직주근접도 직장과 주거지와의 입지 접근성을 말하는 것이니까요. 그렇다면 부동산 입지란 무엇인가요?"

"부동산 입지를 이해하려면 먼저 '입지'를 이해해야 합니다. 국어사전에서 입지란 '인간이 경제활동을 하기 위해 선택하는 장소'입니다.

대부분의 사람은 '입지 = 장소'로 이해합니다. 그런데 입지를 장소로 국한해서 생각하면 매우 한정적인 사고만 할 수밖에 없습니다."

"입지가 장소가 아니면 무엇인가요? 다른 의미가 있나요?"

"입지의 정의는 영국의 경제학자인 알프레드 마샬이 쓴 『경제학원리』에서 살펴볼 수 있습니다. 마샬은 입지(Location)를 부지(Site)와 위치(Situation)로 설명합니다. 부지란 부동산이 가지고 있는 특성 그 자체로, 지리적 좌표를 의미하는 절대적 공간 입지입니다.

우리가 지금 밟고 있는 땅, 바닥을 부지라고 이해할 수 있습니다. 위치란 상대적 공간 입지를 말하는데, 도시 중심지나 기타 경제활동 입지까지의 거리 또는 접근성을 의미합니다. 또한 우리를 둘러싸고 있는 공간, 환경 그리고 좀 더 넓은 의미로 모든 네트워크를 위치라고 할 수 있습니다."

"입지가 '장소의 의미인 부지' 외에 '공간과 환경, 네트워크를 의미하는 위치의 의미'도 있다는 설명이 매우 새롭게 느껴지네요."

"우리는 이런 표현을 쓰곤 합니다. '회사에서 내 입지가 어떤데…, 학교에서 내 입지가 어떻고…, 동아리 모임에서 나의 입지는 이런데….' 이것이 바로 입지입니다. 나를 둘러싼 공간, 환경, 네트워크를 입지라고 설명할 수 있지요."

"입지가 무엇을 의미하는지 이제야 정확하게 이해됩니다. 그렇다면 부동산 입지와는 어떻게 다른가요?"

"입지의 의미 일부가 부동산 입지라고 이해하는 것이 합리적입니다. 즉 입지의 의미가 부동산 입지보다 훨씬 큰 의미이죠."

"지금껏 입지를 부동산의 장소라고 알고 있었는데, 이번 기회를 통해 입지의 의미를 넓게 이해했습니다. 이제 부동산 입지를 바라보는 시각과 관점이 달라질 것 같아요."

"마샬은 경제활동에 대한 가치를 평가하는 지대이론에서 위치의 중요성을 강조합니다. 그는 이를 '위치의 가치(Situation Value)'라고 표현합니다. 박원석 교수의 저서 『부동산입지론』에 의하면, 과거 농경사회에서는 농작물의 생산량이 토지의 가치를 결정했습니다. 때문에 토지의 비옥도와 같은 부동산의 물리적 여건인 부지의 개념이 중요시되었지요. 그런데 산업사회에 들어서면서 경제활동을 위한 접근성과 네트워크가 토지의 가치를 결정하는 중요한 요소가 되면서 위치의 개념이 더 중요해졌습니다. 이처럼 위치는 산업화시대를 넘어 탈산업화, 정보화시대에서 더욱더 중요한 요소가 됩니다."

"교수님, 부동산 투자에서 '첫째도 입지, 둘째도 입지, 셋째도 입지'라고 할 만큼 입지가 중요하다고 합니다. 부동산을 통해 가치를 창출하는 기회는 '정확한 입지분석'에 달려 있다고 생각합니다. 정확한 입지분석은 어떻게 하는 것인가요?"

"입지는 부동산시장을 다른 자산시장과 차별화하는 가장 중요한 요소입니다. 왜냐하면 부동산은 지리적 위치가 고정되어 있기 때문이지요. 부동산은 '부동성' 때문에 어느 지역에서 특정 부동산 수요가 급증하더라도 다른 자산처럼 이동할 수가 없습니다. 특정 부동산을 중심으로 국지화된 시장이 형성되는데, 이에 따라 부동산의 가치는 절대적으로 주변 환경의 영향을 받는 것이지요. 따라서 부동산의 입지가 해당 부동산의 가치와 투자수익을 결정하는 중요한 요소가 됩니다."

"입지의 차별성은 무슨 의미인가요?"

"모든 부동산은 특정 입지를 가지고 있습니다. 이는 자신의 입지에 대한 독점권을 갖는다는 의미입니다. 따라서 입지가 동일한 부동산은 있을 수 없고, 모든 부동산은 차별성을 갖게 되지요. 개별성과 차별성을 가진 부동산을 입지분석하는 일은 중요하면서도 어려운 문제입니다. 박원석 교수는 부동산의 입지를 '이론적으로 논거를 두고 실증적으로 분석하는 일은 과학적인 기법인 동시에 예술의 영역'이라고 설명했습니다."

━ 입지 불변의 법칙인 직주근접과 강남의 베블런 효과

박 과장은 화곡동에 산다. 그래서 강남으로 출퇴근하는 시간이 매일 고역이다. 돈만 있다면 강남으로 이사 가고 싶다. 하지만 34평 아파트 한 채가 30억 원이 넘는 현실을 부정할 수가 없다.

"교수님, 강남의 집값은 말 그대로 미친 것 같습니다. 반포 아크로리버파크는 평당 1억 원에 거래된다고 합니다. 이게 정말 정상적인 가격인가요? 강남의 아파트가격은 이렇게 계속 오르기만 할까요?"

부동산시장의 불공정한 시장가격 형성에 박 과장은 비강남 사람을 대표하듯 김 교수에게 질문했다.

"강남 아파트의 정상적인 가격이라…. 어떤 전문가가 '강남 아파트가격이 정상이다, 아니다'라고 자신 있게 말할 수 있겠습니까. 다만 이렇게 생각을 해봅시다. 시장가격은 수요와 공급에 의해 결정됩니다. 그렇다면 강남 아파트가격이 평당 1억 원이나 한다는 것은 평당 1억 원이라는 공급자의 요구를 수요자가 수용했다는 이야기입니다. 그것은 수요자 입장에서는 평당 1억 원의 가치가 있다고 판단을 한 것이고, 더 오를 것이라는 기대감도 있었을 것입니다. 문제는 우리나라 주택보급률이 100%가 넘은 지 이미 10년●이 지났는데, 왜 수요와 공급이 균형을 이루지 못하고 가격이 상승할까요?"

"주택을 2채 이상 가지고 있는 소유자들 때문이 아닌가요?"

"맞습니다. 통계청의 분석에 따르면 서울의 자가보유율이 48.6%밖에 안 됩니다. 서울에서 자가 소유자가 반도 안 된다는 얘기지요. 결국 반 이상의 세입자들이 서울의 수요자로 대기하고 있는데, 서울의 공급 물량이 이 수요량을 해결하지 못하니 당연히 가격이 올라가는 것입니다. 특히 강남 지역의 주거적·환경적 특수성이 살아 있는 상태에서 강남 아파트의 가격 폭등은 충분히 예견되는 것이지요."

"강남 지역의 주거적·환경적 특수성이 무엇인가요?"

"주거적·환경적 특수성이란 2가지로 설명할 수 있습니다. 첫 번째는 교육이고, 두 번째는 직장입니다. 쉽게 설명하면 교육열이 세계에서 가장 높은 우리나라●●의 특성상 자녀교육에 전념하는 부모의 관점에서 강남 지역은 소위 'SKY'에 입학하기 좋은 학군과 일타강사(학원이나 온라인 강의 따위에서 가장 인기 있는 강사)들로 구성된 수능 학원이 밀집된 주거지입니다. 또한 비싼 교육비를 충당할 경제력이 있는 부모들 다수가 강남에 직장을 둔 것으로 알려져 있지요. 그래서 선사시대부터

● 주택보급률 2010년 100.5%, 2018년 104.2%. 2018년 국토교통부 통계자료
●● OECD가 2020년 10월 5일 발표한 2020년 교육열(대학 이상 고등교육 이수율) 세계 순위. 1위 한국, 2위 캐나다, 3위 일본, 4위 라투아니아, 5위 영국

지금까지 변하지 않는 부동산 불변의 법칙, 바로 '직주근접(職住近接)●'
이 강남의 주거적·환경적 특수성입니다.

교육과 직장의 주거적·환경적 특수성이 해결된다면, 특정 지역의
가격이 폭등하는 것을 막을 수 있지 않겠습니까? 강남에 본사를 두고
집적된 기업들이 강남 이외의 지역으로 분산된다면, 분산된 기업이 있
는 지역으로 주거 수요가 분산될 것입니다. 현재 많은 기업이 토지와
건물가격, 임대료가 높은 강남에서 다른 지역으로 본사 이전[32]을 검토
하고 있습니다. 결국 강남을 중심으로 하는 직주근접의 공식은 서서히
깨질 것입니다. 더욱이 인공지능, 사물인터넷, 빅데이터, 모바일 등 첨
단 정보통신기술이 경제와 사회 전반에 융합되어 혁신적인 변화가 나
타나는 현재, 앞으로 오프라인 오피스의 접근성에 대한 입지적 가치는
지속적으로 약화될 가능성이 높습니다.

그리고 강남의 교육 특수성은 이미 약화되고 있습니다. 메가스터
디, 이투스와 같은 온라인 강의가 대치동 학원가의 상당 부분을 대체
하고 전국적인 대세가 된 것이 20년이 넘었습니다. 이제 지방에서 중·
고등학교를 다니던 자녀를 서울의 명문 대학에 보내겠다고 대치동의
오래된 아파트나 다세대주택에 월세를 얻어 불편한 생활을 감수하는
날도 머지않아 보입니다."

그럼에도 불구하고 '지금이라도 강남행 열차를 타야 하는 것은 아

● 직주근접이란 직장과 주거가 가까운 것을 말한다. 이는 물리적 요인과 시간적 요인이 함께 작용한다.
물리적으로 가까워도 통근 시간이 길거나 물리적으로 멀어도 통근시간이 짧을 수 있는데, 도로, 전철
이 발달하면 직주근접의 효과가 있다. 직주근접은 역세권 개발이나 토지이용의 집약도로 개선할 수
있다. 직주근접은 직장인의 통근을 편리하게 하고 여가시간 활용이 가능해져서 삶의 질을 개선시키
므로 도시계획 및 관리에서 중요한 과제다.

닌가' 하는 불안한 마음에 박 과장은 다시 질문했다.

"요즘 강남아파트 가격 상승을 보면 영원히 오를 것만 같은데요?"

"세상에 '영원히'란 것이 있을까요. 저는 모든 가격에는 '영원히'란 없다고 생각합니다. 수요-공급 변화에 따라 언젠가는 가격의 변화가 있을 것이고, 여기서 말하는 변화란 상승의 반대인 하락 가능성을 뜻합니다. 실제 정부의 부동산 정책에 따라 강남 아파트가격의 등락은 수차례 경험했습니다. 다만 부동산 통계분석 이후 계속 상승**했다는 것이 문제이지요"

"그럼 강남 아파트의 가격이 하락하는 그 '언젠가'는 언제일까요?"

"아마도 강남의 주거적·환경적 특수성 효과가 감소되는 시점부터일 것입니다."

"교육과 직주근접의 특수성이 감소되는 시점을 말하는 것이죠?"

"네, 맞습니다. 과거에는 명문 대학에 입학하려고 강남에서 고등학교를 다니고, 대치동 학원에서 일타강사에게 수업을 들어야 했지요. 그런데 지금은 인터넷 강의만으로도 좋은 대학을 가는 사례가 많습니다. 2020년 수능에서 제주도 학생이 수능 만점을 받은 일이 놀랍지 않은 세상이니까요."

"그럼 직장은요?"

"고대부터 지금까지 부동산 입지 불변의 법칙이 있습니다. 바로 '직주근접의 법칙'이지요. 자본소득이 없는 노동자는 근로소득만으로 생

●● 한국부동산원이 분석한 전국 공동주택 실거래가 지수는 통계를 분석한 2006년 1월 59.6에서 2020년 10월 116.2로 장기 추세선은 계속 상승하고 있다.

활해야 하는데, 근로소득을 높이려면 노동 시간을 늘려야 하고, 이를 늘리려면 아침 일찍 출근해서 밤늦게 퇴근해야 합니다. 그러니 일터와 집이 가까워야겠죠. 그래야 조금이라도 더 쉴 수 있을 테니까요. 그래서 부동산가격은 직주근접에 영향을 많이 받습니다. 강남의 아파트가격이 높은 것은 강남 지역에 대기업이 많은 것도 이유 중에 하나입니다. 다만 교육의 특수성이 사라진다면 자녀를 둔 부모들은 탈(脫)강남할 수밖에 없습니다.

일반적으로 주거비를 줄여서 일부는 자녀의 결혼 비용으로 지원하고, 나머지를 노후생활비로 활용하려면 한 시간이 넘는 출퇴근을 수용할 것입니다. 더군다나 코로나19 대유행으로 재택근무가 활성화되면서 재택근무의 효과를 연구하는 일이 활발해졌지요. 기업의 업무실적에도 효과가 입증되다 보니, 굳이 직장 가까이에 집이 있을 필요가 없어졌습니다. 그 결과 직주근접의 가치가 지속적으로 떨어지면, 강남 아파트의 교육적·환경적 특수성이 감소할 수 있다는 것입니다."

"교육적·환경적 특수성이 감소하면 강남의 집값이 확실히 떨어질까요?"

"이론적으로는 교육적 요인과 환경적 요인이 강남 집값에 영향을 미치는 대표적인 요인이 맞습니다. 그러나 이 대표적 요인이 사라진다고 해서 강남 집값이 하락한다고는 확신할 수 없습니다."

"교육적·환경적 특수성 이외에 또 다른 이유가 있는 건가요?"

"네, 바로 베블런 효과(Veblen Effect) 때문입니다."

"베블런 효과요? 베블런 효과가 무엇인가요?"

"이는 미국의 사회학자이자 경제학자인 소스타인 베블런*이 주장한 이론입니다. 가격이 오르는 데도 일부 계층의 과시욕이나 허영심 등으로 인해 수요가 줄어들지 않는 현상이지요. 경기가 좋든 그렇지 않든 일반적인 사람들이 지출을 줄일 때 오히려 호기롭게 돈을 쓰며, 가격을 낮추면 물건이 팔리지 않는 일까지도 벌어집니다. 베블런은 '낭비하고 과시하라. 그러면 존경을 받을 것이다'라고 했습니다. 인간의 과시 소비를 단적으로 말한 것입니다.

애덤 스미스는 『도덕감정론』에서 사람들이 부자가 되려고 하는 가장 큰 이유가 '과시'라고 주장했습니다. 이 '과시 소비(Conspicuous Consumption)●●' 개념을 경제학에서 처음 수면 위로 올린 사람이 소스타인 베블런입니다.

강남의 교육적·환경적 특수성이 낮아진 이후에도 과시하려고 강남을 원하는 사람들이 있을 테고, 강남 집값이 비싸면 비쌀수록 과시 효과는 더욱 커질 것입니다. 결국 베블런 효과로 인해 강남의 집값은 당분간 떨어지지 않을 것으로 예상합니다."

"베블런 효과, 즉 과시 효과 때문에 강남 집값이 떨어지지 않을 것이란 설명에 공감합니다. 강남 집값에는 심리적 요인도 매우 크다는 말씀이군요."

- 소스타인 베블런(Thorstein Bunde Veblen, 1857~1929년)은 존 커먼즈와 함께 제도경제학의 선구자다. 그는 『유한계급론(The Theory of the Leisure Class, 1899)』에서 유한계급은 부와 권력을 증명하고자 노동에 불참한다고 설명한다. 노동에 참여하지 않는 것은 '금력을 과시하는 관습적 증거'이고, '사회적 신분을 과시하는 관습적 징표'라고 설명하며, 특권층이 성공과 지위를 드러내고자 경기를 불문하고 과시 소비와 여가에 몰두하는데 이 모습을 비판한다.
- ●● 과시 소비란 소스타인 베블런이 주장한 표현으로, '필요하다고 여겨질 수 있는 것보다 더 높은 품질의 상품을 구매하거나 사용하는 소비자 관행'을 말한다. 구체적으로는 소득이나 축적된 부의 경제력을 눈에 띄게 보여주기 위해 돈을 소비하거나 사치품과 서비스를 취득하는 것을 말한다.

"맞습니다. 강남 지역의 주택가격 형성 요인에 베블런 효과와 같은 심리적 요인도 큰 영향이 있으리라 생각합니다."

▬ 고전 입지이론

"교수님, 배우면 배울수록 막연하게 생각했던 것들이 각종 이론으로 설명되고 증명되는 것 같아서 신기하고 재미있습니다. 좀 더 세부적으로 알고 싶습니다. 부동산 입지를 이해할 수 있는 부동산 입지이론이 궁금합니다."

"박 과장님의 열정이 아주 높네요. 좋습니다. 일반적으로 한 학기 동안 배워야 할 '입지론' 과목이지만, 이번 시간에는 실무에서 필요한 핵심 입지이론을 살펴보겠습니다. 입지이론을 이해하려면 세 명의 입지론 학자와 그들의 주장을 이해해야 합니다. 바로 폰 튀넨의 고립국이론, 알프레드 베버의 최소비용이론, 어거스트 뢰쉬의 최대수요이론입니다."

"처음 들어보는 학자들과 이론이라 벌써 어렵게 느껴지네요. 그래도 기대가 됩니다."

"하하, 처음에는 낯설게 느껴지겠지만, 쉽게 설명해볼 테니 걱정 말고 들어주시면 됩니다. 먼저 폰 튀넨의 고립국이론을 보겠습니다. 폰 튀넨은 독일의 경제학자입니다. 그는 1826년에 발표한 『농업과 국민경제에 관한 고립국』에서 지대에 의해 농업적 토지이용이 도시와 그 주변 공간에 어떻게 할당되고, 지대는 어떻게 결정되는지를 체계적으로 정립했습니다. 먼저 복잡한 현실을 단순화하는 가정을 수립했는데, '고립국, 등질 평야, 한 개의 도시, 동일한 교통수단, 운송비는 거리와 중량에 비례한다'라고 했습니다. 튀넨은 '특정 작물의 시장가격이 같고 생산비가 동일하면, 지대는 시장까지의 운송비에 의해 결정된다'는 입지지대 개념을 제시했습니다."

"운송비에 의해서 지대가 결정된다는 것은 '거리의 가치', 즉 접근성을 강조한 이론인가요?"

"네, 맞습니다. 그는 시장까지의 거리가 가까울수록 집약적 농업을, 멀어질수록 조방적 농업을 해야 하고, 거리와 접근성에 따라 가까운 거리에서부터 자유식 농업, 임업, 윤재식 농업, 곡초식 농업, 삼포식 농업, 조방적 목축 등 6개의 농업권을 설정할 수 있다고 했습니다. 또한 선박이 다닐 수 있는 가항 하천(선박이 운항할 수 있는 조건을 갖춘 하천)을 고려한 수정모형을 제시했습니다. 이 경우 마차보다 운송비가 싼 선박을 이용하면 농지가 하천을 따라 확대된다고 했습니다. 하천을 이용할 경우 하천까지의 운송비와 시장까지의 운송비를 합한 총 운송비가 주요한 입지요인이 되는 것입니다. 도시로부터의 거리는 상대적으로 그 중요성이 떨어지고 하천으로부터의 거리가 중요해집니다. 그러므로 도시를 중심으로 한 동심원적 토지이용 패턴은 하천을 중심으로 확대 발전한다는 것이 고립국이론의 핵심입니다."

"19세기 초에 정립된 튀넨의 고립국이론이 입지이론 중에서 가장 먼저 소개되는 이유가 무엇인가요?"

"튀넨의 고립국이론이 가장 오래된 입지이론이기도 하지만, 더 중요한 것은 입지의 가치를 비옥도가 아닌 위치에 의해 결정된다는 것을 강조했기 때문입니다. 즉 입지이론의 핵심인 '접근성'을 설명했다는 데 의의가 있습니다."

"입지이론에서 이야기하는 접근성이란 무엇인가요?"

"접근성이란 '다른 장소에서 특정한 장소나 시설로 도달할 수 있는 가능성'입니다. 접근성의 정도는 거리나 시간 등의 변수로 나타납니다. 접근성이 높다는 것은 목적지에 도달하기가 쉽다는 것을 의미하고, 반대의 경우에는 접근성이 낮다고 표현합니다. 접근성의 높고 낮음을 판단하기 위해 가장 중요한 변수는 '거리'입니다. 이는 많은 연구 논문을 통해서도 증명되었습니다. 결국 도달하려는 목적지까지의 거리가 짧으면 접근성이 높은 것입니다. 접근성이 높은 지역은 대중교통으로도 누구나 접근할 수 있는 곳으로, 사람들이 쉽게 모일 수 있는 장소입니다. 때문에 토지 이용이 집약적이며 지가와 지대가 높습니다."

"버스나 지하철 역세권, 공항 근처, 고속도로 IC 등이 근처에 있어서 목적지까지 쉽게 접근할 수 있는 장소를 말씀하시는 거죠?"

"맞습니다. 하천을 따라 도시가 발전하고, 도시와의 거리가 가까울수록 높은 지대가 형성된다는 튀넨의 주장이 지금은 지하철에서 몇 미터 떨어져 있는가를 따지는 접근성과 일맥상통한다는 것이지요. 그래서 튀넨의 고립국이론이 중요합니다.

현대의 입지분석은 '목적지까지 접근하는 수단이 편리한가?'가 핵심입니다. 다만 현재의 입지분석에는 네트워크를 통해 위치의 가치가 형성되다 보니, 또 다른 입지분석의 이슈가 있습니다. 다만 이 부분은 정식 입지론 과목 시간에 설명하는 것으로 넘어가겠습니다."

"입지분석이 도시와 사회가 발전하면서 단순히 몇 가지 이론으로

만 설명할 수 없는 것이라는 사실을 이번 강의를 통해 알았습니다."

"두 번째 이론은 알프레드 베버의 최소비용이론입니다. 베버는 1909년에 『산업입지론에 대하여』에서 '최소 비용으로 제품 생산이 가능한 장소가 공업의 최적 입지'라고 밝혔습니다. 최소비용입지에 근간한 근대적 공업입지 이론을 최초로 정립한 입지이론입니다. 베버는 공업입지의 최적 장소는 최소 생산비 지점이라고 주장했고, 공업입지에 가장 큰 영향을 미치는 요소로 운송비·노동비·집적 이익 등으로 분류했습니다. 그리고 생산비 중 운송비를 공업입지 결정의 가장 중요한 요인으로 보았습니다. 다만 노동비 절약분이 운송비의 증가분보다 크면 공장은 노동비를 절약할 수 있는 지점에 입지한다고 보았습니다. 그리고 공업의 집적으로 인한 이익이 발생할 때, 이곳까지의 운송비 증가분보다 집적이익이 크면 공업은 집적이익 지점으로 옮겨진다고 했습니다."

"교수님, 소비자의 관점에서 보면 물건을 만드는 공장의 입지가 중요한 것이 아니라, 소비자가 물건을 쉽게 살 수 있는 곳이 입지면에서 중요한 것 아닌가요?"

"맞습니다. 그러나 베버가 『공업입지론』을 출간할 당시에는 독일의 산업 공간에 주목하면서 보다 미시적인 공간과 지역의 관점에서 경제성장과 산업입지를 설명해줄 수 있는 일반이론을 정립하려고 했습니다. 따라서 '1909년 독일 남부지역'이라는 것을 고려해서 입지이론을 생각해야 합니다. 당시에는 생산물건이 부족한 시절이기에 공장에서 물건을 만들기만 하면 팔렸습니다. 그만큼 생산물건이 어디에 있든 소비자가 찾아가는 상황이었죠. 그러니 소비자인 수요자 입지보다는 공장의 공급자 입지를 중심으로 분석했던 것입니다. 베버의 공업입지론은 오늘날의 공업입지론을 전개하는 데 기틀이 된 것은 사실입니다. 그러나 시장수요를 무시하고 운송비를 비현실적으로 단순화했기 때문에 실제 적용에는 한계가 있습니다."

"그렇다면 베버의 최소비용이론의 한계를 보완한 이론이 또다시 나왔겠군요."

"맞습니다. 그 이론이 바로 뢰쉬의 최대수요이론입니다."

"최대수요이론이라는 것은 베버의 최소비용이론과 상반되는 이론인가요?"

"그렇죠. 바로 그 부분입니다. 베버의 최소비용이론은 공급자 입장에서의 입지이론이었다면, 뢰쉬의 최대수요이론은 수요자 입장에서의 입지이론입니다. 뢰쉬는 '수요를 최대로 만드는 장소가 공업의 최적입지'라고 주장했습니다.

뢰쉬는 1940년 『경제의 공간적 질서』를 출간하면서 일반균형이론 관점에서 수요에 기반을 둔 입지이론을 제시했습니다. 1954년에 이 책이 『입지의 경제학』으로 번역되면서 뢰쉬의 이론은 전 세계적으로 보급되었습니다. 그리고 뢰쉬의 입지이론은 수요이론의 효시가 되었습니다.

뢰쉬는 '평야상의 한 지점에 위치한 공업 생산품은 공장에서 운송 거리에 따라 판매가격이 증가되고, 점차 수요량이 감소되다가 어느 지점에 이르러서는 수요가 0이 되는데, 이 거리를 반지름으로 하는 원이 그 공업이 독점할 수 있는 시장 범위가 된다'고 했습니다. 따라서 이 원의 중심을 공업입지의 최적 장소로 보는 수요입지론을 주장했습니

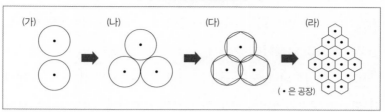

| 뢰쉬의 상권발달모델 |

(가)   (나)   (다)   (라)

(• 은 공장)

다. 그런데 시장구조는 원형이 되어야 하지만 시장의 공백을 해소하기 위해 육각형의 구조로 변한다고 했습니다.

좀 더 쉽게 설명하면 뢰쉬가 강조한 것은 개별 생산자의 상권경계가 설정되고, 이후 기존 개별 생산자들 사이의 빈 공간에 다른 생산자들이 진입하고, 이로 인해 원형의 상권이 중첩되며 수요자를 중심으로 육각형의 상권체계로 발전한다는 것입니다."

"결국 수요에 따라 상권이 진화하고 분화된다는 것이군요."

"네, 맞습니다. 지금까지 설명한 입지이론을 간단히 정리해보겠습니다. 튀넨의 고립국이론에 의해서 도시와 상권은 접근성이 편리한 방향으로 발전해갔습니다. 산업혁명 이후에는 베버의 최소비용이론으로, 공급자 중심의 입지이론이 정립되었습니다. 그리고 사회가 발전하면서 수요자 중심의 입지이론으로 변화했고, 이것이 뢰쉬의 최대수요이론입니다."

"강의를 듣다 보니 한 가지 깨달은 것이 있습니다. 학문적 이론이라는 것은 새로운 가설에 의해 주장되고 증명되어서 널리 퍼집니다. 이후 이론의 한계에 부딪히면 새로운 이론이 나오고, 이를 다시 통합하는 이론이 나온다는 것입니다. 베버의 최소비용이론으로 공급자 입지이론이 정립되고, 뢰쉬의 최대수요이론으로 수요자 입지이론이 정립되었다면, 정반합을 통해 공급자와 수요자 모두를 고려한 입지이론도 연구되었을 것 같습니다."

"하하, 대단합니다. 모든 연구는 대개 정반합으로 진행됩니다. 베버와 뢰쉬의 공급자의 비용에 대한 이론과 수요자에 따른 상권의 분화 이론을 비판하며 통합이론을 제시한 학자들이 있습니다. 바로 그린헛, 아이사드, 스미스 등이지요. 다만 '입지이론을 설명하는 데 수요와 공급을 고려한 최적의 입지를 찾아야 한다' 정도로 이해하면 좋을 것 같습니다."

"고전 입지이론이 수요와 공급을 고려해서 이윤을 극대화하는 최적의 입지를 찾는 거라면, 현대 입지이론은 수요와 공급 이외에 행태주의적 관점을 통한 심리적 요인까지도 검토해야 하는 거죠?"

"그렇습니다. 이 정도면 부동산입지를 충분히 살펴본 것 같습니다. 다음으로는 부동산시장을 설명할 수 있는 각종 모형에 대해서 공부해봅시다."

▬ 부동산의 공간시장과 자산시장, DW모형

"교수님, 부동산시장의 흐름과 수요와 공급을 고려해 부동산가격 결정 과정을 설명하기에 적합한 이론은 무엇인가요?"

"네, 부동산시장과 부동산가격을 설명하기에 좋은 모형을 살펴보겠습니다. 부동산시장을 설명할 때는 DW모형*을, 부동산가격을 설명할

| DW모형 |

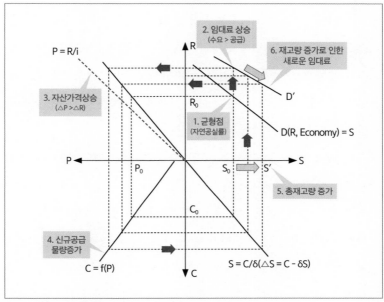

출처: Dipasquale and Wheaton(1992, p.188) 참조

때는 거미집모형[**]을 활용합니다."

"DW모형과 거미집모형이요?"

"먼저 DW모형부터 살펴봅시다. DW모형은 부동산 공간시장과 자산시장이 어떻게 작동하고, 이 두 시장 관계에 대한 균형효과를 설명하는 데 유용합니다. 제1사분면은 부동산 공간시장, 제2사분면은 부동산

- 디파스케일(DIpasquale) 박사와 밀턴(Wheaton) 박사가 공동 연구하여 1996년에 발표한 모형으로, 부동산시장을 사분면으로 분석했다. 부동산시장을 공간시장과 자산시장으로 연계하여, 전체 부동산시장의 작동을 설명한다.

- 농산물과 같이 가격 변동에 대해 수요는 즉각 반응하나 공급은 시간차를 두고 반응하는 상품의 경우, 가격 폭등과 폭락을 반복하며 마치 거미집과 같은 모양으로 시장 균형에 도달한다는 모형이다. 로널드 코스, 바실리 레온티예프, 니콜라스 칼도어, 모데카이 이즈키엘 등 경제학자들에 의해 분석되었다.

자산시장, 제3사분면은 신규 건축시장, 제4사분면은 부동산 재고시장을 나타냅니다. 즉 이 모형으로 부동산 임대료, 자산가격, 신규건설, 공간 재고 등 4개의 내생변수 균형이 형성되는 과정을 볼 수 있습니다."

"DW모형으로 부동산 공간시장, 자산시장. 신규 건축시장, 재고시장까지 설명할 수 있다니, 정말 시장 전체를 설명하는 데 매우 유용한 모형이네요."

"여러분들이 부동산시장을 논리적으로 설명해야 할 때 DW모형을 활용하면, 임대료와 부동산가격의 결정과정 및 공간시장과 자산시장 간의 연계 과정을 쉽게 설명할 수 있을 것입니다. DW모형 그래프로 오피스시장을 예로 들어 설명하면, 오피스시장은 공간서비스(Flow, 유량)와 오피스재고(Stock, 저량)를 거래하는 시장으로 나눌 수 있습니다. 1사분면에서는 단기적으로 고정된 오피스재고에서 발생하는 공간서비스량과 오피스의 공간서비스에 대한 수요(D)가 일치하는 균형상태에서 균형임대료(R0)가 결정됩니다. 여기서 결정된 균형임대료는 2사분면에서 오피스의 요구수익률 및 임대료 상승률에 의한 자본환원율(i)을 통해 자산가격(P0)으로 결정됩니다. 3사분면은 기업의 이윤극대화 원리에 의해 한계비용과 자산가격이 같아지는 수준에서 신규 오피스 공급량(C0)이 결정됩니다. 이어 4사분면에서는 3사분면에서 결정된 신규주택 공급량과 오피스재고의 변동[기존 재고의 감가상각 및 멸실(δ)로 감소]을 감안하여 오피스재고량(S0)이 결정됩니다."[33]

"DW모형에 부동산시장의 전체적인 흐름을 설명할 수 있다는 개념이 이해가 됩니다. 사분면별로 작동 원리를 자세히 설명해주세요."

"네, 사분면별로 그래프의 내용을 더 자세히 공부해봅시다. 제1사분면은 '부동산의 공간에 대한 수요는 임대료와 지역 경제변수의 함수로 결정된다'는 것을 설명하고 있습니다. 제1사분면은 공간이용에 대한 수요가 임대료나 주어진 경제상황에 어떻게 영향을 미치는가를 이해할 수 있습니다. 예를 들어 소득, 가구수, 생산량 등이 증가해 부동산 임대수요에 변화가 있으면 부동산 소비수요는 많아지고, 부동산 임대료가 상승하며 자산가격도 높아집니다. 이러한 시장 상황에 따라 신규 건축 물량이 늘어날 수밖에 없습니다. 신규 건축 물량이 늘어나면 부동산 재고도 늘어날 확률이 높습니다. 이러한 시장의 과정을 거쳐 새로운 균형점에서 다시 부동산의 임대료가 책정되고, 자산가격이 조정됩니다. 건축량, 재고가 모두 상승하며 전체적인 부동산시장의 확장 결과가 나타나게 됩니다."

"제1사분면의 부동산 임대수요의 변화 한 가지만으로도 부동산시장에 미치는 변화가 크네요."

"그렇죠. 이러한 시장의 변화는 제1사분면만을 설명하는 것이 아니고, 결국은 제4사분면 모두의 연계 작동에 의한 결과라고 이해하면 됩니다. 그럼 제2사분면에 대해 알아봅시다. 제2사분면은 자산시장에서 현재의 임대료와 부동산 자산가격과의 관계를 설명합니다. 제1사분면에서 임대료가 결정되었기 때문에 제2사분면에서는 결정된 임대료로 자산가격을 결정합니다. 임대료가 높으면 자산가격도 높아지고, 임대료가 낮으면 자산가격도 낮아지는 것이지요.

예를 들면 이자율이 하락하는 경우, 부동산 최저 요구수익률(이자율)이 하락하고, 이자율이 하락하면서 자산가격은 상승합니다. 은행이자 지불에 부담이 줄어들다 보니 부동산자산의 구매수요는 증가하면서 자산가격이 계속 상승하고, 신규 건축 물량은 증가합니다. 신규 건축 물량이 증가하면 재고도 동반으로 증가합니다. 재고가 증가하면 부동산 임대료는 조정을 받으며 하락합니다. 이와 같이 이자율이 하락하면 부동산시장의 확장을 가져옵니다. 제1사분면과 제2사분면의 작동 원리가 이해되나요?"

"네, 교수님. 충분히 이해됩니다."

"자, 그럼 제3사분면을 설명하겠습니다. 제3사분면은 신규 부동산을 추가 공급할지 결정하는 시장인데, 자산가격과 신규 건설의 상관관계에 의해 신규 공급량이 결정됩니다. 개발업자들은 공급물량을 결정할 때, 한계비용이 가격과 같아지는 수준까지 공급량을 조정합니다. 이때 신규 공급량은 생산요소 가격 및 공급관련 규제 변수의 영향이 있습니다.

예를 들면 인허가 등 건설 조건이 강화될 때는 제3사분면의 곡선이 시계방향으로 회전하면서 건설 물량은 줄어들고, 재고도 줄어듭니다. 재고가 줄어들면서 부동산 임대료는 상승하지요. 임대료 상승은 바로 부동산 자산가격의 상승으로 연결됩니다.

제3사분면의 설명이 현 부동산시장의 상황을 잘 보여줍니다. 현 정부는 강남의 집값을 잡고 서민의 주거안정을 이룬다는 목표로 재건축·재개발 등 각종 신규건축 규제를 강화했습니다. 이로 인해 전체적인 공급이 줄어들면서 자산가격과 임대료는 지속적으로 상승하고 있지요. 결과적으로 주거안정을 위한 정책이 서민의 주거 불안정성을 더 높이는 결과를 초래했습니다."

"정부는 왜 자본주의 시장의 기본구조인 수요와 공급의 균형을 맞추지 않은 것인가요?"

"정부가 의도적으로 수요와 공급 균형을 맞추지 않은 것은 아닙니다. 시장의 불균형에는 여러 가지 원인이 있습니다. 다만 제 생각에는 부동산시장의 수요와 공급의 시차성을 간과한 것 같습니다."

"수요와 공급의 시차성을 말씀하시는 거군요? 신도시 개발을 발표해도 실제 물량이 공급되기까지는 5년 이상이 걸리는 그 시차성을 말씀하는 것이죠?"

"네, 맞습니다. 정부가 수요와 공급의 시차성을 모르지는 않았을 것입니다. 단지 신도시 개발 등의 공급대책을 발표하고 시차성을 고려해 공급물량을 늘리려고 했을 텐데, 현실은 개발의 첫 단계인 토지 확보부터 원활하지 않았습니다. 때문에 공급 계획이 틀어졌고 그러면서 수요를 충족시키지 못하다 보니 수요와 공급의 균형이 깨진 것이지요. 결국 정부가 막으려던 가격상승은 오히려 폭발하면서 집값이 가파르게 상승한 것입니다.

이제 제4사분면 그래프가 나타내는 의미를 보겠습니다. 제4사분면은 공간 재고의 조정을 나타냅니다. 신규 공급량이 늘어나면서 재고는 증가하고, 재고가 늘어나면 임대료는 감소합니다. 제1사분면에서부터 제3사분면까지 작동 상황을 설명했기 때문에, 제4분면은 더 이상 설명하지 않아도 이해가 될 겁니다."

"네, 제4사분면의 작동 원리가 쉽게 이해되었습니다. 부동산 사용, 수요의 변화, 이자율과 부동산 자산 수요의 변화, 대출, 건설비용 및 부동산의 신규공급 변화의 상관관계를 이해했습니다. DW모형이 부동산시장 예측에 매우 유용한 모형이라고 생각합니다."

─ 수요와 공급의 가격수렴, 거미집모형

"DW모형을 충분히 이해했다면 거미집모형도 쉽게 이해할 것입니다. 지금부터는 부동산시장의 가격이 어떻게 조정되어 결정되는지, 거미집모형으로 알아봅시다.

일반적인 재화는 수요가 변화하면 공급도 함께 변화해서 시장가격이 안정됩니다. 하지만 농산물의 경우, 가격이 변동하면 수요는 즉각 반응하는 반면에 공급은 생산 시간이 필요하기 때문에 시차를 두고 반응합니다. 따라서 초과수요와 초과공급에 의한 가격 폭등과 가격 폭락을 반복하는 과정을 거쳐 시장 균형에 도달합니다. 이것이 수요-공급 곡선이 거미집과 같은 형태를 그리며 균형가격에 수렴되기 때문에 '거미집모형'이라 부르는 것입니다."

"거미집모형도 수요와 공급의 시차성과 연관되는 모형이군요."

"네, 맞습니다. 수요 변화에 따른 공급이 비탄력적이기 때문이지요. 좀 더 쉽게 설명하면 수요가 원하는 시점에 공급이 이루어지지 않는 것이 부동산의 특성이니까요. 거미집모형을 부동산에 적용시켜 시장 균형가격의 결정 과정을 설명하는 것입니다. 거미집모형 이론에 따르면, 외부 충격에 의해 가격이 기존의 균형점에서 새로운 균형점으로 이동합니다. '수요증가→초과수요→가격폭등→공급증가→가격폭락→공급감소→가격폭등'의 과정을 반복하게 됩니다."

"교수님, 실제 사례로 설명해주시면 이해가 더 쉽겠습니다."

"네, 예를 들어 설명하겠습니다. 최근 GTX-D 노선이 결정되면서 김포 지역 주민들이 거리집회[34]를 하는 등 민원이 계속 발생하고 있

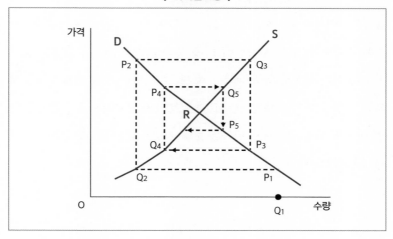

| 거미집모형 |

습니다. 서울과의 연결 노선이 빠지면서 서울 접근성 개선을 요구하고 있기 때문입니다. 이렇듯 가격에 직접적인 영향을 미치는 신규 급행 노선이 확정되면 인근 부동산가격은 단기적으로 급등하고, 주변에 신규 공급을 위한 착공물량이 늘어납니다. 문제는 공급물량이 막상 시장에 나오는 시점이 되면 수요에 비해 공급이 초과되어 부동산가격이 하락하는 침체 국면으로 접어드는 경우가 많다는 것입니다.

수요증가로 가격이 폭등하니 공급을 늘리면 초과수요가 발생해서 가격이 폭락하고, 가격폭락에 따른 공급이 감소해 다시 대기 수요가 증가하면서 가격이 폭등합니다. 이 반복된 과정을 설명하는 모형이 거미집모형입니다."

"사례로 설명을 들으니 거미집모형의 작동 원리가 정확히 이해되었습니다. 거미집모형은 주거용 부동산의 가격변화 설명에 유용한 것이죠?"

"꼭 그렇지는 않습니다. 거미집모형을 부동산시장에 초점을 맞추어 볼 때, 거미집모형은 비교적 수요와 공급이 예측되는 주거용 부동산보다는 상업용·공업용 부동산에 더욱 유용한 개념입니다. 상업용·공업용 부동산은 수요와 공급 예측이 쉽지 않고, 특히 시장 경기의 흐름에 많은 영향을 받기 때문입니다. 요즘 코로나19 상황에서 공실률이 높아진 상업용 부동산의 가격 변화를 보면 거미집모형으로 설명하기가 매우 유용합니다."

3장

투자 대상 아파트의 정보 수집과 사업 타당성 분석

재건축 임장활동을 통한 현장 정보 수집

"재건축 투자를 결정하기 위해서는 의미 있는 정보 수집이 필수입니다. 이론적인 정보가 아닌 현장의 정보를 파악하는 방법을 안다면 전문가 수준의 판단을 할 수 있습니다. 언론에서 배포하는 시장 정보를 기준으로 분석하는 것과 사업을 추진하는 조합만이 알 수 있는 내부 정보를 기준으로 분석하는 것이 전문가와 비전문가의 차이입니다. 이번 시간에는 현장 정보를 수집하는 방법과 사업 타당성 분석에 대해 알아보겠습니다."

"재건축 아파트의 현장 정보를 파악할 때 특별한 방법이 있나요?"

"특별한 방법이 있다기보다는 정보수집의 방법을 알아야 가치 있는 정보를 파악할 수 있습니다. 국토교통부 실거래가 공개시스템 홈페이지(rt.molit.go.kr)에 접속하면 아파트, 다세대 연립, 빌라, 다세대주택의 실거래가를 조회할 수 있습니다. 지역별·금액별·면적별로 조회가 가능합니다. 공개된 아파트 실거래 자료는 적정성 검증을 거친 것으로, 기준가액보다 상당히 낮게 신고한 가격은 분석 및 공개 대상에서 제외됩니다.

매매 실거래가 공개는 2006년 1월부터 부동산 및 주택 거래신고를 한 주택(아파트, 연립 다세대, 단독)을 대상으로 합니다. 전·월세 실거래가 공개는 2011년 1월부터 읍·면·동 행정복지센터(주민센터)에서 확정일자를 부여받은 주택(아파트, 연립 다세대, 단독)을 대상으로 합니다. 실거래가는 국민은행 통계보다 약 2주 정도 선행해 움직이며, 그 흐름은 거의 유사하게 나타납니다.

씨리얼(seereal.lh.or.kr)은 한국토지주택공사가 운영하는 부동산 정보 공공 포털서비스입니다. 씨리얼에서 토지, 주택 등 부동산 정보를 지도에서 쉽게 확인할 수 있습니다. 또한 통계, 트렌드, 전문가 분석 등 다양한 콘텐츠를 제공하고 있습니다.

한국부동산원(www.reb.or.kr)은 가치평가를 전문으로 하는 공기업입니다. 아파트 실거래 가격 지수, 부동산 조사, 통계, 감정평가, 수탁보상, 토지 보상의 업무를 진행합니다. 한국부동산원은 1969년에 정부출자기관으로 설립되었습니다. 부동산 조사·평가·통계 전문기관으로서 전국적인 부동산 상시 조사체계를 갖추고, 부동산가격 공시와 토지·주택을 비롯한 각종 부동산의 가격 동향과 정보를 제공합니다.

아파트, 연립 주택 및 다세대 주택의 가격은 공시기준일 기준 공동 주택에 대해 통상적인 시장에서 정상적인 거래가 이루어지는 경우, 성립될 가능성이 가장 높다고 인정되는 적정가격을 조사·선정합니다. 매매 및 방매 사례, 시세자료, 감정평가액, 분양 사례 등을 활용하며 호가 위주의 가격이나 특수한 사정에 따른 이상거래 가격은 활용되지 않습니다.

클린업시스템(cleanup.seoul.go.kr)은 서울특별시청에서 운영하는 사이트로, 조합정보공개, 공공관리제도 등을 안내합니다. 클린업시스템이란 재개발·재건축 등 정비사업의 추진 과정을 투명하게 공개하기 위해 서울시에서 구축한 사이트입니다. 서울시에서 운영하는 '통합 홈페이지'와 추진위원회·조합에서 운영하는 '추진위원회·조합' 홈페이지로 구성되어 있습니다.

정비사업 운영주체와 조합원들 간 의사소통의 주요 매개체 역할을 하는 홈페이지가 추진위원회나 조합의 자율에 맡겨져 개별적으로 진행됨에 따라, 공개정보의 종류 및 범위가 매우 상이한 것이 문제였습니다. 클린업시스템은 이를 보완하기 위해 추진위원회와 조합에서 제공하는 정보를 통일하고, 형식적인 정보가 아닌 조합원들이 원하는 실질적인 정보를 공개함으로써 시민 중심의 정비사업이 될 수 있도록 지원하고 있습니다.

이 밖에 국내 부동산 뉴스를 신속하게 제공하는 네이버 부동산뉴스(land.naver.com/news)가 있습니다. 여기서는 국내 유명 대학교수와 연구원들이 부동산시장을 분석하고 동향을 파악한 시의성 있는 부동산 칼럼을 볼 수 있어서 국내 부동산 전문가들의 시각을 살펴볼 수 있습니다."

"재건축사업의 정보를 알 수 있는, 공공에서 운영하는 사이트는 충분히 알겠습니다. 그렇다면 민간에서 운영하는 대상 구역의 최신 정보를 제공하는 인터넷 사이트도 있나요?"

"네, 있습니다. '부동산114'와 '닥터아파트'가 부동산 시세, 매매, 전세, 월세, 상가, 분양, 직거래, 리서치, 중개 의뢰 등 부동산 거래와 관련된 모든 데이터를 제공하는 부동산 포털사이트입니다. '하우징헤럴드'는 부동산 전문 사이트로, 재건축, 재개발, 뉴타운, 리모델링 사업구역과 관련된 최신 정보를 제공합니다. '주거환경신문'은 최신 재건축 정보와 조합의 소식을 전달하며, 재건축 상담, 커뮤니티 서비스 등을 제공합니다.

'도시재생신문'은 도시개발 전문 인터넷신문으로, 재개발, 재건축, 재정비, 업계 소식, 칼럼, 금융 정보 등을 제공합니다. '도시개발신문'은 부동산 소식지로, 법령, 칼럼, 정책 및 개발사업 뉴스를 제공합니다. 이처럼 각종 신문들로 조합의 최신 정보를 파악할 수 있습니다. 다만 기사의 내용을 무조건적으로 믿는 것은 위험합니다. 일부 재건축 신문 중에서는 광고 등의 경제적 목적에 치우쳐 기사의 객관성이 부족한 경우도 있기 때문입니다."

"교수님, 재건축사업 투자 대상 구역의 조합원 간의 갈등이나 현재 내부 상황을 알 수 있는 사이트도 있나요?"

"요즘은 각종 SNS가 활성화되어서 조금만 노력해도 해당 구역의 갈등 상황까지 알 수 있습니다. 조합원들의 인터넷 카페나 블로그 등을 통해 내부 이슈를 파악할 수 있지요. 특히 재건축사업에 반대하는 조합원이 많으면 건축사업 비상대책위원회 조합원 카페나 블로그가 매우 활성화되어 있습니다. 다만 조합의 공식 사이트가 아니기에 내용의 객관성이 부족할 수 있으니, 조합원 간의 이슈를 파악하는 정도로만 활용하는 것이 바람직합니다."

━ 사업 타당성 분석이란?

"교수님의 강의를 통해 현장의 정보를 파악하는 방법을 알았습니다. 세부적인 현장 정보를 수집하는 이유는 결국 사업 타당성 분석을 위한 것이죠? 사업 타당성 분석은 어떻게 하는 것인가요?"

"사업 타당성 분석이란 최종 투자 여부를 결정하기까지 발굴된 프로젝트를 대상으로, 미래에 예상되는 경제적 가정을 전제로 하고, 관

| 단계별 사업 타당성 분석 |

기획 단계	사업구상	아이디어·대상지 탐색
	사업기획	대상지 분석, 콘셉트 설정
사업화 단계	계획 수립	개발계획 수립
	사업 타당성 분석	사업추진계획 수립
		자금조달계획 수립
	사업추진 관리	영업계획 수립
공사 단계	공사 진행	착공~준공
	분양마케팅	조합원분양, 일반분양
청산 단계	조합원 입주	입주, 등기이전
	사업 청산	손익 정산

련된 요소와 이들의 상호관계를 고려해 프로젝트의 성공 가능성을 조사·분석하는 일련의 과정을 말합니다.

구체적으로는 신규 프로젝트의 시장성을 분석하고, 프로젝트의 건설비용 등 소요자금을 추정하며, 생산원가와 일반관리비 등을 분석·예측해 추정 재무제표와 현금수지표를 작성합니다. 그 후에 계획사업의 경제성과 수익성, 차입원리금 상환가능성 등을 종합적으로 검토하는 것입니다.

사업 타당성 분석의 시점은 기획단계·사업화단계·공사단계·청산단계로 구분합니다. 기획단계에서는 아이디어와 대상지를 탐색하는 사업구상과 대상지 분석 및 콘셉트를 설정하는 사업기획을 합니다. 사업화단계는 개발계획, 사업추진계획, 자금조달계획, 영업계획을 수립합니다. 공사단계는 인허가가 진행된 상태에서 착공부터 준공까지의 과정을 말하며, 착공 시점에 조합원분양과 일반분양을 진행하는 마케팅을 포함하는 단계입니다. 청산단계는 공사 준공 이후 입주 및 등기이전이 끝나면 손익을 정산하는 단계입니다.

타당성 분석을 할 때는 다양한 분야의 지식과 경험, 통계적 기법이 필요합니다. 투자자들의 신뢰를 얻을 수 있도록 경험과 실적이 뒷받침되어야 하므로, 관련 지식과 정보가 충분한 전문가 집단이나 기업이 수행해야 합니다. 사업 타당성 분석 업무에 필요한 정보는 다양한 인터넷 사이트°를 통해 얻을 수 있습니다."

● 저자의 책 『앞으로 3년, 재건축에 돈을 묻어라』 313페이지 참조

사업 타당성 분석 5단계 방법

1단계: 시장 분석

"사업 타당성 분석 절차는 총 5단계입니다. '시장 분석-건축기본계획 결정-분양가 및 분양률 예측-손익분석-타당성 분석 및 최종 결정의 과정'으로 진행됩니다.

1단계는 해당 부동산의 잠재력을 평가해 사업 방향을 결정하는 시장 분석 단계입니다. 거시적·미시적으로 지역경제를 분석하고, 세부적 시장성을 분석합니다. 시장 분석 단계에서는 통계청 자료, 한국은행 발표자료, 경제연구소 분석자료 등 각종 전문기관의 자료를 활용해 내부 환경과 외부 환경을 분석합니다.

일반적으로 '시장'이란 수요자와 공급자가 만나 재화와 서비스의 교환이 이루어지는 메커니즘이라 할 수 있습니다. 이러한 맥락에서 부동산시장은 부동산 재화와 서비스를 교환하는 메커니즘으로 정의할 수 있습니다. 부동산시장의 가격 결정 메커니즘을 통해 부동산이라는

| 사업 타당성 분석 절차 |

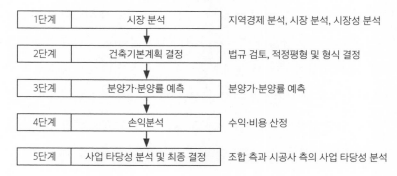

1단계	시장 분석	지역경제 분석, 시장 분석, 시장성 분석
2단계	건축기본계획 결정	법규 검토, 적정평형 및 형식 결정
3단계	분양가·분양률 예측	분양가·분양률 예측
4단계	손익분석	수익·비용 산정
5단계	사업 타당성 분석 및 최종 결정	조합 측과 시공사 측의 사업 타당성 분석

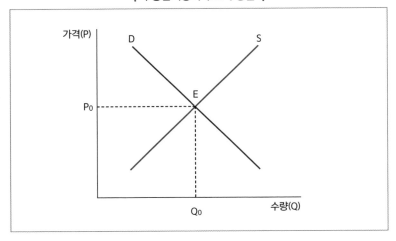

경제적 가치가 있는 상품이 배분되는 것이지요. 부동산시장에서 거래되는 부동산은 유형의 토지와 건물은 물론, 무형의 부동산 소유 및 이용과 관련된 권리를 포함합니다.

부동산시장에서는 수요곡선(D)과 공급곡선(S)이 만나서 시장 균형을 이루고, 이 균형점(E)에서 가격(P_0)과 수량(Q_0)이 결정됩니다. 부동산 공간시장의 수요·공급 요인 중 수요에 영향을 주는 요인으로는 인구, 소득, 지역경제의 기반과 전망, 수요자의 행태와 선호, 금리 등입니다. 인구의 경우, 시장 권역 내 인구 중에서 유효수요가 발생하기 때문에 절대적인 인구 규모가 클수록 수요가 많아집니다. 하지만 부동산 공간시장의 유형에 따라서 표적으로 삼는 수요층이 다르기 때문에 절대적인 인구 규모 못지않게 연령별·성별 인구구조도 중요합니다.

또한 인구 성장과 인구 이동 추세도 중요한 수요 요인이 됩니다. 소득은 고객의 구매력으로, 시장 권역 내 인구의 소득 수준도 매우 중요한 수요 요인이 됩니다. 이는 다시 말하면 부동산 공간시장의 수요에서 구매력이 높은 인구가 얼마나 많이 있는지가 실질적으로 중요하다는 것입니다. 지역경제의 기반과 전망은 부동산 공간시장을 이끄는 중요한 힘이기 때문에, 이 역시 부동산 공간시장의 중요한 수요 요인입니다.

수요자의 행태와 선호도 중요한 수요 요인입니다. 수요자의 행태, 선호, 구매 습관은 끊임없이 변화하며, 지역문화 특성에 따라서도 차이가 발생합니다. 이러한 변화가 부동산 공간시장의 수요에 영향을 미치는데, 부동산 공간시장에서 수요자는 임차인일 수도 있고 공간 서비스를 소비하는 고객일 수도 있습니다.

금리 수준도 공간시장의 수요에 영향을 미칩니다. 금리는 수요자의 구매력에 영향을 미치는데, 금리가 오르면 공간 수요는 감소하고, 금리가 내리면 공간 수요는 증가합니다.

부동산 공간시장의 공급에 영향을 주는 요인으로는 경쟁여건(공실률), 정부 정책, 건설기술 및 비용 등이 있습니다. 시장 권역 내의 경쟁여건은 부동산 공간시장의 공급에 직접적인 영향을 미칩니다. 지역이나 시장 권역 내에 유력한 경쟁업체가 많을수록 고객을 흡수할 가능성이 줄어들기 때문에 임대료 수준은 떨어지고 공실률은 높아집니다. 이에 따라 부동산 공급자의 수익성도 떨어져 신규 공급이 줄어드는 것이지요.

다양한 정부 정책 역시 부동산 공간시장의 중요한 공급 요인입니다. 정부의 조세정책, 토지이용 규제 등은 부동산 공급을 제약하는 제도적 요인으로 작용할 수 있습니다. 따라서 정부 정책이 공급자에게 불리하게 작용한다면 그만큼 신규 공급을 감소시키는 원인이 됩니다.

건설기술 및 비용도 중요한 공급 요인입니다. 건설기술의 발달은 건물의 질을 높이고 건설비용과 기간을 단축시킵니다. 때문에 부동산 공간시장에서 공급을 증가시키는 요인으로 작용합니다. 또한 인건비와 자재비 등의 건설비용 역시 공급에 영향을 미칩니다."

2단계: 건축기본계획의 결정

"2단계는 건축기본계획의 결정 단계입니다. 재건축 설계 진행은 가설계-기획설계-기본설계-실시설계 순서로 진행됩니다. 가설계에서는 사업구역의 개략적 규모를 산정하고, 기획설계에서는 건축 법규 등 관련 법규에 따라서 적정용적률을 산정합니다. 또한 사업구역의 적정한 단지 배치와 평형 구성을 통해 건축 규모를 산정하고, 사업 기간 분석 등 재건축 콘셉트를 반영해 사업계획을 구체화합니다. 이 시점에서 사업구역의 개략 사업성이 검토됩니다.

개략 사업성 검토 시 사업추진에 대한 기초적 타당성이 검증된 이후 기본설계를 통해 인허가를 진행하고, 인허가 완료 후 실시설계를 거쳐 시공을 진행합니다. 기획설계는 프로젝트와 관련된 모든 문제를 협의하고 조정하는 역할을 합니다. 건축기본계획 결정단계는 초기에 가설계 및 기획설계를 통해 개략 사업성을 검토하기 위한 단계입니다."

3단계: 분양가·분양률 예측

"설계를 통해 건축기본계획을 결정하면 분양가를 검토해서 사업 타당성 분석을 진행하는 거죠?"

분양가 산정을 위한 감정평가의 3방식	
3방식	6방법
원가방식	원가법
	적산법
비교방식	거래사례비교법
	임대사례비교법
수익방식	수익환원법
	수익분석법

"네, 맞습니다. 분양가·분양률 예측 단계에서는 수익을 확보하면서도 경쟁력이 있는 분양가를 예측하고, 이에 따른 분양률을 예측합니다. 최적의 분양가와 분양률을 예측하기 위해 일반적으로 사용하는 방식이 있습니다. 바로 원가방식, 비교방식, 수익방식입니다. 이를 '감정평가의 3방식'이라고 합니다.

원가방식은 비용성의 원리를 따르는 평가방식으로, 원가법으로 대상 물건의 가격을 구하는 방법과 적산법으로 대상 물건의 임대료를 구하는 방식이 있습니다. 비교방식은 시장성의 원리를 따르는 평가방식입니다. 거래사례비교법으로 대상 물건의 가격을 구하는 방법과 임대사례비교법으로 대상 물건의 임대료를 구하는 방식이 있습니다. 수익방식은 수익성의 원리를 따르는 평가방식으로, 수익환원법으로 대상 물건의 가격을 구하는 방법과 수익분석법으로 대상 물건의 임대료를 구하는 방식이 있습니다.

일반적으로 가장 많이 사용하는 방식이 거래사례비교법입니다. 거래사례비교법은 평가 대상 물건과 동일성 또는 유사성이 있는 다른 물건의 거래사례를 비교해, 가격시점과 대상 물건의 현황에 맞게 시점

수정(대상 물건의 가격시점을 거래사례와 동일하게 수정하는 것)과 사정보정
(일반적인 수준으로 가격을 정상화하는 작업)을 통해 추정하는 방법입니다.
이는 시장성에 기초하기 때문에 '시장접근법'이라고도 합니다.

| 거래사례비교법의 기본 산식 |

[거래사례 선택] × 사정보정 × 시점수정 × 지역 요인 × 개별 요인 = 비준가격

(성립 근거: 시장성, 대체의 원칙)

| 임대사례비교법의 기본 산식 |

[임대사례 선택] × 사정보정 × 시점수정 × 지역 요인 × 개별 요인 = 비준임료

거래사례비교법의 장점은 현실성이 있고 실증적이며 설득력이 풍
부하다는 것입니다. 3방식 중 대다수 물건에 적용할 수 있으므로 감정
평가의 중심 역할을 합니다. 계산식이 이해하기 쉽고 간편하며, 적절
한 거래사례가 있으면 모든 물건에 적용할 수 있습니다. 단점은 거래
사례의 요건을 모두 갖춘 사례자료를 구하기가 어려울 수 있어 객관
적 분석이 부족할 수 있으며, 시장성이 없거나 거래가 희소한 물건은
적용하기가 곤란합니다.

감정평가사의 주관이 끼어들기 쉬우므로 경험이나 숙련 정도에 따
라 가격 편차가 생길 수 있습니다. 경제적 여건의 변화 속도가 빠른 경
우, 거래사례비교법의 유용성은 오히려 제한될 수 있습니다.

비교방식 중 임대사례비교법은 대상 물건과 동일성이 있는 다른

물건의 임대사례와 비교해 가격시점과 대상 물건의 현황에 맞게 시점수정과 사정보정을 통해 임대료를 추정하는 방법입니다. 시장성에 기초해 임대료를 구성하며, 실질임대료는 순 임대료와 필요 제경비를 추가한 금액입니다."

4단계: 손익분석

"교수님, 다음 단계는 무엇인가요?"

"이번 단계는 손익분석 단계입니다. 손익분석 단계는 수입 항목과 지출 항목을 분석해서 예상 수익률을 예측하는 단계입니다. 사업이익은 수입에서 지출을 빼면 산출됩니다. 일반적으로 재건축사업에서 수입 항목은 아파트의 분양수입, 상가의 분양수입, 기타 수입 등으로 분류합니다. 지출 항목은 공사비, 사업경비, 기타 비용으로 분류합니다.

수입 항목 중 아파트 분양수입은 평형별 아파트 분양수입이 있으며, 조합원 분양수입과 일반 분양수입으로 나뉩니다. 상가 분양수입은 재건축사업을 통한 단지 내 상가 분양수입, 즉 상가의 분양 및 임대수입을 말합니다. 기타 수입은 보류지, 체비지 등을 통해 발생하는 기타 수입, 이자 수입 및 잡수입을 말합니다.

지출 항목 중 공사비는 시공사에 지불하는 비용으로 직접공사비, 간접공사비, 이주비 금융비용, 일반관리비 및 경상이익으로 나뉩니다. 직접공사비는 건축·토목·전기·기계설비·조경 등 아파트 관련 공사비를, 간접공사비는 철거공사비, 모델하우스 건립비와 임대비, 운영비, 광고비, 분양용역비 등을 말합니다. 이주비 금융비용은 재건축사업을 통해 조합원들의 이주를 지원하는 이주비를 지급하면서 발생하는 금

| 손익분석을 위한 수입·지출 구성항목 |

구분			구성항목
총수입	분양수입	아파트 분양수입	평형별 아파트 분양수입
		상가 분양수입	상가 및 유치원 분양수입
	기타 수입	이자, 기타 수입	이자 및 기타 잡수입
	총 수입계		분양수입+기타 수입
총지출	공사비	직접공사비	건축·토목·전기·기계·조경 등 아파트 관련 공사비
		간접공사비	철거공사비, 모델하우스 건립비, 임대비, 운영비, 광고비, 분양용역비, 사업추진비
		이주비 금융비용	조합원 이주비 금융비용
		O&P(Overhead&Profit)	일반관리비, 경상이익
	사업경비	토지매입비	사업대상지 시·국유지 매입비, 사유지 매입비, 관련제비용
		조합운영비	조합사무실 임차비, 조합 월운영비, 조합사무실 집기임대비
		설계·감리비	설계·감리비, 인허가비
		각종 영향평가비	교통영향평가비, 환경영향평가
		각종 부담금	하수도원인자 부담금, 광역교통시설 부담금
		제세비, 채권매입비	보존등기(취득·등록)비, 국민주택채권매입비, 법인세, 신탁등기비
		법무·세무·감정평가비	법무·세무·감정평가비
		행정용역비, 예비비	정비계획 용역비, 관리처분계획 용역비, 행정컨설팅 용역비
	총 지출계		공사비+사업경비
총 사업이익			수입(분양수입+기타 수입)-지출(공사비+사업경비)

융비용입니다. 일반관리비와 경상이익은 시공사가 해당 구역의 재건축사업을 진행함으로써 발생하는 수익입니다.

사업경비는 토지매입비, 조합운영비, 설계·감리비, 각종 영향평가비, 각종 부담금, 제세비, 채권매입비, 법무·세무·감정평가비, 행정용

| 손익분석 구성항목별 비율 |

구분			일반적 구성비율		비고
총수입	분양수입	아파트 분양수입	100%		착공 전 선투입률 5~7%
		상가 분양수입			
	기타 수입	이자, 기타 수입			
총지출	공사비	직접공사비	40~45%	50~61%	공사비 선투입률 2~3%
		간접공사비	2~4%		
		이주비 금융비용	3~5%		
		O&P	5~7%		
	사업경비	토지매입비	6~12%		사업경비 선투입률 3~4%
		조합운영비			
		설계·감리비			
		각종 영향평가비			
		각종 부담금			
		제세비, 채권매입비			
		법무·세무·감정평가비			
		행정용역비, 예비비			
	총 지출계		56~73%		
총 사업이익			최대 44~최소 27%		

역비, 예비비 등으로 구분합니다.

사업경비 항목 중 토지매입비는 사업대상지의 시·국유지 및 사유지의 매입에 필요한 비용입니다. 조합운영비는 조합사무실의 임차비용, 집기비품 임대료, 사무실 운영경비, 조합장·상근임원·직원 등의 급여 등 조합이 사업을 추진하기 위해 필요한 조직과 사무실의 모든 운영비를 말합니다. 설계·감리비는 설계도면을 작성하고 인허가를 진행하며, 법령에 위반하는 사항을 발견하거나 공사 시공자가 설계도면

대로 공사를 하지 않으면 조합에게 알리고 공사 시공자에게 시정하거나 재시공을 하도록 요구하는 일을 하는 감리비용을 말합니다.

각종 영향평가비는 재건축사업에 따라 증가하는 교통량의 영향을 평가하는 교통 영향평가비용, 그리고 재건축사업이 환경에 영향을 미치게 될 각종 요인들 중에서 부정적 영향을 제거하거나 최소화하기 위해 사전에 환경적인 영향을 분석하고 검토하기 위한 환경 영향평가비용 등을 말합니다.

각종 부담금 중 하수도원인자 부담금은 공공하수도에 영향을 미치는 시설을 설치할 때 공공하수도 관리청에 납부하는 공공하수도의 점용·사용에 대한 점용료와 사용료를 말합니다. 광역교통시설 부담금은 광역교통시행계획이 수립·고시된 대도시권에서 정비사업을 시행하는 자가 광역교통시설 등의 건설 및 개량을 위해 납부하는 비용을 말합니다.

법무·세무·감정평가비는 재건축사업을 진행하면서 필요한 법률적 자문 등의 업무와 세무·회계와 관련된 비용, 그리고 조합원들의 재산 가치를 평가하는 종전·종후시점의 감정평가비용을 말합니다.

행정용역비는 정비계획 및 관리처분계획 등 각종 용역비와 행정 업무를 담당하는 도시정비업체의 용역비를 말합니다. 예비비는 사업 추진 중 돌발상황 발생 시 조합원들의 동의 절차를 거쳐 사용하는 비용입니다.

재건축사업의 손익분석 구성항목별 비율을 보면 총수입을 100%로 보았을 때, 총지출은 56~73% 비율을 차지합니다. 총지출 중 공사비가 50~61%, 사업경비가 6~12%를 차지합니다. 총수입의 비율에서 총지출의 비율을 빼면 최대 44%에서 최소 27%의 사업이익률이 나옵니다. 이 사업이익률이 높을수록 조합원의 사업성이 높은 것입니다."

5단계: 최종 투자 결정

"손익분석을 통해 조합원 사업성이 예상된다면 최종 투자를 결정할 수 있겠네요?"

"네, 그렇습니다. 이 단계에서는 손익분석 단계에서 분석한 수입과 지출을 통한 예상 수익률이 실제 현금흐름(Cash Flow) 분석을 통해 실질적인 현금의 유입과 유출(Cash In&Out)을 분석해서 최종 사업추진

| 현금흐름 사례분석 |

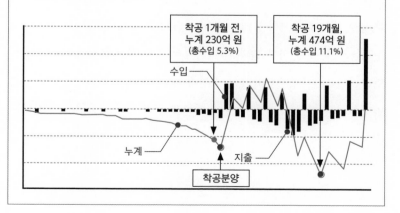

사례개요(○○지구 주택 재건축사업)
• 사업면적: 대지면적 3만 5,393평, 연면적 9만 1,711평, 용적률 219.6%
• 사업규모: 2,310세대, 지상 20층(지하 3층) 38개 동+상가
• 총 사업기간: 62개월(공사기간 27개월)
• 사업비용: 총수입 4,263억 원, 시공사 도급액 2,348억 원(55.1%), 사업경비 271억 원 (6.4%)
• 개발이익: 1,645억 원(38.6%)

착공 1개월 전, 누계 230억 원 (총수입 5.3%)

착공 19개월, 누계 474억 원 (총수입 11.1%)

수입

누계

지출

착공분양

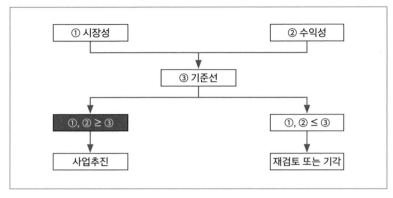

| 타당성 분석 결정 과정 |

① 시장성   ② 수익성

③ 기준선

①, ② ≥ ③   ①, ② ≤ ③

사업추진   재검토 또는 기각

여부를 결정합니다. 의사결정의 핵심 사항은 현금흐름을 분석해 비용의 투입 시점과 투입 비용이 최대가 되는 시점을 예측해서 자금의 유동성 확보가 가능한지를 검토합니다.

현금흐름 사례분석을 보면 착공 전 투입자금이 가장 많이 지출되는 시점은 착공 1개월 전으로, 230억 원이 지출되었습니다. 착공 이후에는 착공한 지 19개월째에 474억 원이 지출되었습니다. 이러한 현금흐름 분석을 통해 해당 시점에 자금 유동이 어렵지 않도록 사전에 비용지출 관리를 철저하게 하는 것이 중요함을 알 수 있습니다.

현금흐름을 분석한 결과, 최종적으로 수익 규모가 예측되었다면 사업추진의 기준조건에 따라 시장성과 수익성을 분석합니다. 기준조건 미만이면 재검토 또는 기각하고, 기준조건 이상이면 사업을 추진하는 것으로 결정합니다.

4부

부의 축적을 위한 도구, 부동산

1장

부자가 되는 방법과
자본주의의 꽃, 레버리지

▔ 부자가 되는 방법, 생산수단을 확보하라!

"배고파서 시킨 피자 한 판을 아껴서 먹을 생각을 하지 말고, 피자를 한 판 더 시킬 수 있는 생산수단을 만드세요. 여러분의 노동에 의한 생산물 말고, 노동하지 않을 때도 생산물을 만들어내는 생산수단을 만들어야 부자가 되는 겁니다!"

처음부터 박 과장이 궁금해했던 부자가 되는 방법은 바로 '생산수단'을 만들고 확보하는 것이었다.

"예전과 달리 빠르게 진화하는 요즘의 생산수단은 플랫폼이어야 하고, 시스템이어야 합니다. 그래서 우리가 자고 있는 시간에도 생산수단에서는 돈을 벌 수 있어야 합니다. 엠제이 드마코의 『부의 추월차선』에서는 '추월차선'이라는 단어로 생산수단을 설명합니다.

추월차선이라 불리는 대표적인 생산수단 4가지를 살펴보겠습니다. 첫 번째는 임대 플랫폼입니다. 부동산과 라이센스, 각종 특허권 등의 임대를 통해 지속적인 수익을 확보하는 것입니다. 두 번째는 인터넷 플랫폼입니다. 인터넷 플랫폼에 접목시킬 수 있는 아이템들은 무궁무진합니다. 생활에서 불편하다고 느끼는 모든 것이 인터넷 플랫폼으로 만들어지고 있습니다. 대표적인 것이 쿠팡이죠. 단순한 온라인 몰에서 벗어나 음식 배달 서비스까지, 생활 플랫폼의 역할을 하고 있는 쿠팡은 2021년에 미국 뉴욕증권거래소에 상장되어 기업가치가 100조 원[35]이나 된다고 합니다. 세 번째로는 콘텐츠 플랫폼입니다. 책, 잡지, 블로그 등 다양한 콘텐츠를 활용해 생산수단으로 활용할 수 있습니다. 최근에는 밀리의 서재, 윌라 등 인터넷 오디오북 콘텐츠가 사람들에게 선풍적인 인기를 끌고 있습니다. 네 번째는 유통 플랫폼입니다. 각종 제품들의 프랜차이즈 시스템 구축이 국내외에서 막강한 생산수단의 역할을 하고 있습니다."

박 과장은 '잠을 자고 있을 때도 생산수단에서는 돈을 벌 수 있어야 한다'라는 김 교수의 설명에 생산수단의 개념이 무엇인지 확실하게 이해했다.

"성균관대 최재붕 교수의 저서 『포노사피엔스』에서는 4차산업혁명 시대는 소비자 중심 시대이고, 포노사피엔스 시대의 성공 전략은 '디지털 플랫폼, 미디어 마케팅, 킬러 콘텐츠'라고 설명하고 있습니다. 바로 이 3가지가 현재 생산수단을 만들 수 있는 핵심 키워드입니다. 수강생 여러분! 부를 축적하기 위해서는 비인간적인 요소를 통해 다양한 생산수단을 만들어야 합니다."

"교수님, 우리는 이제 부의 축적에 관한 공부와 생산수단 개념을 알았으니 부자가 될 수 있는 건가요?"

"하하, 첫날부터 꿈이 너무 크네요. 부자가 되는 방법을 배운다고 누구나 부자가 되는 것은 아니죠. 국내 최고의 강사에게 국·영·수를 배운다고 수능에서 100점 만점을 받는 것은 아닌 것처럼요. 하지만 대한민국 최고의 강사에게 배운다면 만점을 받을 가능성은 높아집니다. 이처럼 돈을 벌고 부자가 되는 방법을 배운다면 부자가 될 가능성이 높아지겠죠? 지금부터 부자가 되는 방법, 부를 축적하는 방법을 함께 공부해봅시다."

박 과장은 김 교수의 강의에 가슴 속 깊은 곳으로부터 뜨거운 열정이 벅차오르는 느낌이 들며 얼굴이 달아올랐다.

￣ 자본가와 생산수단

"교수님, 자본가의 생산수단을 계속 말씀하시는데, '생산수단'이라는 것이 정확히 무엇인가요?"

"생산수단이라는 개념을 마르크스의 철학으로 접근하면 생산수단이 노동수단과 노동대상으로 구분되는 등 의미가 어려워집니다. 구글에서 생산수단을 검색하면 위키백과 사전에 다음과 같이 정의하고 있습니다.

'생산수단이란 경제학과 사회학에서 생산을 위해 투입되는 물질적·비인간적 요소이다. 기계, 도구, 공장, 인프라, 자연 자본 등이 이에 해당한다.' 여기서 핵심 키워드는 '비인간적 요소'입니다. 우리 스스로가 생산수단이 되어서는 안 된다는 것이지요. 우리는 생산수단을 확보하고 관리해야 합니다. 그런데 어떤가요? 우리는 지금 자본가와 지배계급의 생산수단 역할만을 하지는 않았나요? 한번쯤 생각해볼 필요가 있습니다."

김 교수의 설명에 박 과장은 뒤통수를 세게 맞은 느낌이었다. 그는 지금까지 자신이 자본가의 생산수단의 하나로 살아온 시간이 충격으로 다가왔다. 지금부터라도 노동 외의 방법으로 생산물을 만들어내는 생산수단을 확보해야겠다는 다짐을 했다. 박 과장은 다시 김 교수의 강의에 집중했다.

"노동을 통해 만들어지는 생산물의 가치는 모든 것이 디지털화되고, 4차산업혁명이 활발하게 이루어지는 현시대에서는 높이 평가받지 못할 것입니다. IT를 기반으로 하는 기술집약적 생산물의 가치 상승을 따라가라 어려울 테니까요. 그래서 여러분의 노동이 아닌 생산수단을 통해 생산물을 만들 수 있어야 부의 축적이 가능한 것입니다."

박 과장은 부의 축적이 열심히 일해서 번 돈 대부분을 저축한다고 가능한 것이 아님을 다시 한번 깨달았다.

"이제 생산수단의 정의가 무엇인지 이해했다면, 이제부터는 우리 주변에 어떤 생산수단이 있는지 알아봅시다. 박 과장님이 알고 있는 생산수단은 무엇인가요?"

김 교수의 갑작스러운 질문에 박 과장은 잠시 당황했지만, 이내 정신을 차리고 대답했다.

"유튜브 영상물도 생산수단이 될 것 같은데요."

박 과장이 대답하자 뒷자리에 앉아 있던 수강생이 반신반의하며 질문을 했다.

"퇴근 후에 하는 대리운전도 본래 직업이 있는 상태에서 '투잡'이니까 별도의 생산수단이라고 할 수 있나요?"

"유튜브 영상물은 한 번 만들면 지속적으로 광고 수익을 창출하니 생산수단이 될 수 있습니다. 그러나 대리운전은 우리가 말하는 생산수단이 아닙니다. 대리운전으로 얻은 이익은 노동에 의한 생산물이죠. 제가 말씀드렸죠. 비인간적인 요소로 구성된 것이 생산수단이라고."

김 교수는 우리 주변의 생산수단 사례를 설명하기 시작했다.

"서점에서 판매하는 재테크 책을 한번 봅시다. 대부분의 책은 소소한 재테크를 설명하면서 '누구나 매월 15만 원을 벌 수 있다'라고 홍보하지요. 빈 방을 활용해서 에어비앤비로 돈 벌기, 카풀로 돈 벌기, 지식거래사이트에서 자료 판매해서 돈 벌기, 헌 옷 팔아서 돈 벌기, 각종 인터넷 사이트 설문이나 광고 클릭해서 돈 벌기 등을 재테크 방법이라 설명하고 있습니다. 물론 이러한 방법들도 생산수단이라고 할 수 있습니다.

하지만 생각해보세요. 사진을 찍고 글을 올려서 중고물품을 인터넷 사이트 올린 다음, 한 달에 10만 원의 판매 수익을 올리는 생산수단을 만들겠습니까, 아니면 중고나라와 같은 인터넷 중고거래 플랫폼을 만들어서 자산운용사에 1천억 원에 매각하겠습니까?"

박 과장도 최근 언론 보도를 통해 유진자산운용이 중고물품거래 플랫폼인 '중고나라'를 1천억 원에 매입한다는 기사를 봤었다. 때문에 김 교수의 설명이 쉽게 와닿았다.

"생산수단 중에서도 본인의 노동을 최소화하며, 지속해서 수익을 창출할 수 있는 가치 극대화의 생산수단을 만들어야 부를 축적할 수 있습니다."

박 과장은 머릿속이 복잡해졌다.

'본인의 노동을 최소화하며, 지속해서 수익을 창출할 수 있는 가치 극대화의 생산수단이라…. 본인의 노동을 최소화하는 생산수단이 무엇일까…?'

"우리는 지금 부동산을 공부하고 있습니다. 부동산시장에서 만들어 낼 수 있는 생산수단으로 범위를 한정 지어 생각해보죠. 부동산과 연계된 생산수단에는 무엇이 있을까요?"

"부동산 임대사업입니다."

박 과장이 자신 있게 대답했다.

"맞습니다. 또 무엇이 있을까요?"

"교수님이 강의하는 부동산자산관리개발의 사례들이 생산수단의 종류가 될 것 같습니다. 기존의 노후화된 건물을 재건축이나 리모델링 등으로 개발해 자산가치를 극대화하고 지속해서 임대수입을 창출하는 것이니, 생산수단이 될 수 있다고 생각합니다."

"정확하게 설명하셨네요. 바로 그겁니다. 기본적인 자산가치를 극대화하고 지속적인 수익을 창출하는 것, 그것이 바로 부동산과 연계된 생산수단의 확보라고 할 수 있습니다."

부의 시스템은 자본가 기준에 맞춰 있고, 돈의 규칙도 자본가에 의해 만들어졌으며, 공교육조차 자본가의 생산수단을 확장해주기 위한 노동자 교육이었다는 것을 알게 된 박 과장은 생산수단의 필요성을 절실하게 느꼈다.

⊟ 금융지식의 차이가 양극화의 시작

김 교수는 자본주의 시장에서 경제 구조가 혁신적으로 변했어도 소유의 양극화 현상은 일제강점기와 별반 차이가 없었다는 것으로 강의를 시작했다.

"역사적으로 자본가와 노동자의 차이는 바로 금융지식에 대한 이해의 차이였습니다. 지금까지도 자본가들이 금융지식을 독점하고 있습니다."

돈의 규칙을 자본가가 결정한다면 노동자에게 유리할 수 없었으리라는 사실은 김 교수의 부가설명이 없어도 충분히 알 수 있었다.

"금융지식의 차이가 불평등의 차이이고, 소득 양극화의 근본적인 원인입니다. 이것을 간단하게 설명하면 자본소득과 근로소득으로 설명할 수 있어요. 얼마 전 KB금융지주 경영연구소에서 발표한 서울의 소득 대비 주택가격비율(PIR; Price Income Ratio)을 보면 15.6[36]으로 나타났습니다. 이는 소득이 중간 수준인 가구가 서울에서 중간 가격대 집 한 채를 사려면 15.6년 동안 한 푼도 쓰지 않고 저축해야 한다는 뜻입니다. 이 결과를 해석하면 근로소득만으로는 부의 축적이 근본적으로 불가능하고, 근로소득의 상승률이 자본소득의 상승률을 따라잡을 수 없다는 것이지요. 게다가 시간이 지날수록 그 차이는 더 벌어지고, 내 집 마련의 기간은 점점 더 늘어나고 있다는 것입니다."

김 교수는 토마 피케티가 쓴 『21세기 자본』의 내용을 인용하며 한국사회의 불평등 확대와 양극화 심화에 대한 설명을 계속했다.

"프랑스 경제학자 토마 피케티가 고안한 불평등 정도를 나타내는 피케티 지수[37]를 분석해보니, 한국의 피케티 지수는 8.6으로 지속적으로 상승하고 있습니다. 피케티 지수 상승의 의미는 근로소득보다 자본소득이 계속 높아서 불평등과 양극화가 더욱 심화된다는 뜻입니다."

박 과장은 근로소득 외에 생산수단을 통한 자본소득이 있는지를 생각해보았다. 은행에 연금리 3.5%, 월 20만 원 5년 만기 적금이 전부였다. 자본소득을 만들기 위한 자기자본이 없는데, 어떻게 자본소득을 만들 수 있다는 말인지 김 교수의 설명에 의구심이 들었다.

▬ 돈의 돈, 레버리지

"교수님, 월급 받아서 생활하는 샐러리맨 입장에서는 기본적인 자기자본이 없으니 영원히 '흙수저'가 될 수밖에 없습니다. 반면에 '금수저'는 계속 부를 축적하며 대대손손 금수저를 물려주고 있는 것이 현실입니다. 평범한 사람들이 부자가 되는 방법은 없나요?"

"네, 그 부분이 바로 우리가 이번 시간에 배워야 할 내용입니다. '돈을 가지고 돈을 버는 것'이 가장 쉽습니다. 그러나 돈이 없어도 돈을 벌 수 있다면 우리도 부를 축적할 수 있겠죠? 그것이 무엇일까요?"

"혹시 김 교수님께서 평소에 강조하시는 '레버리지●' 아닌가요?"

"레버리지, 즉 지렛대 맞습니다. 다만 단순히 지렛대를 이야기하는 것이 아니라 '지렛대 원리'를 말하는 겁니다. 레버리지란 수익 증대를 위해 부채를 활용해서 자산매입에 나서는 투자전략을 말합니다. 좀 더 쉽게 설명하면 무거운 돌을 움직이는 데 지렛대를 활용하면 편리한 것처럼, 부동산을 매입할 때 자기자본 외에 타인의 자본을 끌어다가 투자해서 수익을 극대화하는 것이지요.

시간이 지나면서 전통적인 지주계급이 쇠퇴하고 3차·4차산업혁명으로 빠르게 변했습니다. 이제는 IT기업이 그 지주계급의 역할을 대체하는 듯합니다. '2020년 대학생이 가장 취업하고 싶은 기업 TOP10'에 1위 카카오, 2위 삼성전자, 3위 네이버로 조사되었습니다.[38] 이는 지주계급으로 대변되는 대기업 집단이 제조업에서 IT산업으로 진화되었을 뿐, 사실은 수많은 사람들이 거대한 조직의 구성원으로 잘리지 않으려고 발버둥을 치며 일하고 있다는 것을 보여줍니다. 결국 우리는 대기업의 생산물을 만드는 노동자인 것이지요. 로버트 기요사키의 『부자 아빠 가난한 아빠』에서 이야기하듯이 쳇바퀴 도는 쥐 경주놀이에서 탈출하려면 금융지식이 필요합니다. 그 금융지식의 핵심이 바로 레버리지입니다."

김 교수는 고대 그리스의 철학자이자 수학자인 아르키메데스의 말

● 안전성을 추구하는 저축과 달리, 투자에서는 종종 레버리지(Leverage) 효과가 발생한다. 영어로 'Leverage'란 지렛대를 의미한다. 지렛대를 이용하면 실제 힘보다 몇 배 무거운 물건을 움직일 수 있다. 금융에서는 실제 가격변동률보다 몇 배 많은 투자수익률이 발생하는 현상을 지렛대인 레버리지로 표현한다.

을 인용했다.

"아르키메데스는 다음과 같이 말했습니다. '나에게 충분히 긴 지렛대를 준다면, 나는 세상을 움직일 수 있을 것이다'라고 말이죠. 바로 이 지렛대, 영어로 레버리지를 어떻게 활용하느냐가 부를 축적하는 핵심입니다. 여러분에게 친숙한 네이버는 어떤 기업인가요?"

"녹색 검색 창을 기반으로 하는 인터넷 검색 사이트입니다."

다른 수강생의 대답에 박 과장도 거들었다.

"신문도 보고, 쇼핑도 하고, 책도 읽고, 부동산 거래도 하고, 여행도 예약하고…. 못하는 것이 없는 기업입니다."

"네, 맞습니다. 네이버라는 인터넷 포털사이트는 삶을 영유하는 데 도움을 주는 인터넷 플랫폼입니다. 그런데 네이버는 쇼핑몰을 운영하지만 제품을 생산하지는 않습니다. 최신 기사를 보여주지만 기사를 작성하지는 않습니다. 부동산 거래를 중개하지만 실제로 가지고 있는 부동산 거래 물건은 없습니다. 여행 코스를 짜고 숙소를 예약하고 패키지 여행을 진행하지만, 여행가이드가 있거나 호텔을 소유하고 있지는 않습니다. 네이버는 인터넷 플랫폼만 제공하는 것입니다."

▬ 레버리지의 가치 10가지

김 교수는 롭 무어가 쓴 『레버리지』의 내용을 인용해 설명했다.

"레버리지는 과학에 기반을 둔 사고법이라고 합니다. 더 적은 것으로 더 많은 것을 얻는 것, 더 적은 돈으로 더 많은 돈을 버는 것, 더 짧은 시간을 투자해서 더 많은 시간을 얻는 것, 더 적은 노력으로 더 많은 성과를 얻는 자본주의에 숨겨진 공식이라고 말하고 있습니다. 이를 한마디로 '최소 노력의 법칙'이라고 합니다. 만일 여러분이 레버리지를 지배한다면, 다른 사람의 시간, 자원, 지식, 인맥을 이용해 여러분이 쉬거나 잘 때도 끊임없이 생산물을 창출하는 생산수단을 확보할 수 있습니다."

김 교수는 레버리지는 고용을 당하는 것이 아닌, 고용하는 것임을 강조했다. 그러면서 레버리지의 활용 여부에 따른 부의 축적 차이를 10가지로 설명했다.

"첫째, 레버리지를 모르는 사람은 대기업에 취업해도 생활비를 아껴가며 30년 동안 월급의 반을 저축해도 강남에 아파트 한 채 얻기가 쉽지 않습니다. 그런데 레버리지를 활용하는 사람은 여러 채의 아파트와 수익형 부동산인 상가를 임대해서 '놀고먹으면서도' 재산을 모으는 데 10년이 안 걸릴 수 있습니다.

둘째, 레버리지를 모르는 사람은 열심히 공부만 해서 서울대 법대를 졸업해서 변호사가 되어도 돈 많은 자본가들의 법률을 대리하며 월급을 받지만, 레버리지를 활용하는 사람은 세계 최고의 명문대 법대를 졸업한 변호사를 고용해 더 많은 레버리지를 활용해 부를 축적합니다.

셋째, 레버리지를 모르는 사람의 재산은 경기와 시장의 변화에 영향을 받아 불안정하지만, 레버리지를 활용하는 사람은 재산을 통제합니다. 그리고 경기가 안 좋거나 시장의 규제가 심해질 때 오히려 재산 가치를 극대화하는 영향력을 가지고 있습니다.

넷째, 레버리지를 모르는 사람은 좋은 차를 사기 어렵지만, 레버리지를 활용하는 사람은 원하는 차가 있다면 무엇이든 살 수 있습니다.

다섯째, 레버리지를 모르는 사람은 부를 축적하기 위해 시간을 쓰지만, 레버리지를 활용하는 사람은 시간이 자기를 위해 일하게 만듭니다.

여섯째, 레버리지를 모르는 사람은 저축과는 별도로 생활비를 더욱 아껴서 퇴직연금과 각종 보험에 가입하지만, 레버리지를 활용하는 사람은 각종 금융 파생상품을 만든 뒤 운영해서 부를 더욱 축적합니다.

일곱째, 레버리지를 모르는 사람은 주식 공부를 열심히 하고도 주식 투자에 실패하지만, 레버리지를 활용하는 사람은 향후 가치가 상승할 기업을 선별하는 주식 투자 애널리스트를 이용합니다. 그 결과 더 높은 주식 투자 수익률을 달성합니다.

여덟째, 레버리지를 모르는 사람은 자신의 지위와 소득을 남들이 결정하고 통제하지만, 레버리지를 활용하는 사람은 자신의 지위와 소득을 스스로 통제하고 결정합니다.

아홉째, 레버리지를 모르는 사람은 돈에 인색하고, 레버리지를 활용하는 사람은 시간에 인색합니다.

열째, 레버리지를 모르는 사람은 자기 집이 유일한 재산이고, 레버리지를 활용하는 사람은 자기 집은 휴식을 통해 에너지를 충전하는 생활공간일 뿐 재산은 별도로 운영합니다."

"부를 축적하려면 레버리지를 이해해야 한다는 것을 잘 알겠습니다. 그런데 왜 학교에서는 레버리지 교육을 하지 않나요?"

"지난 강의 시간에도 설명했지만, 학교에서 '부·돈·레버리지'를 교육하지 않는 것은 의도적이라고 생각합니다."

"의도적이라고요?"

"사회는 리더만을 원하지 않습니다. 누군가는 '팔로워'가 되어야 합니다. 학생이 없는 대학교수가 있겠습니까? 팀원 없이 팀장만 있다면 조직이 운영되겠습니까? 국민이 없는 대통령이 국가를 통치할 수 있을까요? 팔로워도 있어야 하고, 학생도 있어야 하고, 팀원도 있어야 하고, 국민도 있어야 합니다. 때문에 적극적으로 돈에 대해, 부에 대해, 리더에 대해, 팀장에 대해, 교수에 대해, 대통령에 대해 교육하지 않는 것입니다. 그래서 리더가, 팀장이, 교수가, 대통령이 되고 싶은 사람이거나 되어야 하는 사람은 별도의 교육을 받는 것이지요."

"그럼 별도의 교육을 받은 적이 없는 사람은 팀장이나 지도자가 될 수 없는 건가요?"

"하하, 아니죠. 지금부터 본인이 무엇이 되고 싶은지를 명확히 하고, 스스로 준비를 해야 한다는 말입니다. 그러기 위해서는 부동산 금융의 핵심인 레버리지를 기본적으로 알아야 하죠."

▔ 레버리지별 투자수익률 분석

"교수님, 레버리지 효과를 실제 사례로 설명해주시면 이해하기가 더 쉬울 것 같습니다."

"네, 실제 부동산 거래사례로 설명하겠습니다. 경기도에 있는 4억 원의 아파트를 자기자본금 2억 원, 대출금 2억 원(레버리지 50%)으로 취득한다면 수익률이 몇 퍼센트일까요(임대수익은 연 5%, 대출이자는 연 3%

| 레버리지 50% 기준으로 투자수익률 분석 |

구분	가격	대출	자본
금액	4억 원	2억 원	2억 원
수익률	5%	3%	7%
수익 및 대출이자	2천만 원	600만 원	1,400만 원

| 레버리지 75% 기준으로 투자수익률 분석 |

구분	가격	대출	자본
금액	4억 원	3억 원	1억 원
수익률	5%	3%	11%
수익 및 대출이자	2천만 원	900만 원	1,100만 원

로 가정, 기타 요인은 단순 계산을 위해 반영하지 않음)?"

"자기자본금 대비 수익률은 7%입니다."

"이번에는 레버리지 효과를 극대화해서 4억 원의 아파트를 대출금 3억 원(레버리지 75%), 자기자본금 1억 원으로 취득한다면, 수익률이 몇 퍼센트일까요?"

"자기자본금 대비 수익률은 11%입니다."

"레버리지를 극대화하니 기존 7%였던 수익률이 11%로, 무려 4%나 증가했습니다. 수익금으로 분석해보면 자기자본금을 2억 원 투자(레버리지 50%)했을 때 수익금은 1,400만 원이었으나, 자기자본금을 1억 원 투자(레버리지 75%)했을 때 수익금은 1,100만 원입니다. 동일 조건의 아파트를 1억 원을 투자해서 추가 매수했다면, 2억 원의 자기자본금 투자로 총 2,200만 원의 수익금을 얻을 수 있지요. 결국 기존 2억 원으로 한 채의 아파트를 매수한 투자수익금보다 1억 원씩 투자해서 2채의 아파트를 매수한 투자수익금이 800만 원 더 높습니다."

"자기자본금은 최소로 투입하면서 레버리지를 50%에서 75%로 상향하니 수익률이 4%나 올라가네요. 이것이 레버리지의 효과이군요."

"네, 그렇습니다. 이렇듯 대출금의 규모를 상향 조정하고 자기자본의 규모를 최소화하면 수익률을 극대화할 수 있습니다. 이제 여러분들도 레버리지 효과가 실제로 수익 극대화에 매우 큰 영향을 미친다는 것이 이해가 되나요?"

"네, 교수님. 실제 투자사례로 수익률을 계산하니 레버리지 효과를 충분히 이해했습니다."

"이번 강의를 마무리하면서 한 가지 당부하고 싶습니다. 레버리지를 극대화한다는 것은 리스크도 극대화된다는 사실입니다. 부동산 투자 지식과 금융정보 없이 레버리지만 극대화하는 것은 매우 위험합니다. 투자리스크 관리를 철저히 하지 않는다면 레버리지 극대화는 엄청난 리스크가 될 수 있습니다. '하이 리스크, 하이 리턴'을 잊지 마시기 바랍니다."

2장

부자가 되기 위한 생산수단, 금융·주식·부동산

금융의 이해와 복리의 마술

"우리가 알아야 할 '부의 축적 방법'은 크게 3가지입니다. 바로 금융·주식·부동산입니다."

"그 많은 것들을 다 공부해야 하나요?"

"이번 강의를 통해 부의 축적 방법을 대략적으로 이해하고, 깊이 있는 내용은 차근차근 공부해가면 됩니다. 먼저 금융부터 알아보죠."

박 과장은 핵심만이라도 이해해보겠다는 자세로 강의에 집중했다.

"일반적으로 화폐는 교환수단과 가치저장의 기능이 있습니다. 이 화폐를 유통하는 것을 금융이라고 합니다. 금융이란 이자를 약정하고서 자금을 빌리거나 빌려주고, 돈을 다른 돈으로 사고파는 거래를 말합니다. 즉 일정 기간의 범위에서 원금 상환과 이자 변제에 대해 상대방과 신뢰를 기반으로 일정 기간을 협의해서 결정하고, 자금이 있는 사람에게서 자금이 필요한 사람으로 자금을 이동시키는 것입니다. 금융의 구체적인 형태가 증권, 은행, 종합금융, 보험 등 금융기관입니다."

김 교수의 설명을 듣다 보니 박 과장은 금융에 대한 막연한 두려움이 사라졌다. 금융이란 우리가 평소에 이용하는 은행 업무, 보험 가입 등을 총칭해서 말하는 것이라 이해하니, 더는 금융이 어렵거나 두렵지 않았다.

"4차산업혁명 시대에서 금융산업의 발전은 글로벌 국가경제력을 높이는 것이며, 금융은 부의 축적을 위해서는 반드시 알아야 할 기본 지식입니다."

"재테크 책들을 보면 '복리의 마법'에 대한 설명이 많던데, 복리가 그만큼 중요하다는 이야기인가요?"

"금융을 통해 부를 축적하는 방법의 핵심은 높은 이자율(수익률)과 복리●가 맞습니다. 그런데 낮은 이자율로는 수익을 창출할 수 없고, 이자율과 연동된 복리도 단기투자에는 단리●●와 비교했을 때 큰 영향이 없습니다. 오직 장기투자에서만 복리의 마법이 일어나지요.

월 10만 원씩 연간 120만 원을 투자해봅시다. 이자율을 5%로 가

● 원금에 대해서만 이자를 붙이는 단리와 다르게 복리는 원금뿐만 아니라 원금에서 생기는 이자에도 원금과 동일한 이율의 이자를 붙인다. 첫 기간에 생긴 이자를 원금에 가산해 다음 기간의 원금으로 하고, 이 가산된 원금에 대해서도 동일한 이율로 이자를 산출한다. 따라서 지급기한까지 이율에 변동이 없어도 첫 기간마다 원금이 이자가 가산된 만큼 오르며 이자도 기한마다 오른다. 이것을 공식화하면 'A = G×(1+r)^m'이 되고 대수법으로 계산된다. 단리 계산보다 복잡해서 장기투자에 사용된다.
●● 단리는 원금에 대해서만 이자를 붙이는 방식이다.

정해 3년간 360만 원을 투자하면, 단리의 경우 374만 원, 복리의 경우 390만 원이 됩니다. 복리가 약 15만 원 유리하지요. 만약 같은 조건으로 30년을 투자한다면, 단리의 경우 3,744만 원, 복리의 경우 6,999만 원이 되므로 3,255만 원이나 차이가 납니다. 그만큼 복리는 단기투자보다는 장기투자에 유리하지요.

적금 등의 금융상품은 3년 내외가 대부분입니다. 그래서 복리상품에 가입했다고 해서 무조건 훌륭한 선택이라고 보기는 어렵습니다. 대부분이 복리의 맛을 느끼기 전에 해약하기 때문이죠. 만약 장기투자를 한다면 투자수익률이 높겠지만, 이는 금융상품의 위험을 떠안은 대가입니다. 그럼에도 불구하고 복리의 힘은 큽니다."

김 교수는 세계적인 베스트셀러 『네 안의 잠든 거인을 깨워라』를 쓴 토니 로빈스 사례를 인용했다.

"토니 로빈스는 냅킨 접기로 복리의 마법을 설명합니다. 1/32인치 두께의 천으로 된 냅킨을 반으로 접으면 두께는 1/16인치입니다. 한 번 더 반으로 접으면 1/8인치입니다. 세 번째는 1/4인치이고 네 번째는 1/2인치, 다섯 번째는 1인치가 됩니다. 여기서 그가 질문을 합니다. '달까지의 거리가 23만 7,350마일일 때, 달까지 도달하려면 냅킨을 몇 번 접어야 할까요?'라고 말이죠."

박 과장은 직관적으로 '복리효과를 고려하면 생각보다 많지 않은 횟수로 달까지 도달할 수 있겠다'라고 생각했다.

"그는 냅킨을 39번만 접으면 달까지 도달할 만큼 냅킨이 두꺼워진다고 했습니다. 이것이 복리의 위력이라고 설명하지요. 물론 수학적인 분석이지만 복리의 마술을 이해하는 데는 효과적인 설명입니다. 복리는 마법이 아닙니다. 단지 오랜 시간이 필요하기 때문에 복리의 효과를 누리려면 하루라도 빨리, 무엇이든 시작해야 하는 것이죠."

"교수님, 요즘 금융상품 중에 복리상품이 있나요? 저는 들어보지 못한 것 같습니다."

"맞습니다. 현실적으로 시중은행에서 복리를 주는 예금상품은 없습니다. 그러나 복리의 효과를 누릴 수 있는 투자는 있습니다. 여러분이 종잣돈 1천만 원을 투자해서 10%의 수익률을 얻었으면 수익금은 1,100만 원이 됩니다. 이를 재투자해서 10%의 수익률을 더하면 수익금은 1,200만 원이 아닌 1,210만 원이 됩니다. 원금 1천만 원에 10%의 복리를 적용하면 9회차 원금이 2,144만 원이 됩니다. 이처럼 가속도가 붙는 것은 바로 복리효과 때문입니다. 역사적으로 최고의 과학자라 불리는 아인슈타인은 '인간이 만든 가장 위대한 발명은 복리다'라고 하며 '72의 법칙'을 제시했지요."

"72의 법칙이 무엇인가요?"

"72의 법칙은 복리를 전제로 자산이 2배로 늘어가는 데 걸리는 시간을 계산하는 방식입니다. 예를 들어 100만 원을 연 5%로 저축해서 200만 원을 만드는 데 걸리는 시간은 14.4년(72÷5=14.4)입니다. 10% 수익률이라면 7.2년(72÷10=7.2)년이 걸리지요. 반대로 100만 원을 n년 후에 200만 원으로 만들고 싶다면, n년=72÷r(이자율)의 수익률로 투자해야 합니다. 즉 10%의 이자율이라면 72/10=7.2년이지요. 72의 법칙은 재테크를 위한 실제 분석에서도 매우 유용합니다."

"아인슈타인도 인정한 복리효과를 극대화하려면 결론은 장기투자가 핵심이네요. 그런데 금융상품의 핵심은 결국 투자수익률이라고도 말하는 이자율인데, 이자율이 높은 상품을 찾는 것이 현실적으로 어렵습니다. 각종 금융상품의 조건에 따라 이자율이 다르고, 이를 객관적으로 같은 상황으로 치환해서 비교하기도 쉽지 않죠. 어떻게 상품을 선택해야 할지 모르겠습니다."

"그렇죠. 모든 금융기관의 이자율을 변화가 있을 때마다 금융상품을 확인하고 비교하기에는 현실적으로 어렵습니다. 그런데 요즘은 각각의 금융기관의 이자율 등 조건을 분석해서 서비스하는 금융자산관리운영사나 PB들이 많으니 이를 활용하는 것도 좋은 방법입니다."

▬ 주식 투자, 학원비보다 우선?

금융에 대한 기본적인 이해도가 높아진 박 과장은 이제 주식이 궁금했다.

"교수님, 요즘은 금리도 낮고 유동성도 높아진 상태로, 코스피 지수가 3000포인트를 넘기도 했습니다. 현재 가장 좋은 투자방법은 주식이 아닐까요?"

"요즘 주식시장이 화두인 것은 잘 알고 있습니다. 코스피 지수가 무려 65년 만에 3000선을 넘어섰으니까요. 실제로 주변에는 너도나도 주식 투자를 해서 얼마를 벌었다 등의 이야기뿐입니다. 그런데 주식 투자가 이렇게 쉽다면 누가 새벽에 출근해서 힘들게 월급 받아 생활하겠습니까? 모두 주식 투자만 하겠지요."

"주식 투자도 쉽지 않다는 말씀인가요?"

"주식을 이해한 다음, 가치를 창출할 수 있는 주식에 투자해야 한다는 말입니다. 매년 대다수의 증권회사는 주식 모의투자대회를 개최합니다. 2020년 H투자증권에서 대학생 모의투자대회를 개최했고, 2개월간의 투자수익률로 순위를 결정했습니다. 7,500여 명이 경합을 펼쳤고 1위는 국내 수익률 172%를 기록한 A대학교 학생이었습니다. 그는 주도 주에 투자하고 추세가 꺾이면 바로 매도하는 트레이딩 전략이 주효했다고 밝혔습니다. 평소 투자 때는 경제의 큰 흐름을 읽는 것이 중요하고, 경제지표 중 미국 금리를 먼저 본다고 했습니다. 여기에서 알 수 있는 중요한 시사점이 있습니다."

2개월 만에 모의투자수익률 172%라는 설명에 박 과장은 아주 매력적이라고 느꼈다. 하지만 김 교수의 추가 설명을 듣고 나서는 머리를 절레절레 흔들었다.

"바로 '주식 투자는 경제의 큰 흐름을 읽는 것이 중요하다'라는 말이 핵심입니다. 주식 투자는 정치, 경제, 문화, 사회, 외교, 과학, 군사 등 사회 이슈를 이해하고, 가치 창출이 가능한 투자 종목을 결정해서 최적의 투자 시점을 분석한 후에 투자하는 일입니다. 말은 쉽지만 이 과정이 얼마나 많은 학습과 정보분석, 판단을 거쳐야만 하는지 상상이 되나요?"

"교수님, 요즘 방송에서 '학원 가지 말고, 그 돈으로 주식 투자하라'며 주식 투자를 권장하는 M자산운영사의 J 대표가 연예인만큼 유명합니다. 그는 가치투자와 장기투자를 강조합니다. 이 2가지만 하면 주식 투자에서 성공할 수 있을까요?"

"네, 저도 J 대표의 주장을 잘 알고 있습니다. 그는 주식에는 변동성과 위험성이 있지만, 이 부분은 통제할 수 있다고 주장합니다. 그 통제 방법이 기업을 연구하는 것이라고 말합니다. 기업을 연구하기 위해서는 장기투자를 하라고 합니다. 그것이 가치투자와 장기투자라고 하는데 맞는 말입니다. 하지만 J 대표의 주장에는 우리와 같은 일반인들이 실행하기 어려운 부분이 있습니다."

"그것이 무엇인가요?"

"바로 기업을 연구하는 일입니다. 앞에서 설명한 것처럼 동일하게 가치투자 분석을 통해 투자종목을 결정해서 최적의 투자 시점을 분석해 장기투자를 하는 것, 이는 일반인이 실행하기 어렵습니다. 기업분석과 투자가 직업이 아닌 이상, 일반인들이 기업을 분석하고 주식을 공부해서 최적의 주식 투자를 한다는 것은 현실적으로 어렵지요."

"그럼 J 대표의 주장은 현실 가능성이 없는 허황된 주장인가요?"

"아니죠. 그가 설명하는 내용의 이면에는 2가지 의미가 있습니다. 일반 샐러리맨들이 업무시간 이외의 모든 시간을 기업분석과 같은 전문적 정보 수집 과정을 거친 후 투자할 기업을 선별해 주식에 투자하고 장기투자해서 수익률을 창출하든지(이렇게 모든 시간을 투자해서 주식을 분석한다고 주식 투자에 성공할 수 있을지는 미지수이지만), 힘들 것 같으면 자산운용사에 투자자금을 맡기라는 것이죠. 자연스럽게 J 대표가 운영하는 M자산운용사를 홍보하는 것이겠죠?"

박 과장은 현실적으로 개인 생활을 포기하고 많은 시간을 투입해 주식 투자를 할 자신이 없었다. '결국 자산운용사에서 투자금을 유치하기 위한 마케팅인가' 하는 생각에 씁쓸해졌다.

"J 대표의 책과 방송이 주는 순기능도 있습니다. 주식을 전혀 모르던 주부들까지도 주식 투자에 관심을 갖게 했으니까요. 주부들이 시장 경제의 흐름에 관심을 갖고 우수 중소기업에 적극적으로 투자를 해서 기업의 경쟁력을 확보하는 차원에서는 긍정적인 효과로 봅니다."

━ 부동산, 안정적인 투자상품

"교수님, 역시 저는 부동산 투자가 맞는 것 같습니다. 실패하지 않는 부동산 투자에 대해서 알고 싶습니다."

"모든 투자에 '실패하지 않는 투자'란 없습니다. 부동산 투자도 마찬가지입니다. 다만 실패를 최소화하고 성공적인 투자를 위해서 해당 분야를 학습하는 것이 필수이죠. 금융과 주식보다는 부동산 투자 학습이 비교적 쉽습니다. 왜냐하면 부동산 투자 공부를 하지 않아도 본인이 살고 있는 지역의 부동산 가치는 느낌으로도 알 수 있으니까요. 이는 주식도 마찬가지죠. 자신이 다니는 회사의 가치는 잘 알고 있으니, 본인 회사의 주식에 투자할지 말지는 느낌으로도 알 수 있죠."

"하지만 자기가 살던 지역에만 투자하는 것은 아니잖습니까? 주식도 자신이 다니는 회사에만 투자할 수 있는 게 아니듯이 말입니다."

"맞습니다. 그래서 모든 투자에는 관련 학습이 필수이죠. 이때 금융, 주식, 부동산 중에서 학습을 하기에는 부동산이 가장 적합합니다."

"교수님, 공부는 다 어렵고 힘듭니다. 금융이나 주식 투자가 공부할 내용이 많고 분석할 내용이 너무 광범위하죠. '개미들은 성공적인 투자를 하기가 쉽지 않다'라고 교수님께서 설명해주셨는데, 부동산마저 공부할 내용이 많다면 쉽지 않겠다는 생각이 듭니다."

"네. 합리적인 의견입니다. 학습을 많이 해서 투자의 전문가가 된다면 무엇이 문제이겠습니까. 핵심은 많은 학습과 분석을 할 수 없는 일반인들을 위한 현실적인 방법 제시이지요. 이 강의를 통해서 바로 그부분을 살펴볼 것입니다."

성공적인 투자를 위한 현실적인 방법이 있다는 김 교수의 설명에 박 과장은 그 방법이 무엇인지 매우 궁금했다.

"교수님, 그럼 금융이나 주식과 다르게 부동산 투자는 쉽게 접근할 방법이 있다는 말인가요?"

"네, 그렇습니다. 그럼 시작해봅시다."

김 교수는 화이트보드에 투자를 '부동산, 동산'으로 구분하고, 부동산 이슈트리●를 그리기 시작했다.

"부동산 관점에서 투자에는 부동산과 동산이 있습니다. 동산이란 토지에 정착되지 않은 재산을 말하고 토지에 부착되어 있더라도 그 정착물이 아닌 재산, 즉 석재, 임시로 심어 놓은 상태의 수목, 임시적인 판잣집 등을 모두 동산이라고 정의합니다. 그럼 부동산은 무엇일까요? 움직여서 옮길 수 없는 재산을 부동산이라고 합니다. 부동산을 간단하게 분류하면 토지와 건물로 나눌 수 있습니다. 우리가 말하는 부동산 투자는 바로 토지와 건물에 투자하는 일입니다."

● 맥킨지 컨설팅의 문제분석 기법의 한 과정이다. 이슈트리는 '이슈', 즉, 초기 가설이 옳은지 아닌지를 판별하는 기준이 되는 이슈를 MECE(Mutually Exclusive Collectively Exhaustive) 원칙에 따라 나무 형태로 정리한 것이다. 최상위 이슈로 시작해 하부 이슈(Subissues)를 계속 나무 형태로 만들어서 계층적으로 도식화한 것이다.

김 교수는 본격적으로 부동산 투자를 설명하기 시작했다.

"먼저 토지 투자부터 살펴봅시다. 사람들이 요즘 토지 투자에 관심이 높아지고 있습니다. 백화점 문화센터에서 '토지 가치분석 강의'가 인기 있고, 시중은행들은 봄과 가을마다 은행 VIP 고객들에게 토지 투자를 위한 현장투어 등의 행사를 진행하고 있습니다. 일반인들이 토지 투자에 관심을 가진 것은 정부의 다주택자 규제강화가 원인이 되었다고 볼 수 있습니다. 공시가격 현실화율이 주택보다 낮아서 세금이 비교적 적고, 취득세율도 주택에 비해 유리해서 토지 투자 관심에 영향을 미친 것으로 보입니다.

그러나 용도, 도로 상황, 개발계획 등을 종합적으로 판단해야 하고, 토지 투자의 대박을 꿈꾸며 임야나 논밭을 대지로 용도변경하겠다고 매입했다가는 인허가가 진행되지 않아서 낭패를 보는 경우가 있습니다. 지금도 문제가 되는 기획부동산들이 개발계획을 홍보하며 토지분할매매를 유도하는데, 이는 전형적인 사기 수법이죠.

토지 투자는 사전에 인허가청의 허가 여부를 판단하기가 어렵고 개발계획 정보수집도 어렵기 때문에 아직까지는 전문가의 영역이라고 생각합니다. 때문에 신중하게 접근해야 합니다."

"그렇다면 부동산 투자는 토지 투자 말고 건물 투자를 해야 하는 건가요?"

"토지 투자의 어려움을 살펴보았으니 이제는 건물 투자를 이야기해봅시다. 건물 투자는 일반적으로 아파트, 주택, 상가, 오피스텔, 오피스 정도로 구분합니다. 이 5가지 중에서 여러분이 쉽게 접근할 수 있는 투자대상은 무엇입니까?"

수강생들은 웅성거렸다. 쉽게 접근할 수 있는 투자 대상으로는 아파트를 가장 많이 꼽았고, 오피스가 가장 적었다.

▬ 가장 쉬운 부동산 투자, 아파트 재건축

"여러분들이 아파트를 가장 쉽게 접근할 수 있는 투자 대상이라고 판단한 이유는 무엇인가요?"

"주변에서 가장 흔히 보이는 건물이 아파트이고, 시세를 쉽게 파악할 수 있어서 가격 비교가 쉽기 때문입니다."

"맞습니다. 투자 대상을 결정하려면 가치를 판단할 수 있어야 합니다. 워런 버핏의 말처럼 1달러 지폐를 40센트에 살 수 있어야 합니다. 결국 가치가 높아질 것을 예상하고 싸게 매입하는 것이 투자의 핵심이지요. 한국부동산원, 부동산114, KB부동산시세 등 포털사이트를 검색하면 아파트 시세를 파악하기가 매우 쉽습니다.

'가치투자'라는 말을 기억하나요? 기업의 주식 가치를 판단하는 방법은 여러 가지가 있고, 이러한 기본 정보를 증권회사에서 제공해도 투자가 쉽지 않은 것이 주식이라고 설명했었습니다.

부동산 투자도 마찬가지입니다. 부동산가격도 모르고 투자를 분석할 수는 없을 겁니다. 그래서 인터넷으로는 가격을 정확하게 알 수 없는 주택이나 상가, 오피스텔, 오피스 투자가 쉽지 않은 것이죠. 부동산 물건을 소개해주는 공인중개사나 부동산 투자 컨설턴트를 통해서만 투자가 가능할 것입니다. 결국 건물 투자 5가지 대상 중에서 가격을 정확하고 쉽게 파악할 수 있는 아파트가 일반인들이 접근하기 쉬운 부동산 투자입니다."

"교수님, 반대로 생각해보면 일반인들의 접근이 어려운 대상에 투자해야 고수익을 얻을 수 있지 않나요?"

"그렇죠, 하지만 고수익을 얻을 수 있는 투자는 항상 고위험이 동반되므로 전문가의 영역이라고 하는 것입니다. 지금 우리가 알고 싶은 것은 일반인들이 쉽게 접근할 수 있는 투자가 무엇인지 학습하는 것이고, 그중에서 부동산, 부동산 중에서도 건물 투자, 건물 투자 중에서도 아파트가 가장 쉽게 투자분석이 가능하다는 설명을 하고 있는 것입니다."

"일반인도 쉽게 접근하는 부동산 투자라는 것은 반대로 해석하면 수익률이 매우 낮다고 봐야 하는 것 아닌가요?"

"그렇죠. 누구나 다 아는 정보라면 정보의 가치가 낮고, 투자수익률이 높을 수가 없겠죠. 그래서 지금은 일반화된 아파트 경매의 수익률이 낮은 것입니다. 주변 시세를 모두 알고 있으니 낙찰가와 시세가 거의 비슷한 경우가 많은 것입니다. 시세와 비슷한 금액으로 경매를 통해 낙찰을 받았다면, 수익률이 매우 낮을 수밖에 없습니다. 최근에는 치열한 경쟁 끝에 수요자가 시세나 감정가보다 더 비싼 값으로 아파트를 낙찰받는 사례도 나오고 있습니다."

"부동산 투자 중 아파트 투자가 가장 쉽게 접근할 수 있지만, 투자수익률이 낮다면 투자의 의미가 없는 것 아닌가요?"

"네, 맞습니다. 아파트 투자는 투자수익률이 높지 않습니다. 오히려 잘못 투자하면 손해를 볼 수도 있지요. 그래서 아무 아파트나 투자하는 것이 아닙니다. 토지 투자에서 설명했듯이 용도, 도로 상황, 개발 계획을 알 수 있는 아파트에 투자해야 합니다. 용도와 도로 상황은 인터넷 포털사이트에서 쉽게 파악할 수 있습니다. 따라서 개발계획을 알 수 있으면 투자의 가치를 분석할 수 있습니다. 여기서 말하는 개발계획은 무엇을 말하는 걸까요?"

"아파트 재건축입니다."

"맞습니다. 아파트의 개발계획이란 바로 노후화된 아파트를 재건축하는 계획을 말합니다. 시·도별 조례에 따라 안전진단 D등급 이하로 분류되는 아파트는 재건축을 할 수 있습니다. 그래서 여러분은 안전진단 통과가 가능한 노후·불량한 아파트를 분석해 투자 여부를 판단할 수 있는 것입니다."

"재건축에 투자하려면 안전진단 통과가 가능한지 아닌지를 공부해야 하나요?"

"안전진단 통과 여부를 여러분이 판단할 수는 없습니다. 안전진단 통과 여부는 시설안전공단과 한국건설기술연구원 등 공공기관의 최종 적정성 검사를 통과해야 알 수 있으니까요. 다만 시·도 조례에서 정한 안전진단 검사 기준연도를 참고해 안전진단 통과의 가능성을 추정해서 투자하는 것입니다. 우리가 학습해야 할 부분은 재건축의 기본적인 절차와 분석 방법, 투자 적정 시기입니다."

"재건축에 관한 공부가 어렵지는 않을까요?"

"어렵지 않습니다. 여러분은 기본적인 절차와 개략적인 사업성 분석 방법, 그리고 적정한 투자 시기를 학습하면 됩니다. 그러면 실제 투자가 가능하지요."

부동산 투자 중 재건축 대상 아파트의 투자에 필요한 학습이 어렵지 않다는 김 교수의 설명에 박 과장은 마음이 놓였다.

　"지금까지 여러분은 부의 축적을 위한 투자 방법 중에서 금융, 주식, 부동산에 대한 기본 개념을 학습했습니다. 쉬운 투자 방법은 없습니다. 다만 일반인의 관점에서 가장 접근이 쉬운 투자 방향은 금융과 주식보다는 부동산 투자이고, 그중에서 전문성이 필요한 토지 투자보다는 건물 투자이며, 건물 투자 중에서는 아파트, 아파트 투자에서는 재건축 대상 아파트에 투자하는 것이 초보자도 실패하지 않는 부동산 투자 방법입니다."

3장

수요와 공급, 그리고 주택가격

자본주의의 태생적 한계, 공급과잉

"여러분, 자본주의 시장은 공급이 중심일까요, 수요가 중심일까요?"

"수요가 중심이라고 생각합니다. 수요가 있어야 공급이 있을 테니까요."

"틀린 말은 아닙니다만, 자본주의 시장은 태생적으로 공급이 중심인 시장입니다."

"공급이 중심이 된다고요? 지금까지 수요가 핵심이라고 배웠습니다. 그런데 왜 자본주의 시장이 공급 중심의 시장인가요?"

"정확히 이야기하면 자본주의 시장은 공급과잉의 시장이라고 말할 수 있습니다. 18세기 기술혁신에 의한 산업혁명으로 생산시설이 공장 자동화로 변화면서 대량생산이 가능해졌습니다. 이에 따라 수요에 의해서 공장이 만드는 것(공급)이 아니라, 공장에서 만들어지면(공급) 수요자에게 판매하는 시장을 창출했지요.

수요에 따라 공급한 것이 아니기에 공급이 남을 수도, 부족할 수도 있습니다. 공급이 남으면 가격을 낮춰서 재고 물량을 조절하고, 공급이 부족하면 더욱더 공급량을 늘립니다. 이 과정이 반복되면서 적정 가격과 적절 물량이 조정되는 것이고, 이 기능을 담당하는 것이 바로 시장입니다."

"자본주의 시장이 태생적으로 공급과잉의 시장이라는 것을 처음 알았습니다. 대형 할인점에서 신제품을 홍보하는 과정이 필요한 이유가 바로 공급과잉의 증거라고 봐도 되나요?"

"네, 훌륭합니다. 아주 좋은 사례를 말씀했습니다. 맞습니다, 바로 그런 사례입니다. 대형 할인점에서 시식코너까지 운영하면서 새로 출시된 식품을 판매하려고 홍보를 하는 것은 바로 공급 중심의 시장임을 대변하는 것이지요. 그리고 마트에 물건들이 항상 넘쳐나는 것도 바로 공급과잉의 증거라고 할 수 있습니다."

"그렇다면 이러한 공급과잉을 해소할 수 있는 방안은 무엇인가요?"

"공급과잉을 해결하는 방안 첫 번째는 경쟁강화 및 재고량의 정도에 따른 가격 인하입니다. 두 번째는 새로운 시장을 개척하는 것입니다. 가격 인하는 모두 이해했을 테니 추가 설명은 생략하고, 새로운 시장 개척에 대해 논의해봅시다. 역사적으로 새로운 시장을 개척하는 확실한 방안이 있습니다. 그것은 무엇일까요?"

"새로운 시장을 개척한다는 것은 상식적으로 생각해봐도 새로운 지역에서 상품을 판매하는 것을 뜻한다고 생각합니다. 국내 소비만을 대상으로 상품을 만들었다면 해외 시장을 개척하는 것이 새로운 시장을 개척하는 확실한 방법이라고 생각합니다."

"네, 좋습니다. 현대사회에서의 시장 개척이라는 관점으로 설명해 주셨군요. 이러한 시장 개척에 확실한 역사적 방법이 있습니다. 바로 식민지 개척입니다."

"식민지 개척이요? 아, 그러고 보니 역사적으로 모든 전쟁은 식민지 개척을 위해 벌인 일이라는 글을 본 적이 있습니다."

"맞습니다. 역사적으로 식민지 개척이 공급과잉을 해소할 수 있는 최적의 방법이었습니다. 실제 사례를 보면 영국은 18세기부터 인도를 식민지화해 산업혁명 이후 대량생산이 가능해진 면직물을 인도에 거의 강매하다시피 공급하고 판매했습니다. 인도에서 면화를 헐값에 가져가서 영국에서 면 제품을 만든 후, 비싼 가격으로 인도인들에게 판매하며 폭리를 취했지요. 인도인들은 열심히 일해도 가난했는데 영국인들은 엄청난 부를 착취했습니다.

면 제품을 판매하면서 대가로 받은 것이 바로 아편이었습니다. 영국은 대물로 받은 아편의 판로를 찾다가 중국에 아편 판로를 개척했고, 그 대가로 홍차와 막대한 부를 얻었습니다. 이와는 반대로 인도는 영국의 면직물 산업에 종속되면서 많은 자원과 부를 영국에 빼앗겼습니다. 면직물 때문에 국가 전체가 영국에 종속된 것이지요. 그래서 인도의 민족 해방을 이끌었던 간디는 영국산 면직물 수입을 막기 위해 스스로 옷을 제작해서 입자는 운동을 펼치기도 했습니다. 간디는 손수 물레를 돌리며 옷을 지었습니다. 이러한 행위는 영국에 비폭력으로 대항하는 것이었고, 인도 국민에게 스스로 옷을 만들어 입자고 메시지를 보내면서 독립을 주장하는 일이었습니다. 인도 국기 중간에 물레 형상 (법륜)이 있는 이유도 독립을 의미한다는 학설이 있습니다."

"1차·2차세계대전도 모두 식민지 쟁탈 전쟁이었나요?"

"그렇게 생각해도 큰 문제가 없을 것입니다. 제1차세계대전은 급속한 산업화에 따라 독일의 공급과잉 문제를 해결하기 위해 시작한 전쟁이었습니다. 제2차세계대전은 1929년 뉴욕 증권시장의 주가 대폭락에서 비롯된 미국의 경제공황이 전 세계로 확대되어, 세계경기가 침체된 것을 배경으로 각국의 경제적 이익구조 확보를 위한 다양한 이유 때문에 발생한 세계대전입니다."

"결국 공급과잉을 해소하는 역사적 방법은 식민지 개척이 아닌 쟁탈이었고, 그 방법은 전쟁이었네요."

"맞습니다. 전쟁의 참상은 고스란히 국민이 떠안았지만, 일부 국가와 자본가들은 막대한 부를 창출했습니다. 자본주의 시장은 전쟁과 유사한 상황이 많습니다. 요즘도 국가 간의 전쟁이 진행되고 있습니다. 바로 '경제전쟁'이지요. 오늘날의 자본주의 시장을 유지해주는 핵심 요소는 전쟁과 유행입니다. 전쟁을 통한 재고 처리 및 식민지(판로) 확보가 공급과잉의 문제를 해소하듯, 유행은 한계 수요를 뛰어넘는 막대한 소비를 창출해서 공급과잉 문제를 해소합니다. 따라서 유사점이 많습니다."

"자본주의 시장은 공급과잉의 특성을 기본으로 수요자의 요구를 파악하고, 다품종 소량생산을 통해 개별적 가치를 극대화하는 것이 핵심이겠네요. 앞으로의 부동산시장도 다품종 소량생산이라는 세계적인 트렌드에 맞는, 가치 있는 상품 개발이 필요하겠군요."

─ 부동산가격의 13가지 경제 원칙

"부동산가격이 결정되기까지는 여러 가지 원칙들이 있다고 알고 있습니다. 어떤 원칙들이 있나요?"

"아주 좋은 질문입니다. 부동산가격의 경제 원칙에는 총 13가지가 있습니다. 수요와 공급의 원칙, 변동의 원칙, 대체의 원칙, 최유효이용의 원칙, 수익체증·체감의 원칙, 균형의 원칙, 수익배분의 원칙, 기여의 원칙, 적합의 원칙, 경쟁의 원칙, 예측의 원칙, 기회비용의 원칙, 외부성의 원칙이지요. 그럼 제가 한 가지 질문을 하겠습니다. 가격은 어떻게 결정되나요?"

"부동산의 경우 매도자와 매수자가 합의한 금액으로 가격이 결정됩니다."

"맞습니다. 매도자와 매수자가 합의한 금액이 가격이죠. 부동산으로 좁혀서 생각하지 말고, 먼저 시장에서의 가격 결정 메커니즘으로 접근해보죠. 시장의 가격은 수요와 공급 관계에서 결정됩니다. 수요가 많으면 가격이 올라가고, 공급이 많으면 가격이 떨어지죠.

● 애덤 스미스(Adam Smith, 1723~1790년)는 영국의 정치·경제학자이자 윤리철학자다. 그는 저서 『국부론(1776)』에서 '무엇이 국가의 부를 형성하는가'를 세계 최초로 설명했고, 이는 오늘날 고전 경제학의 기초적인 저작으로 여겨지고 있다. 이 책은 산업혁명 태동기의 경제를 반영해 노동 분업, 생산성, 자유시장 등 광범위한 주제를 다루고 있다.

경제학의 아버지라고 불리는 애덤 스미스*는 시장 경제의 시스템이 공정한 가격을 만들어낸다고 강조했습니다. 그는 '우리가 저녁 식사를 기대할 수 있는 건 푸줏간 주인, 술도가 주인, 빵집 주인의 자비심 덕분이 아니라, 그들이 이익을 챙기려는 생각 덕분이다'라고 주장하며, 시장의 가격은 공정한 룰 안에서 자유롭게 자신의 이익을 추구하다 보면 적절한 시장가격이 이루어진다고 주장했습니다.

이는 '인간의 이기심이 국가를 풍요롭게 만든다'라는 합리적 경제인(이기심)의 긍정적 효과를 설명한 것입니다. 시장의 수요량과 공급량에 의해서 상품 가격이 결정되고, 역으로 상품 가격이 적절한 수요량 및 공급량을 결정짓는 역할을 하는 것이지요. 이것이 바로 부동산가격의 경제 원칙 중 가장 중요한 수요와 공급의 원칙입니다.

수요와 공급의 원칙은 자유경쟁 시장에서 수요와 공급이 일치되는 점에서 시장가격과 균형 거래량이 결정된다는 원칙입니다. 학문적으로 정의하면 수요가 공급보다 더 많은 초과 수요가 발생하면 수요자들 사이의 경쟁으로 가격이 상승하고, 이에 따라 수요량은 감소하고 공급량은 증가해 균형가격으로 돌아가는 것을 말합니다."

박 과장은 대학 시절에 별다른 흥미 없이 수강했던 미시경제학 강의가 떠올랐다. '수요와 공급의 균형'이란 내용이 어렴풋이 생각났다.

"교수님, 수요와 공급의 법칙에 따라 불균형한 가격이 균형가격으로 수렴되어 최종가격으로 결정되는 것은 이해가 됩니다. 그런데 부동산가격은 왜 안정화되지 않을까요?"

"일반 재화와는 달리 부동산시장의 수요는 상당히 탄력적이되 공급은 비탄력적입니다. 위치의 고정성과 개별성으로, 동일한 부동산은 존재하지 않아서 공급은 대체 가능한 범위 내에서 제한되기 때문입니다. 이러한 공급의 비탄력적 성질 때문에 부동산시장은 수급 조절이 어려운 것입니다."

"변동의 원칙은 부동산가격이 계속 변한다는 의미인가요?"

"모든 사물이 끊임없이 변동하기 때문에 부동산을 둘러싼 여러 가지 가격 형성 요인도 지속적으로 변동하고, 부동산의 가격도 변하는 것입니다. 변동의 원칙이란 부동산가격이 다수의 관계적 결합의 과정에서 형성된다는 가격 원칙입니다. 어떤 지역이든 가격 형성의 일반적 요인과 자연적 조건이 끊임없이 변화하는데, 이러한 변화는 지역 특성을 변화시키고 가격 형성에 영향을 줍니다. 부동산의 가격은 가격 형성 요인 등이 변화하는 과정에서 형성되는 것입니다."

"대체의 원칙은 부동산이 무엇을 대체한다는 것인가요?"

"대체란 일반적으로 어떤 재화 대신에 다른 재화를 선택하는 행위를 말합니다. 부동산의 가격도 대체 가능한 다른 부동산이나 재화의 가격과 상호 관련되어서 형성됩니다. 부동산은 개별성이라는 특성이 있어서 엄격한 의미에서는 대체가 불가능하지만, 그 유용성의 측면에서 대체가 가능할 수 있습니다. 대체의 원칙에는 3가지 조건이 있습니다. 용도·유용성·가격이 유사해야 하지요."

"교수님, 수요와 공급의 원칙은 수요와 공급에 따라 가격에 영향을 미친다고 이해하고, 변동의 원칙은 가격형성의 여러 변화 요인이 있어서 가격에 영향을 미치며, 대체의 원칙은 부동산도 용도, 유용성 가격에 따라 대체할 수 있다고 이해하면 되는 거죠?"

"네, 잘 이해하셨습니다. 다음은 네 번째로 최유효이용의 원칙입니다. 최유효이용의 원칙이란 부동산을 합리적·합법적인 방법으로 물리적·경제적 측면에서 최고의 효용을 발휘할 수 있는 가격을 표준으로 해 형성된다는 원칙입니다. 구매자가 부동산에 대해 지불하는 가격은 부동산을 가장 수익성 있게 사용하는 것에 대한 자신의 결정에 근거하는 것이며, 최유효이용은 시장조건을 잘 고려해 시장참여와 변화에 영향을 미치는 동향과 대상 부동산의 현재 이용에 기초하여 결정되어야 한다는 원칙입니다."

"최유효이용의 원칙은 이름만 보고도 의미가 이해됩니다. 그런데 수익체증·체감의 원칙은 짐작이 가지를 않습니다."

"다섯 번째 수익체증·체감의 원칙이란 부동산에 대한 단위투자액이 계속 증가하면 그에 대응한 수익이 어느 점까지 증가하지만, 그 이후는 수익이 감소한다는 가격원칙을 말합니다. 사례로 설명해보겠습니다.

고층건물을 짓는 경우 일정 층수까지는 투자액에 따라 수익이 증가하지만, 일정한 층수를 지나면 수익이 당해 투자액을 따르지 못합니다. 이는 건물의 층수가 높으면 높을수록 비용은 늘어나지만, 사무 처리의 비능률 등의 원인으로 임대료는 감액되기 때문입니다. 이때 그 기준이 되는 층수를 '한계수익점'이라고 합니다."

"교수님의 설명을 듣고 보니 수익체증·체감의 원칙은 최유효이용의 원칙과 상관관계가 있는 거군요."

"맞습니다. 수익체증·체감의 원칙에 따라 한계수익점을 높이려면 최유효이용이 되어야 하기 때문에 상관관계가 있습니다."

"균형의 원칙은 무엇인가요.?"

"여섯 번째 균형의 원칙이란 부동산의 유용성이 최고도로 발휘되기 위해서는 부동산 구성요소의 결합에 균형이 있어야 한다는 가격원칙을 말합니다. 따라서 최유효이용을 판정할 때는 이 균형 여부를 분석해야 합니다.

구성요소는 토지·건물, 그리고 복합부동산에 따라 다르나 단지 토지·노동·자본·경영뿐만 아니라, 토지는 앞기장*·안기장**·고저 등의 관계에 균형이 있어야 하고, 건물은 면적·높이·칸막이·복도·계단 배치 등이 균형을 이루어야 합니다."

"균형의 원칙도 수익체증·체감의 원칙, 궁극적으로는 최유효이용의 원칙과 상관관계 및 인과관계가 있군요."

"네 맞습니다. 다음은 일곱 번째 수익배분의 원칙입니다. 토지·자본·노동 및 경영의 결합으로 생기는 총수익은 이들 요소의 공헌도에 따라 적정히 분배됩니다. 자본은 배당으로, 노동은 임금으로, 경영은 보수로, 그리고 잔여 부분(잉여 부분)은 지대로 토지에 귀속됩니다. 이 것을 수익배분의 원칙이라 합니다.

그리고 기여의 원칙, 적합의 원칙 모두 최유효이용의 원칙과 상관관계와 인과관계가 있습니다. 경쟁의 원칙은 수요와 공급의 원칙과 깊은 상관관계가 있고, 예측의 원칙 또한 변동성의 원칙에 따라 수요와

- 앞기장(前面, frontage)은 한 필지나 획지의 도로에 접한 면을 말한다. 도로의 접면부다. 상업용지는 앞기장이 길어야 쇼윈도가 길어져 유리하고 감정평가금액이 증가된다. 반대로 주택용 부지는 사생활 보장에 장애를 받는다고 보기 때문에 앞기장이 지역의 평균길이보다 길면 감가된다.
- ●● 안기장(深度, depth)은 한 필지나 획지의 도로에 접한 면으로부터 안 깊이 길이를 말한다. 안 깊이가 길수록 토지의 단위당 가격이 싸진다. 이 법칙으로부터 안기장보정률(혹은 체감률)이 만들어지고 노선가식평가법이 발전되었다.

공급의 원칙, 최유효이용의 원칙과 상관관계가 있습니다. 기회비용의 원칙은 선택한 투자에 대한 요구수익률을 확보해야 한다는 원칙으로, 최유효이용의 원칙과 상관관계가 있습니다. 마지막으로 외부성의 원칙이란 부동산 가치가 외부적인 요인에 영향을 받는다는 원칙을 말하며 앞에서 설명한 12가지 원칙 대부분과 상관관계가 있습니다."

"결국 부동산가격의 경제 원칙 핵심은 수요와 공급의 원칙, 그리고 최유효이용의 원칙이라고 볼 수 있나요?"

"네, 맞습니다. 최유효이용의 원칙조차도 결국 수요와 공급의 원칙에 영향을 받는 것이지요. 그러니 총 13가지의 부동산가격의 경제 원칙 중 가장 중요한 것은 수요와 공급의 원칙입니다. 부동산 가치의 극대화 측면에서는 최유효이용의 원칙이 그다음으로 중요합니다."

▬ 수요와 공급의 불일치

"교수님, 서울은 현재 강남 3구를 중심으로 가격이 상승하고 있습니다. 그리고 이 강남 3구와 인접한 분당, 판교, 수원, 동탄 등 강남 배후도시들의 수요가 높아졌습니다. 배후도시의 수요가 높아지다 보니 가격도 지속적으로 상승하고 있고요. 지금의 아파트가격은 일반 직장인이 월급을 모아서 사기에는 너무 높다고 생각합니다. 아파트가격이 적정 금액으로 안정화될 방법은 없나요?"

"당연히 있습니다. '가격은 수요와 공급의 균형에 의한 시장가격'이라고 설명했습니다. 수요에 비해 공급이 부족하면, 공급을 늘려야 가

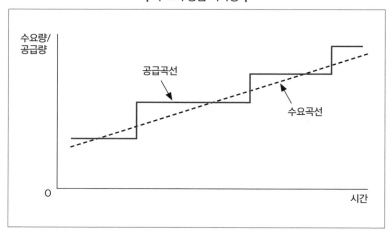

격이 안정됩니다. 문제는 '공급을 어떻게 늘릴 것인가?'입니다.

　현재 정부가 선분양 물량과 공공재개발 등 공급대책을 발표했습니다. 그런데 공급의 시차성 때문에 실제 공급의 효과를 볼 수가 없습니다. 공급의 시차성을 극복하고 수요자들을 기다리게 하려면 정책에 대해 신뢰가 있어야겠죠.

　하지만 현재 대기하고 있는 수요자들은 정부의 부동산 정책을 신뢰하지 않습니다. 결국 부동산 정책을 불신하면서 아파트가격이 안정되지 않고, 계속 가격이 오를 것이라는 불안심리까지 생겨 수요자가 더욱 늘어나는 것이죠. 그러다 보니 가격이 계속 오르는 악순환이 반복되는 것입니다."

　"수요와 공급의 시차성에 대해 자세히 설명해주세요."

　"수요와 공급 조절의 시차를 추가로 설명하겠습니다. 부동산의 경우 수요와 공급의 조절 과정에서 시차가 발생합니다. 부동산 수요의 경우 국가 경제의 상황이나 수요자의 선호 변화로 단기간에 증가할 수 있습니다. 그러나 부동산 공급은 수요의 변화만큼 신속하게 증가하기가 어렵습니다. 부동산 공급은 기존의 재고량에 신규 공급량을 합산해 결정됩니다. 그런데 신규 공급의 경우 대규모 자본 소요, 물리적인 건축 시간의 문제, 법적 규제 등으로 공급에 시간이 걸리고, 한번 공급되면 대량 공급으로 이루어집니다.

이와 반대로 부동산 수요는 단기간에 감소할 수 있지만, 일단 공급된 부동산 재고는 조정이 어려우므로 수요에 대응한 공급은 감소하기가 어렵습니다. 따라서 수요감소에 대응해서 공급이 변화하기는 더 어려운 것입니다.

'수요와 공급 시차성' 그래프는 신규 건축 시장에서의 수요와 공급의 시차를 나타낸 것입니다. 시간의 흐름에 따라 수요는 꾸준히 상승하지만, 공급은 계단식으로 상승합니다. 때문에 초과수요와 초과공급 상황이 반복됩니다. 이렇게 부동산시장은 수요와 공급 조절에 시차가 발생하기 때문에 다른 어떤 시장보다도 경기변동의 영향을 크게 받는 것입니다."

▬ 주택가격, 안정될 수 있을까?

"현실적으로 부동산가격을 안정시킬 방법은 무엇인가요?"

"부동산가격을 안정시킬 방법은 첫째, 현재 발표된 3기 신도시 등 정부의 부동산 공급정책을 진행하면서, 둘째, 거래세를 낮춰서 기존

2주택 이상 다주택자들의 물량이 시장에 나오도록 적극적으로 유도하고, 셋째, 안전진단 통과 등 각종 재건축 규제를 완화해 도심에 아파트 공급을 늘리는 것입니다."

"그런데 왜 정부는 전문가들의 다양한 의견을 공급방안에 적용하지 않거나 적극적으로 추진하지 않나요?"

"현 정부의 책임자들이 앞서 설명한 공급방안을 모르는 것은 아닐 겁니다. 다만 정부는 부동산 정책과 관련해 '개발이익환수'와 '서민주거안정'이라는 대명제에서 벗어나지 못하는 것 같습니다. 정부는 '개발이익을 환수해서 서민들의 주거안정을 이루겠다'는 좋은 의도로 시작했지만, 그 결과가 꼭 좋은 결과로 연결되는 것은 아니지요. 선의의 정책이 선의의 결과로 나타나지 않은 대표적인 사례가 '마오쩌둥의 참새와의 전쟁'입니다."

"참새와의 전쟁이요? 재밌는 이야기일 것 같아서 기대되네요."

"네, 지금의 우리에게 시사점을 주는 이야기입니다. 마오쩌둥은 잘사는 중국을 만들기 위해 대약진운동●이 한창이던 1958년, 쓰촨성의 한 농촌 마을을 방문했습니다. 그는 참새가 곡식을 쪼아 먹는 모습을 본 뒤 '참새는 해로운 새'라고 규정해 박멸하도록 지시했습니다. 참새는 피 같은 양식을 좀 먹는 '인민의 적'이었죠. 그러자 '참새 100만 마리를 없애면 6만 명 분의 곡식을 증산시키는 효과가 있다'는 전문가들

● 마오쩌둥의 주도하에 1958~1960년 초에 일어난 노동력 집중화 산업의 추진을 통한 경제성장운동이다. 그는 인민공사를 창설하고 철강사업과 같은 노동력 집중산업을 독려하는 대중적 경제부흥운동을 추진했다. '대약진'이라는 말은 〈인민일보〉의 1957년 11월 13일자 사론인 '전민을 발동하여 40조 강요를 토론하고 농업생산의 새로운 고조를 일으키자'에서 비롯되었다.

의 충성 경쟁이 이어졌고, 곧바로 대대적인 참새 소탕 작전이 시작됐습니다. 농촌 생태계가 파괴될 것이라는 경고도 있었지만 받아들여지지 않았습니다. 얼마 지나지 않아 중국 전역에서 참새가 사라지고 말았습니다.

그런데 이상한 일이 벌어졌습니다. 참새가 없어지자 천적이 사라진 해충들이 논밭을 뒤덮은 것이죠. 정부의 의도와 달리 해충 때문에 곡식 수확량이 크게 줄었습니다. 정치 지도자의 분석 없는 정책추진으로 1958년부터 3년간 약 4천만 명이 굶어 죽을 정도로 대참사가 일어났습니다. 지금 우리나라의 부동산시장에 이와 흡사한 일들이 나타나고 있습니다."

"우리나라에도 그러한 일들이 일어나고 있다고요?"

"네, 임대차 3법**이 그렇습니다. 2020년 7월에 국회를 통과해서 2021년 6월에 완성된 임대차 3법은 임차인을 보호하겠다는 선의를 내포하고 있습니다. 하지만 현실은 어떤가요? 전세금은 계속 오르고, 매물은 찾기조차 어려워졌습니다. 간혹 매물로 나온 전세물건을 보기 위해 줄을 서는 진풍경이 발생[39]하기도 했습니다. 신자유주의자인 영국의 경제학자 프리드리히 하이에크는 '도시를 파괴하는 것은 폭격이 아니라 임대료 통제 정책이다'라고 했습니다. 이 말은 지금 우리의 부동산시장 상황을 표현하기에 적절해 보입니다."

오스트리아 사회민주당은 세입자의 표를 얻고자 오스트리아의 수도 빈에서 임대료 통제 정책을 펼쳤다. 사회민주당은 약자의 주거 복

●● 전·월세 신고제, 계약갱신청구권제, 전·월세 상한제

지를 향상시켰다고 자평했다. 그러나 하이에크는 임대료 통제 정책이 오스트리아 경제에 지옥의 문을 열게 했다는 논문을 발표했다. 임대료를 통제하니 집주인이 수리비를 부담하거나 재산세를 내고 나면 오히려 손해를 보는 결과가 발생했다. 그러자 집주인은 더 이상 집을 고치지 않았고, 집은 더욱 낙후해졌다. 임대수입이 없어지니 새로운 집을 지을 자금을 모을 수 없었고, 새집을 짓지 못해 주택은 더욱 줄어들었다. 세입자는 한 번 들어오면 집에서 나갈 생각도 안 했다. 싼 월세의 주택을 포기할 수 없었고, 그러다 보니 거리가 먼 일자리는 포기했다. 그 결과 높은 실업률을 보였고, 직장 근처에 집을 못 구한 사람은 비싼 교통비를 부담하면서까지 먼 곳에서 출퇴근했다.[40]

"브라운 스톤의 저서 『부의 인문학』을 보면, 하이에크가 임대료 통제 정책의 부작용을 경고한 것이 1931년입니다. 그런데 많은 나라가 임대료 통제 정책을 포기하지 않았습니다. 미국 뉴욕도 임대료 통제 정책을 펼쳤는데, 당시에는 임대할 집을 구하기 위해 신문의 부고란을 봐야 했을 정도로 세입자의 이동이 없었다고 합니다. 그 결과 뉴욕은 슬럼화가 되었지요. '한 도시를 완벽하게 파괴하는 방법은 폭격이 아니라 임대료 통제 정책이다'라는 말이 탄생했고요. 최근 우리나라 여당 대표가 '임대차 3법이 목표와 다른 결과로 이어져서 반성하고 보완하겠다'[41]고 했습니다."

"교수님, 정부의 3기 신도시 선분양, 역세권 고밀 개발 등을 통한 공급정책은 언론 보도를 통해 잘 알고 있습니다. 그러나 공급의 시차성 때문에 지금 계획하는 공급물량은 향후 5년이 지나야 실질적인 공급이 가능합니다. 현실적으로 지금의 공급 부족을 채울 수 있는 다주택자 물량을 시장에 나오게 하려면 어떻게 해야 할까요?"

"네, 다주택자의 물량을 시장에 나오게 하려면 세금 제도의 조정이 필요합니다. 우리나라 세금체계는 크게 2가지로 나눌 수 있습니다. 거래세와 보유세죠. 거래세는 취득세와 양도세를 말하고, 보유세는 재산세와 종합부동산세, 일명 '종부세'를 말합니다.

부의 불평등과 소득 양극화를 해결하려면 부동산을 많이 가진 부자들이 부동산 보유에 대한 세금을 많이 내고, 이를 부담스러워하는 다주택자들이 부동산을 매도할 수 있도록 거래의 부담을 줄여줘야 합니다. 쉽게 말해서 '보유세는 늘리고 거래세는 완화해야 한다'는 말이지요.

하지만 현 정부는 거래세와 보유세 모두를 강화하는 정책을 추진하고 있습니다. 거래세가 높다 보니 다주택자들의 물량이 시장에 나오지 못하는 것이지요. 양도소득세를 완화해줘야 다주택자들의 매물이 시장에 나올 수 있습니다. 양도소득세를 낮춰주지 않으면 다주택자들은 보유세가 양도 차익을 뛰어넘지 않는 한, 적극적으로 거래하지 않을 것입니다."

"거래세를 낮춰야 다주택자의 물량이 시장에 나올 것이라는 교수님의 설명에 공감합니다. 제 지인도 아파트를 2채 이상 가지고 있는데, 사람들이 집을 팔지 못하는 이유가 집을 팔았을 때 양도소득세가 너무 많이 나와서 팔지 못한다고 했거든요."

"사실 양도소득세가 많이 나온다는 것은 부동산가격이 많이 올랐다는 뜻입니다. 상승한 가격 중 일부를 양도소득세로 내는 것인데도, 소유자들은 상승한 부동산의 가격을 본인의 당연한 자산가치로 판단하기 때문에 세금 납부에 부담을 느끼는 것이지요. 그럼에도 부동산 보유에 대한 부담을 느끼는 다주택자들이 적극적으로 물건을 매도하도록 정책적으로 유도해야 합니다. 현재의 부족한 공급을 채워서 가격을 안정시키는 데 매우 큰 효과가 있기 때문이지요. 그리고 중장기적이면서도 지속적인 주택공급을 위해서는 재건축 규제를 완화해 도심에 주택을 공급해서 수요와 공급의 균형을 맞춰야 합니다."

"교수님, 재건축 규제를 완화해야 한다는 보도를 많이 봤습니다. 완화가 필요한 대표적인 규제는 무엇인가요?"

"대표적인 재건축 규제를 총 2가지로 설명하겠습니다. 첫째는 안전진단 강화입니다. 재건축사업은 안전진단이 통과되지 않으면 재건축 추진 자체가 안 됩니다. 둘째는 재건축 초과이익환수입니다. 재건축 초과이익환수로 재건축 추진을 망설이는 소유자들이 증가해 사업이 지연되고 있습니다. 거래세인 양도세 중과세로 인해 다주택자가 물량을 시장에 내놓지 않는 이유와 같습니다."

"주거환경이 양호한 도심에 주택공급이 부족해서 가격이 상승하는데, 이 가격을 안정시키려면 기존 다주택자들의 물량이 시장에 나와야 하는군요. 게다가 중장기적 공급물량을 채울 재건축 물량이 공급될 수 있도록 재건축사업의 인허가 절차가 신속히 진행되어야 한다는 것이고요."

"네, 아주 요약을 잘했습니다. 바로 그 2가지가 현 시장의 공급 부족을 해결할 수 있는 방안입니다. 계획수립과 토지보상만으로도 시간이 오래 걸리는 신도시 공급 등은 단기적인 공급 부족을 해결하는 대안이 될 수 없습니다.

오늘의 강의를 정리하면, 수요 대비 부족한 공급을 채울 방안은 단기적으로는 다주택자의 물량이 시장에 나와서 현재 대기 수요를 즉시 대체해야 하고, 중기적으로는 규제완화를 해서 재개발·재건축 일반분양 물량이 수요를 충족해주어야 하며, 장기적으로는 현 정부가 추진하는 3기 신도시 등 대규모 물량들이 향후 수요와 공급 밸런스를 맞춰야 합니다.”

4장

부동산가격의 결정요인,
인간의 심리와 협상방법

부동산가격의 결정요인

"부동산가격에 영향을 미치는 요인은 너무나도 많습니다. 많은 학자들이 학술적 연구를 통해 영향 요인을 논리적으로 설명하고 있습니다. 김승윤 박사는 주택가격의 결정요인에 대해 거시경제적 요인, 사회입지적 요인, 자연환경적 요인으로 분류해 분석[42]했습니다. 이 내용들을 한번 살펴보겠습니다."

"교수님, 거시경제적 요인에는 어떤 요인이 있나요?"

"부동산은 대표적인 경제재입니다. 그러므로 부동산가격은 다양한 거시경제적 요인들과 영향을 주고받습니다. 일반적인 거시경제 요인의 변화는 특정 자산의 가격을 결정하는 데 있어서 구매자와 판매자 모두에게 미래 경기를 예측할 수 있는 정보제공의 역할을 수행하게 되므로, 수요와 공급에 영향을 미치는 요소로 작용하는 것입니다.

부동산가격에 영향을 미치는 거시경제변수를 연구한 논문은 다양합니다. 이 연구 과정에서의 핵심은 연구모형 구축 시 독립변수의 개수가 한정되므로 일반적이면서도 중요한 의미를 부여하고, 거시경제변수의 대표성을 지닌 독립변수를 도출해 연구하는 것입니다.

이원석 박사의 2018년 연구논문을 보면, '아파트가격에 영향을 미치는 변수는 사회적·문화적·심리적 요인, 그리고 정책요인 등 다양하고 폭넓어서 최적 변수를 찾기가 쉽지 않다'고 했습니다. 그래서 금리, 통화량, 소득, 물가, 심리지수 등 거시경제변수의 영향력이 지역 특성에 의해 달라짐에 따라, 영향력 변수에 관해 아파트 매매가격지수의 지역별 적용을 달리하는 체계화가 필요하고, 정책 입안에서도 이러한 부분을 고려해야 한다고 분석[43]했습니다."

"사회입지적 요인은 무엇을 말하는 것인가요?"

"사회입지적 요인이란 부동산에 대한 유용성, 상대적 희소성, 유효 수요 등에 대한 작용을 통해 부동산가격에 영향을 미치는 일련의 사회적 사상을 말합니다. 부동산에 대한 유용성을 높이고 상대적으로 더욱 가치 있는 자신이 될 수 있게 하려면, 실생활에 편익을 주는 인위적인 제반시설 확보 수준이 중요한 평가 요소가 됩니다. 수요자의 특성에 따른 편익을 주는 요소들은 다양하게 나타날 수 있으나 일상생활에서 필요한 시장, 병원 등의 생활 편익시설과 학교, 학원 등 교육시설의 인접성, 행정기관, 복지시설 등 공공시설의 배치 등이 주택가격을 결정하는 데 중요한 요소로 작용합니다.

업무지역이 밀집한 도심 또는 부도심 간의 접근성 및 대중교통 시설과의 거리, 고속도로와 같은 주요 도로와의 연계성 등도 주택 구입 시에 중요한 기준이 되었습니다. 최근 GTX 노선에 따라 부동산가격이 급등한 것이 대표적인 사례이지요.

이뿐만 아니라 투자가치 측면에서 볼 때 해당 지역의 토지거래 관행, 용적률을 비롯한 개발 규제 및 행정적 조치의 가능성, 혐오시설의 입지 가능성, 혐오시설과의 거리 등도 고려 대상이 됩니다."

"자연환경적 요인이라는 것은 요즘 말하는 친환경 재생에너지, 즉 그린에너지를 말하는 것인가요?"

"자연환경적 요인에 그린에너지도 큰 틀에서는 포함됩니다만, 이는 일부입니다. 우리나라는 급속한 고도성장을 겪으면서 점차 삶의 질을 중시하고 있습니다. 특히 환경과 건강에 대한 사회적 공감대가 확산됨에 따라, 거주하는 환경에 대해서도 '어떻게 하면 더욱 삶의 질을 높일 수 있을 것인가'에 관심을 갖고 이를 위한 투자가 증가했지요.

자연경관, 녹지공간의 확보는 신규 주택 개발사업에서 매우 중요한 요인이 되었고, 수요자들 역시 쾌적한 생활환경을 위해 기꺼이 투자하려고 합니다. 기존 연구 논문들을 보면 태양광선을 충분히 받을 수 있는 권리인 일조권, 주변의 강과 산 등 자연경관과 관련된 권리 영역에 포함된 내용뿐만 아니라, 공원과의 거리, 주변의 녹지면적 등 경제적 가치를 판단하기 어려운 환경적 요소도 포함되어 있습니다."

"교수님, 부동산가격에 영향을 미치는 여러 가지 요인들이 전문가들과 학자들에 의해서 오랜 기간 분석되고 연구되었음에도 왜 부동산

가격은 안정되지 않을까요?"

"부동산가격은 수요와 공급만으로 안정되지 않기 때문입니다. 시장에서 수요와 공급은 각양각색의 다른 경제주체가 여러 가지 형태로 겹치고 엇갈려 있기 때문에, 이것이 무조건 일치한다는 보장이 없지요.

수급이 일치하지 않을 경우에 시장가격은 이에 따라 변동합니다. 바로 수급 불균형상태가 되는 것이지요. 수급 불균형상태가 지속되면 불안감이 형성됩니다. 불안감이란 마음이 편하지 않고 조마조마한 느낌을 말합니다. 불안에 휩싸인 수요자와 공급자는 합리적인 의사결정이 어렵습니다. 지금도 높은 가격인데 더 오를 것 같다는 생각, 이번에 매수하지 않으면 더 오를 것 같다는 생각에 무리한 매수를 선택하는 경우가 있습니다. 공급량이 많아서 가격이 떨어질 때, 시간이 더 지나면 가격이 더 떨어질 것 같은 불안감으로 가격이 하락하는 시점에서도 공급자는 공급을 늘리는 경우도 있습니다. 이 모든 의사결정이 합리적인 의사결정이 아닐 수도 있는데, 우리는 그러한 결정을 자주 봅니다. 왜 그럴까요?"

"매수자와 매도자의 판단이 불안정해서입니다."

"네, 맞습니다. 바로 불안정한 심리 때문입니다. 이는 가격을 결정하는 요인에 불안정한 심리가 작용한다는 것입니다. 헨리 조지는 '사람은 욕망이 충족될수록 더 큰 욕망을 갖는 유일한 동물이며, 결코 만족할 줄 모르는 유일한 동물이다'라고 했습니다. 이 명언이 바로 심리적 요인을 설명한다고 해도 과하지 않습니다."

"교수님이 말씀하는 것은 심리학과 연관이 있는 것인가요?"

"그렇습니다. 우리는 매 순간 이성적으로 결정을 한다고 생각합니다. 하지만 심리학자들은 이성적인 결정조차도 감정의 영향을 받는다고 설명합니다. 따라서 심리적 상황을 고려해서 상대방과의 거래를 성사시킬 수 있는 협상의 방법을 알아야 합니다.

그런데 우리나라 대학에서는 협상의 방법을 가르치지 않습니다. 협상의 방법을 모른다는 것은 거래의 방법을 모른다는 것이고, 거래의 방법을 모른다는 것은 적정한 가격을 책정할 수 없다는 것과 같은 의미입니다. 부동산시장에서 적정한 가격을 판단할 수 없다면, 우리는 아무것도 할 수 없을 겁니다. 그만큼 최적의 결과를 만들어내기 위해 협상의 방법을 연구하고 공부해야 합니다."

▬ 경제학도 심리, 부동산도 심리다

"우리가 알고 있는 경제학은 고전경제학입니다. 그러나 최근 '경제학은 심리학과 상관관계 및 인과관계가 매우 높다'는 연구논문들이 발표되면서 주목을 받은 학문이 있습니다. 바로 행동경제학*입니다."

박 과장은 『넛지』를 쓴 리처드 탈러(미국 시카고대학교 경영대학원 교수)가 노벨경제학상에 선정되었다는 9시 뉴스를 떠올렸다. 그는 행동

● 행동경제학(Behavioral Economics)은 인간의 실제 행동을 심리학·사회학·생리학적 견지에서 바라보고, 그로 인한 결과를 규명하려는 경제학의 한 분야다. 행동경제학은 주류경제학의 '합리적인 인간'을 부정하는 데서 시작하지만, 그렇다고 인간을 비합리적 존재로 단정 짓는 것은 아니다. 다만 온전히 합리적이라는 주장을 부정하고, 이를 증명하려는 것이 행동경제학의 입장이다. 경제 주체들이 제한적으로 합리적이며, 때로는 감정적으로 선택하는 경향이 있다고 주장한다.

경제학에 관한 탐구를 통해, 개인의 의사결정이 갖는 비합리성을 경제학의 영역으로 끌어올렸다는 평가를 받았다.

"행동경제학 분야의 전문가인 서울대 최승주 교수는 '경제학에서 인간은 매우 합리적·이성적이고 한 치의 오차도 없이 의사결정을 하는 것이라 가정하지만, 사람들의 행동은 실제와 다르다'라고 했습니다. 리처드 탈러 교수는 '행동경제학은 주류경제학이 상정하는 합리적 인간을 부정하는 데서 출발하는 경제학의 한 분야이며, 경제 주체들이 때로는 비합리적이고 감정적으로 선택하기도 한다'고 행동경제학을 설명했습니다."

박 과장은 경제학과 심리학의 융합인 행동경제학이 최근 현실에 적용되고 있음을 알았다. 서점에 가면 경제학과 심리학을 접목시킨 인간의 비합리적 의사결정에 대한 서적이 베스트셀러에 오른 것을 보았기 때문이다.

"리처드 탈러 교수는 '팔꿈치로 슬쩍 찌르다'라는 뜻을 가진 '넛지'를 '타인의 선택을 유도하는 부드러운 개입'이라는 뜻으로 사용했습니다. 이를 통해 인간의 심리적인 특성을 이해하고, 이에 맞춰 인센티브를 제공하거나 제도를 설계하면 적은 비용으로 특정한 행동을 유도할 수 있다고 풀이했지요. 네덜란드 스키폴공항에서 남자 화장실 소변기 한가운데에 파리 한 마리를 그려, 주변으로 튀는 소변을 80% 줄인 것이 대표적인 넛지 사례입니다.

현재 경제학계를 이끄는 주류경제학 이론은 신고전파 경제학*입니다. 그런데 이 주류경제학 외에도 제도경제학, 진화경제학, 생태경제학, 여성경제학, 복잡계경제학, 사회경제학, 포스트 케인스주의 경제학, 마르크시즘경제학, 구조주의경제학, 급진정치경제학, 신오스트리아경제학, 진화경제학, 행동경제학, 행복경제학 등 수많은 경제학이 있습니다. 이 중에 심리학과 경제학의 접경을 다루는 행동경제학은 지난 40여 년간 이론 체계를 갖춤에 따라 최근 급부상하고 있습니다."

"교수님, 노벨경제학상을 전통적인 경제학자가 아닌 심리학자가 수상한 것이 대략 언제부터인가요?"

"노벨경제학상은 1969년부터 대부분 경제학자가 수상했습니다. 그런데 1994년에는 영화 〈뷰티풀 마인드〉의 실제 주인공인 수학자 존 내쉬가 수상했지요. 그리고 1978년에 허버트 사이먼, 2002년에 다니엘 카너먼이 수상했지요. 이들은 심리학자로서, 인간의 실제 행태를 면밀히 분석한 결과, 합리성과 이기심으로 똘똘 뭉친 경제적 인간을 전제로 한 주류경제학에 한계가 있음을 발견했습니다. 그래서 행동경제학이라는 이론 체계를 정립해서 주류경제학으로 설명할 수 없는 부분을 설명했습니다.

행동경제학의 주창자인 허버트 사이먼은 인간이 완전히 합리적일

● 신고전파 경제학은 애덤 스미스의 '보이지 않는 손'으로 상징되는 고전파 경제학을 계승한 학파로, 정부의 적극 개입을 주장한 케인스 경제학에 대응해 형성된 학파다. '합리적 인간'이 논리의 바탕이다. 시장을 자율에 맡기면 가격의 기능에 의해 생산과 소비가 적절히 조화되고 경제도 안정적으로 성장한다는 것이다. 시장에 인위적으로 개입하지 않는 '작은 정부'를 옹호한다. 원래는 영국 고전파의 전통을 중시한 알프레드 마샬의 경제학을 일컫는 말로 여겨지지만, 일반적으로는 한계혁명 이후의 효용 이론과 시장균형 분석을 받아들인 경제학을 가리킨다. 현재 신고전파 경제학은 미시경제학의 주류 학파가 되었고, 케인스경제학과 함께 주류경제학을 이루고 있다.

수 없다는 것을 '제한된 합리성' 개념으로 설명합니다. 사이먼은 '경제학은 제한된 합리성을 가진 인간을 연구해야 하며, 최적화 원리보다는 본인이 원하는 일정 수준 이상이 되면 선택한다는 만족화 원리에 입각하는 것이 맞다'라는 '절차적 합리성'도 주장했습니다. 또한 의사결정에 있어서 주류경제학이 철저히 무시하는 감정의 중요성도 역설했습니다.

행동경제학의 중요한 도구인 인지심리학은 1956년부터 시작되어 진화심리학, 인지신경심리학으로 발전했습니다. 행동경제학의 원년을 1979년으로 보는데, 이때 경제학 학술지인 〈이코노메트리카〉에 대니얼 카너먼과 에이모스 트버스키의 기념비적인 논문인 '프로스펙트 이론●●'이 실렸기 때문입니다."

"교수님, 프로스펙트 이론이 무엇인가요? 사례로 설명해주시면 이해하기 쉬울 것 같습니다."

"실내 온도가 20도로 똑같아도 겨울에는 덥다고 느끼고, 여름에는 춥다고 느낄 수 있습니다. 같은 실내 온도인데도 말입니다. 추석 대보름의 달은 무척 밝다고 이야기합니다. 그런데 여명이 밝아올수록 달빛은 흐릿하게 보입니다. 달의 밝기는 똑같았을 텐데요.

한국 여행객이 독일 요리를 먹으면 '느끼하다'라는 평을 많이 합니다. 그런데 영국 여행객이 먹으면 아주 '맛있다'라고 평합니다. 같은 요

●● 심리학자 대니얼 카너먼과 에이모스 트버스키는 불확실성 아래에서 우리가 수행하는 의사결정 내용은 기대효용이론에서 제시하는 바와 다르다는 사실을 입증했다. 이들에 의하면 불확실한 상황에서 우리는 효용(Utility)이 아니라 가치(Value)에 근거하여 의사결정을 수행한다. 그러한 의사결정의 행태를 준거 의존성(Reference Dependency), 민감도 체감성(Diminishing Sensitivity), 손실 회피성(Loss Aversion), 이 3가지 형태로 설명했다. 카너먼과 트버스키는 이상에서 설명한 3가지 현상을 기반으로 이론을 발표했고, 이를 '프로스펙트 이론'이라고 칭했다.

리인데도 말입니다. 연봉이 6천만 원인 사람이 8천만 원으로 오르면 뛸 듯이 기뻐할 것입니다. 그런데 연봉이 1억 원인 사람이 8천만 원으로 감봉되면 비참하겠지요. 같은 연봉인데도 말이죠. 즉 '사람은 변화에 반응한다'라는 것이 카너먼과 트버스키가 창시한 프로스펙트 이론의 출발점입니다."

"복잡한 이론이 나오니 어렵습니다. 좀 더 쉽게 설명 부탁드려요."

"네, 그러죠. 그동안 경제학에서는 합리적인 결정을 하고 싶다면 감정을 배제하라고 역설했습니다. 물론 주류경제학에서도 감정에 의해 결정되는 '선호'라는 취향이 들어가 있기는 합니다. 그렇지만 경제학에서는 사람들에게 일관성 있는 안정된 선호가 있다고 가정했기 때문에, 감정이 중요한 역할을 담당할 수가 없었습니다.

심리학자들은 '감정이 없으면 적절한 판단과 결정을 할 수 없다'는 점을 지적하고 있습니다. 심리학자 조너던 라이트는 '감정이 머리이고, 합리성은 꼬리에 불과하다'라고 지적할 정도였습니다. '경제를 움직이는 인간 심리의 모든 것'이라는 부제로 출간된 책 『행동 경제학』은 행동경제학의 입문서라고 할 수 있습니다.

도모노 노리오는 『행동 경제학』을 집필할 때 '계산에서 감정으로'라는 테마를 염두에 두고 경제 행동의 배후에 있는 심리적·사회적·생물적 기반을 탐구하는 데 초점을 맞추었습니다. 즉 행동경제학이란 인간이 실제로 어떻게 선택하고 행동하는지, 그 결과 어떠한 사회현상이 발생하는지를 고찰하는 것이라는 말이지요.

기업을 경영할 때 고객의 마음을 읽는 것이 가장 중요하다고 합니다. 과거 도시바가 세계의 전기밥솥 시장을 석권할 당시, 그 성공 비결은 간단했습니다. 다른 전기밥솥 업체들이 '누가 더 다양한 부가기능을 추가하느냐'라는 소모적인 경쟁에 빠져 있을 때, 도시바는 복잡한 표시와 버튼을 단 3개로 줄였지요. 도시바가 승리한 비결은 바로 고객의 마음을 정확하게 읽고 이를 경영에 반영했다는 것입니다."

김 교수는 수강생들에게 행동경제학 개념 설명을 이렇게 마무리지었다.

"물리학자, 화학자, 그리고 경제학자, 이렇게 3명의 학자가 무인도에서 표류하게 되었습니다. 먹을 것도 마실 물도 없었던 그들에게 파도에 밀려온 통조림 캔 하나가 보였습니다. 이때 물리학자가 말했습니다. '어서 돌멩이로 내리쳐서 이 통조림 캔을 땁시다.' 이 말은 들은 화학자는 '그렇게 하면 안 되지요. 불을 지펴서 캔을 가열하면 될 걸 가지고…' 그렇다면 경제학자는 어떻게 말했을까요? '여기 캔 따개가 있다고 가정해봅시다…' 그날 밤 경제학자는 수프를 먹었다고 가정하고 잠을 자야 했습니다. 이 이야기는 세계적인 경제학자 폴 사무엘슨●이 경제학의 특성을 잘 집어서 표현한 것입니다."

"교수님, 행동경제학의 기본적인 이해를 통해 부동산의 가격 결정에서 심리적 요인이 중요하다는 것은 충분히 이해했습니다. 다만 부동산 정보라는 것이 한정적이어서 정보의 비대칭성이 있다고 알고 있습니다. 이에 대해 자세히 설명해주세요."

"박 과장님의 질문 수준이 날로 높아지네요. 부동산 정보란 어떤

● 미국의 이론경제학자 폴 사무엘슨(Paul Anthony Samuelson)은 소비자 선택이론을 발전시킨 공로로, 1970년 노벨경제학상을 받았다.

부동산 의사결정을 하거나 부동산 현상을 분석하려 할 때 사전에 알고 있어야 할 지식입니다. 그러나 대부분의 정보는 당사자만 알고 다른 사람은 모르는 경우가 많은데, 이를 '정보의 비대칭성'이라 합니다. 정보 비대칭은 경제학에서 시장에서의 각 거래 주체가 보유한 정보에 차이가 있을 때, 그 불균등한 정보 구조를 말합니다.

정보의 비대칭성은 사람들이 보유하는 정보의 분포에 편향이 있어, 경제 주체 사이에 정보 격차가 생기는 현상 또는 그러한 성질을 말합니다. 부동산 거래는 정보가 공개되기 어려운 특성이 있습니다. 그만큼 부동산 정보는 다른 상품 정보보다 시장에 참가하는 사람 간에 정보의 비대칭성이 더 강하지요. 이 때문에 정부는 각종 통계를 작성해 공개함으로써 시장을 투명하고 건전하게 하려는 노력을 기울이고 있습니다. 그런데 아직도 부족한 부분이 많습니다."

"교수님, 부동산도 금융과 주식처럼 너무 많은 공부를 해야 하는 건 아닌지 갑자기 어려워졌습니다."

"하하, 너무 걱정하지 마세요. 지금 설명하는 경제학 내용은 가볍게 듣고 이해하면 됩니다."

"교수님께서 설명하신 수요와 공급의 균형가치 형성이 이해는 됩니다. 그런데 부동산 가치의 심리적 요인에 따라 가격 변화를 예측하는 일은 너무 어렵습니다. 이 심리적 요인을 정확하게 분석할 방법은 없을까요?"

"참 답변하기 어려운 질문입니다. 부동산가격에 심리적 요인이 영향을 미치는 것은 분명합니다. 그런데 아직 학문적으로 깊이 있는 연구가 진행되지는 않았습니다. 부동산가격에 영향을 미치는 심리요인은 행동경제학과 연결되는 부분이 많습니다. 이 행동경제학을 깊이 공부 할수록, 심리적 요인 분석에 대한 경쟁력은 점차 높아질 것입니다."

▄ 심리적 요인이 부동산가격에 영향을 미친 사례

"교수님, 심리학적 설명이 전문적인 부분이라 이해가 어렵습니다. 좀 더 쉽게 설명해주세요."

"네. 실제 부동산가격에 심리적 요인이 영향을 미친 사례를 보면 이해가 쉬울 겁니다. 첫 번째 사례는 면목동 ○○아파트 층간소음 살인사건[44]입니다."

"교수님, 부동산 심리학을 설명하시다가 갑자기 살인사건을 사례로 설명하신다고요?"

"살인사건을 설명하는 것이 목적이 아니라, 이러한 잔혹한 범죄가 부동산가격에 어떤 영향을 미치는지 그 심리적 요인을 설명하려는 것입니다."

김 교수는 잠깐 침묵하더니 면목동 ○○아파트 층간소음 살인사건에 대해 설명하기 시작했다.

"2013년 2월 초에 있었던 일입니다. A씨 집에 설날을 맞이하여 두 아들의 가족들이 모두 모였습니다. 평소에도 층간소음에 시달려온 아래층 B씨는 위층 A씨의 집이 더 시끄러워지자 경비실에 민원을 제기했습니다. A씨의 가족들은 명절 소음을 이해해주지 못한다며 감정이 상했고 결국 아래층 B씨와 감정싸움을 벌였지요. 그러다가 B씨의 남자친구인 K씨와 A씨 아들 형제와의 싸움으로 번졌습니다. 서로 감정 싸움이 극에 달한 상황에서 K씨가 A씨의 아들 형제를 잔인하게 살해하고 맙니다. 이후 K씨는 재판에서 무기징역을 선고받습니다. 이후 아파트의 층간소음 문제가 사회적 이슈로 부각되었습니다."

"정부 차원에서 대책 마련도 있었나요?"

"네, 2013년 11월에 국민권익위원회가 실시한 '공동주택 층간소음 설문조사'에서 88%가 층간소음으로 스트레스를 받은 적이 있고, 54%가 층간소음으로 이웃과 다툰 경험이 있다고 응답●했습니다. 이에 국토교통부는 2014년 8월에 '층간소음 방지 가이드라인'을 마련해 층간소음 방지를 통한 이웃 간 분쟁을 줄이고, 쾌적한 주거환경을 조성하고자 30세대 전후의 소규모주택 층간소음까지도 최소화하기 위한 가이드라인을 시행했습니다.

그런데 바닥 두께를 두껍게 해야 하는 가이드라인●●은 건설회사들의 공사원가 증가로 이어져 분양가가 상승되었죠. 결국 근본적인 해결

● 국민권익위원회가 운영하는 110정부민원안내콜센터가 2013년 11월 7일부터 22일까지 3,040명 국민을 대상으로, 110콜센터 블로그와 페이스북을 통해 '너의 발소리가 들려'라는 주제로 층간소음 설문조사를 실시했고 그 결과를 발표했다. 설문조사 결과에 따르면 응답자의 88%가 층간소음으로 스트레스를 받은 적이 있는 것으로 조사되었다. 세부적으로 보면 층간소음 스트레스를 받은 응답자가 79%, 잦은 항의로 인한 스트레스를 받은 응답자가 9%를 차지했다. 응답자의 54%는 층간소음으로 인해 이웃과 다툰 경험이 있었는데, 말싸움(44%), 보복(7%), 몸싸움(3%) 순으로 조사되었다. 또한 이웃과 다투지 않는 경우에는 층간소음을 해결하기 위해 응답자의 22%가 층간소음 방지 용품을 구매였으며, 층간소음 고통으로 이사(8%)를 가거나 병원 치료 (2%)까지 받은 적이 있다고 응답했다.

●● 층간소음 방지 가이드라인의 주요 내용으로는 ①30세대 이상의 주거복합 건축물·오피스텔·도시형 생활주택(주택법에 의한 사업계획승인 대상은 제외)은 중량충격음 50dB, 경량충격음 58dB을 만족해야 한다. 또한 ②30세대 미만 아파트·주거복합·오피스텔·연립주택·도시형생활주택은 성능기준(중량충격음 50dB, 경량충격음 58dB)을 만족하거나 표준바닥구조로 할 수 있다. ③다가구주택·다세대주택·고시원·기숙사는 최소한의 기준을 제시해 벽식구조는 바닥 슬래브의 두께를 210mm, 라멘구조는 슬래브의 두께를 150mm 이상으로 하고, 20mm 이상의 완충재를 설치하면 된다.

책이 되지는 못했습니다.

지금도 공동주택의 층간소음은 심각한 사회문제가 되고 있습니다. 최근 국토교통부는 '공동주택 바닥충격음 차단성능 사후 확인제도 도입방안'을 발표하며, 사후성능 수준에 따라 사용검사권자가 건설사에게 개선권고 등을 할 수 있으며, 미이행 시 이를 공표하는 등의 추가적인 제재도 가능하도록 했습니다. 또 사후 확인제도 시행 후 일정 기간 이후부터는 층간소음 우수·미흡 시공사를 확인할 수도 있어서 주택건설업체의 기술개발과 견실한 시공을 유도할 것으로 기대하고 있습니다. 하지만 아직까지 공사원가의 증가로 인한 분양가 상승의 인과관계 문제를 해결하지는 못하고 있습니다."

"교수님, 저희가 궁금한 것은 결국 '층간소음 살인사건이 아파트가격에 어떻게 영향을 미쳤는가' 하는 점입니다. 어떤 영향이 있었나요?"

"네, 다들 예상하는 바처럼 살인사건이 아파트가격에 막대한 영향을 끼쳤습니다. 살인사건이 난 면목동 ○○아파트는 '층간소음으로 살인사건이 났다'는 부정적 이미지가 생겨, 주변 시세보다 20% 이상 낮은 금액으로 매물을 내놓아도 매매가 되지 않았습니다. 해당 살인사건이 발생한 A씨의 집과 B씨의 집은 모두 비어 있는 상태였고, 애초 시세 1억 원***이었던 가격이 70%가 폭락해 3천만 원으로 떨어졌는데도 사는 사람이 없었습니다."

"아파트가격이 단기간에 70%나 폭락했다는 말인가요?"

"네, 당시 물건을 거래하던 부동산중개업소를 통해 확인한 사실입

••• 2013~2014년 중랑구 면목동 ○○아파트 11평의 당시 시세는 약 1억 ~1억 1천만 원 정도였다.

니다. 여러분은 이 아파트의 시세가 1억 원인데, 살인사건이 난 물건이라서 3천만 원으로 나왔다면 어떻게 할 건가요? 사실 건가요?"

대부분의 수강생은 아무리 가격이 싸도 살인사건이 난 주택을 사지 않겠다고 했다. 그러나 박 과장은 달랐다.

"저는 사겠습니다. 심리적 요인으로 급락한 가격은 심리적 요인이 안정화된 이후에는 다시 정상화된다고 알고 있습니다. 그래서 저는 살인사건으로 가격이 급락한 아파트를 사겠습니다."

"훌륭한 판단입니다. 부동산 접근은 기본적으로 경제학적 관점으로 바라봐야 합니다. 당장은 살인사건이 나서 1억 원짜리가 3천만 원이 되었지만, 이는 분명 심리적인 요인의 영향으로 일정 시간이 지나면 해소될 가능성이 큽니다. 실제 여러분이 강의를 듣고 있는 이 강의실 아래에는 수많은 시체가 묻혀 있습니다."

"네? 무슨 말씀인가요?"

학생들은 웅성거리며 김 교수의 대답을 기다렸다.

"우리가 아는 역사적 사실만을 상기해도 삼국시대부터 고려시대, 조선시대를 거쳐 6·25까지, 얼마나 많은 사람들이 대한민국 땅에서 죽었습니까?"

"교수님, 그건 아주 오래전 얘기잖습니까?"

"그렇죠. 오래전 얘기죠. 여기서 핵심은 바로 가격에 영향을 미치는 심리적인 요인은 시간이 지나면 해소될 가능성이 크다는 것입니다. 층간소음 살인사건은 금방 잊었고, 얼마 지나지 않아 주변 시세로 회복했습니다. 지금 이 아파트는 2억 5천만 원에 거래되고 있습니다. 7년 만에 최저가 대비 7배 이상 오른 것이죠."

"교수님의 설명을 요약하면 '심리적 요인이 아파트가격에 영향을 미치지만, 시간이 흐름에 의해 심리적 요인의 영향이 줄어들 수 있다' 라고 볼 수 있겠군요."

"네, 아주 훌륭하게 정리했네요. 실제 관련 논문인 '범죄가 주택가격에 미치는 영향에 관한 연구'[45]를 살펴보면, 헤도닉 가격모형*을 이용해 분석한 결과, 범죄변수가 재산범죄와 강도, 기타 범죄를 제외하고는 매매가격과 전세가격에 정(+)의 관계를 가지는 것으로 나타났습니다.

유사 논문인 '사회적 약자 범죄 및 5대 범죄가 주택가격 형성에 미치는 영향에 관한 연구'[46]를 헤도닉 가격모형 분석으로 살펴보면, 5대 강력범죄, 사회적 약자 범죄인 학교폭력·성폭력·가정폭력, 외국인 범죄, 외국인 수, 탈북민 수, 그리고 CCTV 설치 수 변수들은 모두 올바른 부호를 가지고 통계적으로 유의한 영향을 미친다고 나왔습니다.

특히 학교폭력이 해당 지역 아파트가격에 부정적인 영향을 뚜렷하게 미치는 것으로 나타났는데, 이는 주거지 선택에 있어서 교육열이 높은 대한민국 학부모들이 학교폭력에 더욱 민감한 반응을 보이는 것으로 해석됩니다."

"교수님, 말씀하신 논문과 같이 심리적 요인이 주택가격에 영향을 미친 해외 사례는 없나요?"

● 헤도닉 가격모형(Hedonic Price Model)은 환경재에 대한 시장이 명시적으로 존재하지 않기에 시장재인 주택이나 노동과 같은 대체시장을 이용해 간접적으로 환경재에 대한 가치를 측정하는 방법이다. 헤도닉 가격모형에서는 주택이나 직업의 가치가 이를 구성하는 여러 특성들의 가격으로 분할될 수 있다고 가정한다. 예를 들어 대기의 오염도가 주택가격을 결정짓는 하나의 요소가 된다거나 직장에서의 사망률이 직장에서의 임금 수준에 영향을 미치는 하나의 요인으로 작용한다는 것이다.

"사례는 무척 많습니다. 가까운 일본의 사례를 더 소개하죠. 일본의 최대 포털사이트인 '야후 재팬'에 공매 정보 한 건이 올라왔습니다. '3층짜리 대저택으로 정원과 주차장 등을 포함해 전체 면적 527m² (159.4평), 건물 면적 308m²(93.2평)입니다. 인근 열차역까지 3km, 도쿄역까지는 자동차로 1시간 거리입니다.' 그런데 공매란에 이런 정보가 덧붙었습니다. '건물 내에서 살인사건 발생. 현재 빈집. 사건 후에 사람이 드나들지 않아 유지관리 상태가 좋지 않습니다.'

사건 개요는 이렇습니다. 2014년 1월 28일 밤, 이 집에 살던 50대 남성이 흉기에 가슴을 수차례 찔린 채 발견되었습니다. 싸운 흔적도, 도난품도 없었습니다. 아직 범인은 잡히지 않았습니다. 주변은 꽤 고급 주택가로, 이와 비슷한 부동산 물건이 3천만 엔(3억 2,700만 원, 당시 환율 기준으로, 이하 동일) 정도입니다. 제시된 가격은 주변 시세의 1/4 수준인 756만 엔(8,200만 원)이었습니다. 공매 진행결과, 최종 낙찰가격은 1,111만 엔(1억 2,100만 원)이었습니다. 시세보다 낮은 가격에 낙찰된 이유는 '살인사건이 일어난 장소'였기 때문입니다.[47] 이 사례 역시 잔혹한 범죄가 부동산가격에 심리적 요인으로 작용한 사례입니다."

"교수님께서 실례로 자세히 설명해주시니 심리적 요인이 부동산가격에 얼마나 큰 영향을 미치는지 잘 알겠습니다. 부동산 심리학이라는 학문이 아직 우리나라에 체계화되어 있지 않다고 생각하니, 저 역시도 이 분야 연구에 도전해보고 싶다는 생각이 듭니다."

"박 과장님이 한번 깊게 연구를 해보시죠. 박 과장님이 지금부터라도 열심히 연구한다면 부동산 심리학의 선구자가 될 수 있습니다."

박 과장은 수업이 끝났는데도 김 교수에게 끊임없이 질문했다. 시계를 보던 김 교수는 박 과장을 말리듯 웃으며 말했다.

"박 과장님, 오늘 모든 공부를 다 할 수 있는 것도 아닙니다. 내일을 위해 오늘은 이만 끝냅시다. 곧 지하철 막차도 끊기는데…."

집으로 돌아오는 마지막 지하철 안에서 박 과장은 오늘의 강의내용을 머릿속으로 정리했다. 수요와 공급으로 결정되는 가격은 심리적 요인에 영향을 미치는데, 이 심리적 요인을 정량화한 부동산 심리학의 연구가 아직 미지의 학문이라는 점에 학문적 관심이 생겼다.

회사 업무인 부동산 개발업무를 진행하는 데 있어서 고객과의 관계에서 협상과 설득이 중요하다고 강조한 선배들의 조언이 이제야 이해가 되었다. 박 과장은 대학원에서 부동산학을 배우면 배울수록 어렵기도 하고, 이해가 잘 안 되는 부분도 있었다. 게다가 대학을 졸업한 지 10년 가까이 지나자 지식의 한계도 느끼고 있었다.

그러나 김 교수의 강의를 열심히 수강하고 공부하다 보면 부동산 투자를 위한 기본지식을 쌓을 수 있고, 분명히 성공적인 부동산 투자를 할 수 있을 거라 믿었다. 박 과장에게는 이 믿음이 퇴근 후 늦은 시간까지 공부할 수 있는 버팀목이 되었다.

▬ 가격은 협상에 따라 변화한다

"교수님, 지난 시간에 강의하신 내용처럼 부동산가격에 심리적 요인이 매우 큰 영향을 미친다는 것을 충분히 이해했습니다. 이러한 심리적 요인을 분석하고 이해해서 최적의 부동산가격을 책정하는 상대방과의 협상에 반영해야 한다는 말씀인 거죠?"

"그렇습니다. 우리는 매 순간 이성적인 결정을 한다고 생각하지만, 심리학자들은 이성적인 결정조차도 감정의 영향을 받는다고 설명합니다. 이러한 심리적 상황을 고려해 상대방과의 거래를 성사시킬 수 있는 협상의 방법을 알아야 합니다. 그러나 우리나라 대학에서는 협상의 방법을 가르치지 않습니다. 협상의 방법을 모른다는 것은 거래의 방법을 모른다는 것이고, 거래의 방법을 모른다는 것은 적정한 가격을 책정할 수 없다는 것과 같은 의미입니다. 부동산시장에서 적정한 가격을 판단할 수 없다면, 우리는 아마 아무것도 할 수 없을 것입니다. 그만큼 최적의 결과를 만들어내기 위해 협상의 방법을 연구하고 공부하는 것이 중요합니다."

"협상이 우리의 실생활에서 얼마나 중요한 것인지를 잘 모르겠습니다. 부동산가격이라는 것은 논리적으로 원가와 이윤, 주변 시세를 고려해 가격 책정을 하고 공인중개사가 상호 간의 입장을 고려해 합리적인 가격을 제시해서 거래하는 것이라고 알고 있습니다. 그러다 보니 '협상이 필요한 것인가?'라고 의구심이 드는 것도 사실입니다. 협상의 방법을 왜 배워야 하나요?"

"네, 박 과장님의 말씀이 충분히 이해가 됩니다. 일반인들이 부동산의 적정 가격을 책정하기 위해 고민하는 사례는 많지 않습니다. 대부분의 거래가 공인중개사들이 제시하는 금액에 거래 당사자들의 의견이 반영되는 것이 일반적인 거래사례이니까요. 그럼에도 불구하고 우리는 자의든 타의든 모든 관계의 유지를 위해서 협상을 합니다."

"교수님, 예전에 로버트 치알디니 교수의 책 『설득의 심리학』을 읽은 적이 있습니다. 이런 책을 통해 협상의 방법을 배워야 하는 것인가요? 협상의 방법을 배우려면 어떻게 해야 하나요?"

"무엇을 배운다는 것은 직접적인 경험과 간접적인 경험이 병행되어야 합니다. 협상의 직접적인 경험은 실제 협상에 참여하는 것이고, 간접적인 경험은 책을 통해서 협상의 이론적 사례를 공부하고 습득하는 것이지요. 와튼스쿨*에서 최고의 인기 강의인 스튜어트 다이아몬드 교수의 '협상강의'가 있습니다. 이 한 학기 '협상 코스' 수업을 한 권으로 정리한 책이 『어떻게 원하는 것을 얻는가』[48]입니다. 이 책의 핵심 키워드는 바로 '상대방의 관점'입니다.

스튜어트 다이아몬드 교수는 '상대방에게 원하는 것을 얻으려면 상대방의 관점에서 이해하려고 노력하고 서로 윈윈(Win-win)하는 방법을 모색한다면 성공적으로 협상을 할 수 있다'고 설명합니다. 특히 책에서 꼭 기억해야 할 부분이 '당신이 전달한 의미보다 상대방이 받아들인 의미가 더 중요하다'란 부분입니다. 협상은 누구와 하는 것일까요? 바로 '상대방'과 하는 것입니다. 내가 어떤 의미로 얘기했든 상대방이 받아들이는 의미가 협상을 진행하는 데 가장 중요하다는 것을 의미하지요."

"교수님, 상대방의 입장을 파악하라는 의미는 상대방이 원하는 것을 들어주라는 뜻인가요?"

"그 반대입니다. 내가 원하는 것을 얻기 위해서는 상대방의 입장,

● 펜실베이니아대학교의 상경대학. 와튼 소속인 경영전문대학원(Wharton Business School)과 경영학 학부 과정(Undergraduate)이 각종 대학 및 전공 순위에서 1위를 차지하는 등 미국 내 최고의 경영학 전공 과정으로 명성이 높다.

즉 상대방의 숨어 있는 욕구까지도 파악해야 한다는 것입니다."

"상대방의 숨어 있는 욕구를 어떻게 파악할 수 있을까요?"

"이를 위해서는 사전에 정보를 수집하고 분석하며 대안을 수립하는 과정이 가장 중요합니다. 세계 최고의 대학인 하버드대학교에서는 일찌감치 '협상학'을 비즈니스스쿨과 로스쿨의 필수과목으로 선정했습니다. 나아가 협상연구소를 설치하고 전방위로 협상 데이터를 수집하고 분석해, 성공하는 협상의 패러다임과 전략을 구축해왔습니다.

하버드 협상연구소에서는 협상 상대가 사람이라는 사실과 그에 따라 파생되는 인간 내면의 문제에 주목하고 있습니다. 협상의 주체는 사람이고, 그들이 만들어내는 변수는 무궁무진하기 때문입니다. 뛰어난 지식과 협상 전략을 갖추었다 해도 협상 과정에서 상대의 마음을 읽지 못하면 탄력적이고 융통성 있게 대처하기 힘들고, 결국 원하는 성과도 얻어낼 수 없기 때문[49]입니다."

"협상이라는 것이 결국 상대방을 대상으로 하는 것이니, 상대방에게 집중해야 한다는 말씀이군요."

"네, 맞습니다. 상대방에게 집중하는 협상을 통해 모두가 윈윈해야 합니다. 미국 대통령 트럼프의 자서전 『거래의 기술』을 보면 그의 협상 스타일이 잘 나와 있습니다. 그는 '내가 거래를 성사시키는 방식은 아주 간단하고 분명하다. 목표를 높게 잡은 뒤 목표 달성을 위해 전진에 전진을 거듭할 뿐이다'라고 자신의 사업 스타일을 설명합니다. 이러한 트럼프의 협상 전략을 미국 언론에서는 소위 '미치광이 전략*'이

● 상대방에게 공포를 유발해, 이를 무기로 협상에서 유리한 고지를 점하는 전략

라 표현합니다.

그런데 이러한 전략은 순간적으로 특정 상황에 따라 적용될 수는 있으나 중장기적 관점에서는 협상이 유지되기가 어렵습니다. 협상 상대방과의 신뢰가 형성되지 않기 때문입니다. 하버드에서 강의하는 '비즈니스 협상 스킬' 중 우리가 꼭 알고 있어야 할 '5가지 협상 방법론'을 이해하고 지속적으로 연구하며, 실전에서 사용하면서 부족한 부분을 채워간다면 여러분들도 최고의 협상 전문가가 될 수 있습니다."

전 세계의 CEO를 대상으로 진행하는 하버드 MBA 과정의 강의인 '비즈니스 협상 스킬' 내용과 국내에 소개된 하버드 협상 이론[50] 중 가장 핵심적인 5가지 협상 방법론을 살펴보면 다음과 같다.

첫째, 내 감정은 절제하고 상대방에 공감하여 유대감을 형성하라. 나의 감정은 협상의 적이다. 상대방의 감정에 공감하는 것은 협상의 기본이다. 협상에서 가장 중요한 사람은 상대방이다. 상대방의 말을 경청하고 상대방이 듣고 싶은 말을 하면, 상대방은 나에게 깊은 유대감을 느낄 수 있다. 감정적 지불(Emotional Payment)을 통해 이성적 판단을 유도하라.

둘째, 질문을 통해 상대방의 숨겨진 욕구를 파악하라. 상대방의 관심사에 질문하고, 이를 통해 상대방의 이성적 정보 외에 세밀한 감정적 정보인 몸짓과 표정을 관찰하라. 협상 목적물에 대한 상대방의 공적인 입장이 아닌 사적인 생각과 고민을 파악하라. 최종적으로 상대방이 원하는 본질적인 숨겨진 욕구(Hidden Interest)를 파악하라.

셋째, 상대방이 따르는 표준이나 근거를 지렛대로 활용하라. 상대방의 정치적 성향, 과거 발언, 의사결정 방식 등을 알면 원하는 것을 얻을 수 있다. 상대방이 이의를 제기하지 못하도록 객관적이고 합리적인 협상의 기준을 정하라. 상대방에게 영향력이 있는 제3자를 활용하는 것도 좋은 방법이다.

넷째, 협상의 걸림돌을 찾고 상대방과 인간적으로 의사소통하라. 협상의 성공 요인 중 가장 중요한 것은 사람 관계●다. 갈등의 주요 요인은 인식의 차이다. 이를 극복하기 위해서는 상대방의 관점에서 협상의 걸림돌을 찾고, 역지사지로 상대방의 관점에서 생각하며 인간적으로 소통하라.

다섯째, 협상준비표를 활용해서 윈윈협상을 하라. 협상은 경험으로 하는 것이 아니다. 그저 철저한 준비 후에 하는 것이다. 따라서 협상준비표(NPT; Negotiation Preparation Table) 양식에 따라 안건(Agenda), 시간·장소(Location), 객관적 기준(Standard), 요구(Position), 숨겨진 욕구(Hidden Interest), 창조적 대안(Creative Interest)을 분석하고 기록하며 협상을 준비하라.

"2003년 영화 〈선생 김봉두〉의 한 장면입니다. 두 농부가 고성과 삿대질을 하며 격하게 싸우고 있습니다. 농부 A는 '(물건을 운반해야 하니) 경운기로 이 길을 지나가야 하네'라고 주장하고, 농부 B는 '(그러면 길 위에 올려놓은 내 호스가 찢어지니) 절대 경운기를 지나가게 할 수 없네'라고 주장합니다. 이때 두 농부를 진정시키는 선생 김봉두는 다음과 같이 상황을 정리합니다.

● 스튜어트 다이아몬드는 『어떻게 원하는 것을 얻는가』에서 협상의 성공 요인 중 전문 지식 및 계약 내용의 중요도 8%, 협상 절차의 중요도 37%, 사람에 대한 신뢰·호감·감정 등의 요인 55%라고 설명한다.

구분	① 자기 자신(Myself)	② 상대방(Opponent)
③ 안건		
④ 시간·장소		
⑤ 객관적 기준		
⑥ 요구		
⑦ 숨겨진 욕구		
⑧ 창조적 대안		

① 자기 자신: 협상을 위해 자기 자신의 입장에서 내용 작성
② 상대방: 협상에 임하는 상대방의 입장에서 내용 작성
③ 안건: 표면적이고 공식적인 협상 내용
④ 시간·장소: 협상의 시간과 장소(자기 자신 쪽, 상대방 쪽, 중립지대 등)
⑤ 객관적 기준: 협상을 위한 경제적·법률적·기술적 협상의 기준
⑥ 요구: 상대방의 표면적이고, 공식적인 요구사항
⑦ 숨겨진 욕구: 상대방이 표현하지 못하는 숨어 있는 개인적 욕구
⑧ 창조적 대안: 자기 자신과 상대방 모두가 만족할 수 있는 협상 대안

'그러니까 남진이 아버님은 (비닐)하우스에 물을 대야 하니까 호스를 이 길에 꼭 놓아야 하고, 성남이 아버님은 (물건 운반을 위해) 경운기가 꼭 이 길로 지나가야 한다는 말씀이잖아요? 그것만 해결되면 되는 거잖아요?' 두 농부의 동의를 얻은 김봉두는 삽을 들고 땅을 팝니다. 그리고 호스를 땅에 묻고 흙으로 덮습니다. '됐죠?'라고 말하고는 김봉두는 의기양양하게 자리를 뜹니다.

이 사례를 더 자세히 설명하면, 농부 B인 남진 아버지가 '경운기는 이 길을 통과할 수 없다'라고 팻대를 세우는 것은 겉으로 드러난 '요

•• 전성철·최철규 『협상의 10계명』의 협상준비표를 활용해 작성

구'일 뿐입니다. 중요한 것은 상대의 '숨어 있는 욕구'이죠. 농부 B의 숨어 있는 욕구는 '비닐하우스에 물을 대고 싶다'라는 것입니다. 즉 호스가 찢어지지만 않는다면 이 길 위로 경운기가 지나가든 탱크가 지나가든 남진 아버지는 상관없는 거죠. 그 '숨어 있는 욕구'를 정확히 읽어낸 김봉두는 '땅을 파서 호스를 묻고 난 후 경운기를 통과시킨다'라는 '창조적 대안'을 만들어 협상을 타결시켰습니다."

"교수님, 영화 〈선생 김봉두〉의 사례처럼 상대방의 '요구'에만 얽매이지 말고 '숨어 있는 욕구'를 찾아내는 것이 핵심이죠?"

"네, 맞습니다. 좀 더 쉬운 사례를 들어보겠습니다. 태양이 내리쬐는 어느 여름날, 땀에 흠뻑 젖은 손님이 한 편의점에 들어갔습니다. 이 손님은 점원에게 '콜라 주세요'라고 요구합니다. 편의점 점원이 냉장고를 보니 마침 콜라가 다 떨어진 상태였습니다. 여러분이 점원이라면 이 상황에서 뭐라고 답변해야 좋을까요?"

수강생들은 다양한 의견을 제시했다.

"솔직하게 '콜라가 없습니다'라고 말해야 합니다."

"더운 여름에 목이 말라서 들어왔을 테니, '게토레이'나 '포카리스웨트' 같은 이온 음료를 권합니다."

이에 박 과장이 명쾌하게 정답을 말했다.

"편의점에 온 손님은 더운 여름날 갈증을 느껴서 시원한 탄산음료를 원한 것입니다. 탄산음료의 대명사가 '콜라'라면 이를 대신할 탄산음료인 '사이다'를 대안으로 제시하면 좋을 듯합니다."

"매우 훌륭합니다. 박 과장님이 정확하게 답변했습니다. 땀을 닦으며 편의점에 온 손님이 '콜라 주세요'라고 했을 때, 콜라가 없다고 해서 '콜라 다 떨어졌네요'라고만 응대한다면 그 손님은 다른 편의점으로 갈 것입니다. 즉시 협상은 결렬되는 것이지요. '콜라'는 손님의 '요구'일 뿐입니다. '콜라는 떨어졌지만, 시원한 사이다는 있는데 어떠세요?'라고 응대하면, 손님은 '그럼 사이다로 주세요'라고 하며 협상이 타결될 가능성이 높아집니다. '목이 마르니 시원한 청량 음료수를 마시고 싶다'라는 손님의 '숨어 있는 욕구'를 파악해 양쪽 모두가 윈윈할 수 있는 '창조적 대안'을 제시한 것이기 때문입니다.

정리하자면 협상의 핵심은 상대방의 관점이고, 상대방의 숨어 있는 욕구를 파악해서 모두가 만족할 수 있는 창조적 대안을 제시하는 것입니다. 그래야 모든 협상에서 긍정적인 결과를 만들어낼 수 있다는 것을 명심하기 바랍니다."

"교수님 강의를 통해 모두가 윈윈할 수 있는 협상의 중요성과 협상 전 준비 방법, 실전 협상 방법까지 쉽게 이해했습니다. 진심으로 감사합니다."

참고문헌

서적

- 36.5커뮤니케이션즈 편집부(2019), 〈톡톡매거진 5월호〉, 36.5커뮤니케이션즈
- EBS자본주의 제작팀 외(2014), 『자본주의 사용설명서』, 가나출판사
- J.M. 케인스(2010), 『고용, 이자 및 화폐의 일반이론』, 비봉출판사
- 강우원(2011), 『부동산법기초』, 부연사
- 고병기(2018), 『리츠로 은퇴월급 만들기』, 한스미디어
- 국립완주문화재연구소(2020), 『일제강점기 농촌수탈의 기억 화호리』
- 국토교통부(2014), 『도시 및 주거환경정비법 질의회신사례집』, 진한엠앤비
- 국토교통부(2020), 『2019 주거실태조사』, 국토교통부 주택정책과
- 권대중 외(2013), 『도시재생론』, 부연사
- 정희남 외(2014), 『부동산산업론』, 국토연구원
- 김대웅(2020), 『최초의 것들』, 노마드
- 김동근(2013), 『핵심 재개발·재건축 분쟁실무』, 진원사
- 김병완(2013), 『나는 도서관에서 기적을 만났다』, 아템포
- 김선철(2015), 『앞으로 3년, 재건축에 돈을 묻어라』, 원앤원북스
- 김선철 외(2021), 『대한민국 재개발 분양자격의 정석』, 도시개발신문
- 김선현(2015), 『그림의 힘』, 8.0

- 김수현(2011), 『부동산은 끝났다』, 오월의봄

- 김순환(2017), 『인구와 부동산의 미래』, 한스미디어

- 김승호(2020), 『돈의 속성』, 스노우폭스북스

- 김영인 외(2015), 『재개발 재건축 도시개발 세무실무』, 이택스코리아

- 김용하 외(2017), 『대학생을 위한 실용금융』, 금융감독원

- 김재희 외(2014), 『부동산신탁의 이해』, 리북스

- 김학렬(2018), 『서울이 아니어도 오를 곳은 오른다』, 알에이치코리아

- 나카무라 다카유키(2020), 『너무 재밌어서 잠 못 드는 경제학』, 생각의길

- 남우현(2011), 『아파트의 몰락』, 랜덤하우스코리아

- 댄 애리얼리(2011), 『댄 애리얼리, 경제심리학』, 청림출판

- 도모노 노리오(2007), 『행동 경제학』, 지형

- 레스터 서로우(2005), 『세계화 이후의 부의 지배』, 청림출판

- 로버트 기요사키(2010), 『부자들의 음모』, 흐름출판

- 로버트 기요사키(2019), 『페이크』, 민음인

- 로버트 기요사키 외(2000), 『부자 아빠의 투자 가이드』, 황금가지

- 롭 무어(2017), 『레버리지』, 다산북스

- 먀오옌보(2021), 『돈의 탄생』, 현대지성

- 민태욱(2010), 『부동산사법』, 부연사

- 박영혜(2006), 『일본 부동산 거품 붕괴가 주는 교훈』, 대한민국 정책브리핑

- 박용남(2010), 『꿈의 도시 꾸리찌바』, 녹색평론사

- 박용채(2010), 『부동산 가격폭락 그 이후』, 그리고책

- 박원석(2011), 『부동산입지론』, 양현사

- 박원석(2013), 『부동산투자론』, 양현사

- 배정식 외(2019), 『신탁의 시대가 온다』, 타커스

- 브라운 스톤(2019), 『부의 인문학』, 오픈마인드

- 사토 시게루(2004), 『새로운 마치즈쿠리』, 세진사

- 서브원 FM사업부(2011), 『빌딩을 지배하라』, KMAC

- 서울시 주택정책실(2014), 『주민에게 듣다』, 한울

- 세키 신코(2017), 『돈의 세계사』, 휴먼카이드북스

- 손정목(2003), 『서울 도시계획 이야기』, 한울

- 송두일(2012), 『알기 쉬운 신탁상품 이야기』, 금융투자협회

- 송파구(2009), 『잠실 저밀도지구 재건축백서』, 송파구청

- 스튜어트 다이아몬드(2011), 『어떻게 원하는 것을 얻는가』, 8.0

- 신방수(2019), 『합법적으로 세금 안 내는 110가지 방법』, 아라크네

- 심교언(2017), 『부동산 왜 버는 사람만 벌까』, 매일경제신문사

- 안재길(2015), 『재개발 재건축 새로 바뀐 관련법 정리』, 법률정보센터

- 안정근(2010), 『부동산평가이론』, 양현사

- 야마사키 케이치(2021), 『천재들의 인생도감』, 성안당

- 엠제이 드마코(2013), 『부의 추월차선』, 토트

- 오건영(2019), 『앞으로 3년 경제전쟁의 미래』, 지식노마드

- 오무라 오지로(2018), 『돈의 흐름으로 읽는 세계사』, 위즈덤하우스

- 오창석 외(2016), 『주석 신탁법』, 박영사

- 왕하이산(2016), 『하버드 협상 수업』, 이지북

- 요시카와 히로시(2017), 『인구가 줄어들면 경제가 망할까』, 세종서적

- 윌리엄 번스타인(2017), 『부의 탄생』, 시아컨텐츠그룹

- 유발 하라리(2015), 『사피엔스』, 김영사

- 유선종(2006), 『부동산금융용어사전』, 부연사
- 유선종(2008), 『부동산의 이해』, 부연사
- 유정식(2009), 『시나리오 플래닝』, 지형
- 유현준(2015), 『도시는 무엇으로 사는가』, 을유문화사
- 이래영(2009), 『부동산경제론』, 삼영사
- 이영석 외(2011), 『도시는 역사다』, 서해문집
- 이우재(2009), 『도시 및 주거환경정비법』, 진원사
- 이재범 외(2016), 『부동산의 보이지 않는 진실』, 프레너머
- 이중기(2007)), 『신탁법』, 삼우사
- 이학연(2020), 『경영을 넷플릭스하다』, 넥서스BIZ
- 이헌(2020), 『부동산 관리도 경영의 시대』, 매일경제신문사
- 이호병(2005), 『부동산입지분석론』, 형설출판사
- 일본 경제기획청(1993), 『경제백서』, 경제기획청
- 자몽 외(2017), 『일상의 소소한 재테크』, T.W.I.G
- 장인석(2008), 『부동산 투자 성공 방정식』, 매일경제신문사
- 장태일 외(2014), 『부동산개발 실무 16강』, 넷피플
- 저스틴 월쉬(2011), 『버핏도 따라한 케인스의 주식 투자 비법』, 부크홀릭
- 전성철 외(2014), 『협상의 10계명』, IGMBooks
- 전연규(2020), 『재개발·재건축 가로주택정비사업 실무와 투자』, 랜드프로
- 전지은(2019), 『스마트한 생태도시 전략, 브라질 '꾸리찌바'에서 배운다』, 라 펜트
- 정철진(2006), 『대한민국 20대, 재테크에 미쳐라』, 한스미디어
- 정철현(2001), 『행정의사결정론』, 다산출판사

- 제러미 리프킨(1996), 『노동의 종말』, 민음사

- 조주현(2006), 『부동산학원론』, 건국대학교출판부

- 존 캐서디(2011), 『시장의 배반』, 민음사

- 존 리(2020), 『존리의 부자되기 습관』, 지식노마드

- 네이버 카페 '짠돌이 부자되기'(2017), 『짠테크의 품격』, 페이스메이커

- 채사장(2014), 『지적 대화를 위한 넓고 얕은 지식』, 한빛비즈

- 최돈호(2013), 『도시 및 주거환경정비법 재개발 재건축 신탁등기』, 법률출판사

- 최수정(2016), 『신탁법』, 박영사

- 최영동 외(2008), 『재개발 재건축의 쟁점』, 시우커뮤니케이션

- 최재붕(2019), 『포노 사피엔스』, 쌤앤파커스

- 최종식(2018), 『서양경제사론』, 서문당

- 최철식(2018), 『금융투자 완전정복』, 갈라북스

- 칼 웨버 외(2012), 『디맨드』, 다산북스

- 토마 피케티(2014), 『21세기 자본』, 글항아리

- 하성규 외(2003), 『한국도시재개발의 사회경제론』, 박영사

- 한정훈 외(2020), 『시장을 읽는 부동산 투자』, 베가북스

- 홍사황(2011), 『재테크의 거짓말』, 위즈덤하우스

- 홍춘옥(2019), 『돈의 역사』, 로크미디어

- 홍춘욱(2019), 『돈의 경제』, 로크미디어

논문

- Harry Markowitz(1952), 'Portfolio Selection', The Journal of Finance, Vol. 7, No.1

- Hawkins, D. I. and Mothersbaugh, D. L. and Best, R. J.(2010), 'Consumer Behavior', New York: McGraw-Hill

- Losch, August(1954). 'The economics of location', New Haven: Yale University Press.

- Marshall A.(1895), 'Principle of Economics', Cambridge Press Third Edition

- Marshall. B. C.(1996), 'Slums and Community Development: Experiments in Self-help New York'

- OECD(1998), 'Review of the DAC Principles for Evaluation in Today's Government', The Institute of Public Administration of Canada

- Robert, P and Sykes(2004), 'Urban Regeneration', SAGE Publications

- 강민석 외(2005), '주택경기 순환주기 분석', 한국주택학회

- 京城日報社·每日新報社, 『朝鮮年鑑』, 1945, 106~107쪽

- 권주안(2007), '참여정부 주택부동산 정책 평가 및 문제점', 주택산업연구원

- 길준규(2006), '재건축개발이익환수제도의 법적 문제', 한국비교공법학회

- 김남근(2006), '재건축개발부담금의 필요성와 위헌성 여부', 국회건설교통위원회, 재건축초과이익 환수에 관한 법률안 공청회

- 김선철(2009), '도시정비사업의 시공자 선정에 관한 연구', 건국대학교 부동산대학원 석사학위 논문

- 김선철(2013), 'AHP를 이용한 은행점포의 선택요인에 관한 연구', 부동산연구

- 김승윤(2011), '아파트 가격결정에 영향을 미치는 종합적 요인에 관한 연구', 용인대학교 대학원
- 김재용(2014), '주택자산이 가계부채에 미치는 효과', 강원대학교 대학원 박사학위 논문
- 박범석 외(2014), '도시가계 부채 부실화 영향요인에 관한 연구', 한국도시행정학회
- 박용남(200), '꿈의 도시 꾸리찌바', 아우릭
- 박환용 외(2007), '재건축·재개발 사업의 갈등해소 및 사업투명화 연구', 한국주택학회
- 성중탁(2010), '재건축결의 내용 변경을 위한 결의의 의결정족수 문제에 관한 소고', 대한변호사협회
- 성중탁(2015), '도시정비사업에서 현금청산의 몇 가지 법적 쟁점', 경북대학교 법학연구원
- 안균오(2015), '도시정비사업의 주거세입자 권리에 관한 고찰', 한국도시행정학회
- 윤황지(2000), '부동산신탁제도에 관한 연구', 한국부동산학회 부동산학보
- 이노근(2010), '서울 주택재건축 정책의 적합성 평가 및 재설계 모형 연구', 경기대학교 정치전문대학원 박사학위 논문
- 이용각(2012), '신규 분양아파트와 재고아파트의 가격 차이와 영향 요인에 관한 실증분석', 서울대학교 환경대학원 박사학위 논문
- 이원석(2018), '거시경제 요인이 아파트가격 변동에 미치는 영향 연구', 목원대학교 박사학위 논문
- 이창석(2003), '부동산심리학의 이론적 접근', 부동산학보

- 이태경 외(2011), '공동주택 재건축 시기조사 연구', 한국생태환경건축학회
- 임병준(2009), '격년 전세계약에 따른 가격변동성 분석', 한국부동산분석학회
- 장윤라 외(2015), '범죄가 주택가격에 미치는 영향에 관한 연구', 건국대학교 부동산도시연구원
- 정명시 외(2019), '사회적 약자 범죄 및 5대 범죄가 주택가격 형성에 미치는 영향에 관한 연구', 부동산연구
- 朝鮮總督府 學務局 社會課(1935),「細窮民及浮浪者又は乞食數調」,『朝鮮社會事業』13(6月), 朝鮮社會事業協會
- 조주현 외(2006), '도시정비 자금조달 다각화방안 연구', 한국부동산분석학회
- 조희경 외(2014), '재건축 아파트의 소비자만족도 결정요인에 대한 실증 연구', 한국소비자정책교육학회
- 최재용(2012), '도시정비사업에서 세입자 손실보상 실태분석과 제도개선 방안', 경인행정학회
- 황태윤(2014), '도시 및 주거환경정비법상 재건축사업에 관한 연구', 한국외국어대학교 대학원 박사학위 논문

인터넷 사이트

- 씨리얼 seereal.lh.or.kr

- MBN mbn.co.kr

- 경향신문 www.khan.co.kr

- 국토교통부 www.molit.go.kr

- 국토교통부 실거래가 공개시스템 rt.molit.go.kr

- 네이버 카페 cafe.naver.com

- 다음 카페 cafe.daum.net

- 대한경제 www.dnews.co.kr

- 동아일보 www.donga.com

- 두산백과 두피디아 www.doopedia.co.kr

- 리브부동산 kbland.kr

- 매일경제 www.mk.co.kr

- 서울경제 www.sedaily.com

- 위키백과 ko.wikipedia.org

- 조선일보 www.chosun.com

- 중앙일보 joongang.joins.com

- 한경 경제용어사전 dic.hankyung.com

- 한겨레 www.hani.co.kr

- 한국경제 www.hankyung.com

주

1 성유진, '텅 빈 상가… 명동 공실률 0%→28%, 이태원 15%→30%', 2020.10.29, 조선일보

2 문지은, '가뜩이나 높던 세종시 상가 공실률, 코로나로 설상가상', 2021.2.1, 세종의 소리

3 이민정, '뉴욕·런던 코로나발 도심 탈출… 맨해튼 공실률 14년 새 최고', 2020.9.16, 중앙일보

4 정욱, '기업들 사무실 없애는 日 기업들… 재택근무 확산에 도쿄 공실률 급상승', 2020.7.13, 매경이코노미

5 이기종, '코로나19로 도시 탈출, 미국 등 외곽 부동산 들썩', 2021.3.10, MBN 뉴스

6 고성민, '1층이 제일 비싸다고?… 특화 설계에 상식 깬 아파트가격', 2021.1.18, 조선비즈

7 한영준, '재택근무? 기업 절반 이상은 생산성 차이 없어', 2021.1.19, 파이낸셜뉴스. 재택근무의 생산성이 사업장 출근과 차이가 없는 요인으로는 '업·직종 특성상 재택근무가 효율적이어서(46.7%, 복수응답)'를 첫 번째로 꼽았다. 다음으로 '원격 업무·협업 솔루션이 잘 갖춰져 있어서(38.3%)' '직원들이 책임감 있게 재택근무에 임해서(35%)' '재택근무에 대한 노하우가 충분

히 있어서(16.7%)' '재택근무로 오히려 유휴 인원 없이 인력이 운영되어서 (10%)' 등의 순이었다.

8 박경민, '주택시장, 코로나 시대 맞춤형 설계 바람', 2020.10.11, 에너지경제 신문

9 이용각(2012), '신규 분양아파트와 재고아파트의 가격 차이와 영향 요인에 관한 실증분석', 서울대학교 환경대학원 박사학위 논문

10 김문기, 'KT, 거점오피스 시대 개막… 서울·일산 8곳 연다', 2021.4.30, 아이 뉴스24

11 장호성, '코로나 특수 공유오피스, 위기와 기회 사이', 2021.5.3, 한국금융

12 김재중, '서울시 재개발·재건축 조합 비리 척결 나선다. 신반포2차 등 20곳 실태점검, 도심 공공개발 앞서 정지 작업', 2021.2.16, 국민일보

13 송두일(2012), 『알기 쉬운 신탁상품 이야기』, 금융투자협회

14 광장신탁법연구회(2016), 『주석신탁법』, 박영사

15 정민규, '대박이라던 그 상가, 800억 대박 사기였다', 2021.1.28, KBS뉴스

16 윤황지(2000), '부동산신탁제도에 관한 연구', 한국부동산학회 부동산학보

17 남경원, '조합비 수억 빼돌린 재건축조합장 구속,' 2019.11.20, 일요신문

18 염재인, '부동산신탁 투명운영·비용절감 재조명, 조합방식 대비 기간 단축 장점… 업계 선입견 버려야', 2019.5.24, 프라임경제

19 국토교통부, '9·2대책 후속 조치 관련 도정법 개정안 국회 통과 보도자료, 재건축 동별 동의요건 완화, 기부채납 시 현금납부 허용 등', 2016.1.8, 국토 교통부 주택정비과

20 이지하, '무궁화신탁 정비사업 특화 신탁사로 우뚝', 2021.2.2, 중소기업신문

21 최종현, '무궁화신탁, 신탁방식 정비사업 첫 분양 승인 완료', 2021.1.5, e-

대한경제

22 대법원, 2002.4.12. 선고 2000다70460 판결

23 박기홍, '선분양 아니면 공사 중단 둔촌주공 시공단 으름장', 2020.6.24, 조선닷컴 땅집고

24 진명선, '조합장이 자꾸만 해임되는 이유… 재건축 공사비 묻지 마 증액 논란', 2020.9.8, 한겨례

25 김성수, '개포주공1단지, 조합장 해임… 집행부 이사도 직무 정지', 2020.12.22, 뉴스핌

26 박수인, 'PD수첩 강남 재건축의 신, 한 조합장의 수상한 의혹들', 2021.3.3, 뉴스엔

27 윤철수, '제주도 아파트 공시가격 산정 엉터리 논란…. 입맛대로 통계 가공', 2021.4.6, 헤드라인제주

28 이혁기, '가로주택정비사업, 난개발 되례 부추기고 부담만 가중, 사업성 떨어져 주민들 소규모 정비사업 외면', 2014.8.19, 하우징헤럴드

29 이택현, '누더기된 장위동 지도… 난개발 끝이 안 보인다, 구역 절반 재개발 지정해제 후 재개발 재추진 등 선택지 놓고 혼선', 2020.3.24, 국민일보

30 정진수, 'LH, 성남 수진1·신흥1구역 재개발사업 추진', 2021.1.11, 동아일보

31 김경민, '서울시 2종 7층 규제 풀었다… 수혜 지역은 어디?', 2021.10.24, 매경이코노미

32 양승준, 'JYP 이어 빅히트·SM도 탈강남', 2020.12.18, 한국일보

33 이무송·유정석(2014), '연립방정식 모형을 이용한 오피스시장의 균형메커니즘 연구', 부동산학연구

34 정진욱, '김포 시민 3천 명 GTX-D 서울 직결 5호선 연장하라 거리집회',

2021.5.9, 뉴스원

35 배삼진, '쿠팡 몸값 100조 껑충… 삼성 이어 시가총액 2위권', 2021.3.12, 연합뉴스TV

36 2021 KB부동산보고서 주거용 편. 소득 대비 주택가격비율

37 피케티 지수는 자산가치를 국민 소득으로 나눈 값으로, 지수가 높을수록 근로소득보다 자본소득이 더 높다는 것을 의미한다. 한 나라의 모든 부의 가치를 1년 동안 국민이 벌어들인 소득으로 나눠 산출해 불평등 정도를 가늠하는 지표로 쓰인다. 지난해 가계의 순자산은 9,307조 원, 정부가 보유한 순자산은 4,391조 원, 이 둘을 합한 국부는 1경 3,698조 원이다. 피케티는 가계와 정부의 순자산을 합한 것을 국부로 정했는데, 피케티 방식에 따라 연말 잔액을 평균 잔액으로 바꾸어 계산하면 국부는 1경 3,357조 원이다. 이를 작년 국민 순소득 1,057조 7천억 원으로 나눈 피케티 지수(자본/소득 배율)는 8.6으로 분석된다. 이 결과는 선진국 수준의 5~6배로 일본과 스페인에서 부동산 버블이 정점이던 때보다 높은 수준이다(M이코노미뉴스, 2020.11.16).

38 취업포털 인크루트와 알바콜이 2020년 6월 2일부터 5일까지 전국 대학생 1,045명을 대상으로 실시한 설문조사 결과 1위 카카오(14.2%), 2위 삼성전자(9.4%), 3위 네이버(6.4%), 4위 CJ ENM(4.8%), 5위 대한항공(3.2%), 6위 현대자동차(2.9%), 7위 아모레퍼시픽(2.8%), 8위 LG생활건강(2.7%), 9위 CJ제일제당(2.6%), 10위 SK이노베이션(2.0%)이었다.

39 YTN 앵커 리포트, '집 보려고 10여 명 줄 서고 제비뽑기…. 전세난 어느 정도기에?', 2020.10.14, YTN

40 브라운 스톤(2019), 『부의 인문학』, 오픈마인드

41 김혜린, '송영길 임대차 3법, 목표와 다른 결과··· 부동산 반성할 점 많아', 2021.5.11, 서울경제

42 김승윤(2011), '아파트 가격 결정에 영향을 미치는 종합적 요인에 관한 연구', 용인대학교 대학원

43 이원석(2018), '거시경제 요인이 아파트 가격변동에 미치는 영향 연구', 목원대학교 박사학위 논문

44 김성환, '면목동 층간소음 살인사건의 재구성', 2013.5.31, 한겨레신문

45 장윤라 외(2015), '범죄가 주택가격에 미치는 영향에 관한 연구', 건국대학교 부동산도시연구원

46 정명시 외(2019), '사회적 약자 범죄 및 5대 범죄가 주택가격 형성에 미치는 영향에 관한 연구', 부동산연구

47 최호원, '월드리포트. 살인사건 일어난 日 대저택, 얼마에 사시겠습니까?', 2016.5.15, SBS뉴스

48 스튜어트 다이아몬드(2011), 『어떻게 원하는 것을 얻는가』, 8.0

49 왕하이산(2016), 『하버드 협상 수업』, 이지북

50 『협상의 10계명』 『하버드 협상 수업』 『하버드 협상강의』 『하버드는 어떻게 최고의 협상을 하는가』 『빈손으로 협상하라』 『어떻게 원하는 것을 얻는가』, Harvard Business Essentials 'Negotiation(Essentials)' 참고함

마법의 재건축 투자

초판 1쇄 발행 2021년 11월 18일
초판 4쇄 발행 2021년 12월 23일

지은이 | 김선철
펴낸곳 | 원앤원북스
펴낸이 | 오운영
경영총괄 | 박종명
편집 | 최윤정 이광민 김상화
디자인 | 윤지예
마케팅 | 송만석 문준영 이지은
등록번호 | 제2018-000146호(2018년 1월 23일)
주소 | 04091 서울시 마포구 토정로 222 한국출판콘텐츠센터 319호(신수동)
전화 | (02)719-7735   팩스 | (02)719-7736
이메일 | onobooks2018@naver.com   블로그 | blog.naver.com/onobooks2018
값 | 18,000원
ISBN 979-11-7043-266-1 03320